中華古籍保護計劃

ZHONG HUA GU JI BAO HU JI HUA CHENG GUO

·成果·

日本國事集覽

（清）劉慶汾 集譯

下

國家圖書館出版社

下册目録

日本國事集覽十二卷

（卷七至十二）

（清）劉慶汾 集譯

清光緒抄本

日本國事集覽目録

第七卷

第八卷

日本國事集覽卷七

使署繙譯兼箱館新潟夷港副理事官劉慶汾集譯

陸軍刑法沿革摘要

明治五年三月四日頒佈海陸軍刑律六月定陸軍軍人等逃走捕縛之例凡軍人逃走若經拏獲之時應送交本地府縣官由府縣轉送交所管之鎮台本營或分營八月改海陸軍刑律應收禁四十五日者改減三日六年四月改正軍人犯罪法律七月增減海陸軍刑律九月於刑律中所載艦船軍人一項內增遷延開船時日之例一條七年七月將刑律中所載退職名目改稱為停官八年二月復增加刑律十二月改正刑律中第四十五條六十一條十四年十二月改定陸軍刑法

四十五條六十一條十四年十二月改定陸軍刑法
自改編爲普通人之年十二月頒增加刑律十二月改正刑律中蓋
增遷延閒暇時日之例一條七年七月將刑律中所載退職者
七月增減諸陸軍刑律九月於刑律中所載艦船軍人一項內
應政禁四十五日者改減三日六年四月改正軍人犯罪法律
由屯戍鎭送交所管之鎭台各營改分營八月改海陸軍刑律
其捕獲之犯凡軍人逃走者擬罪捕之時應送交本地府縣官
明治五年二月四日頒布海陸軍刑律六月定陸軍軍人等號

陸軍刑法沿革摘要

使署繙譯兼箱館新潟夷港副理事官沈鐸譯

陸軍刑法 明治十四年十二月奉旨定

第一篇總則

第一章 法律

第一條 按此刑法其罪應分為二等

一重罪

二輕罪

第二條 此刑法未須佈之前已犯罪者不能按此律

但犯罪者雖在未須佈此刑法之前尚未經判決者應將新舊法比較從輕處斷

第三條 稱曰軍人者合將官上長官士官下士諸卒之謂也

第四條 稱曰軍屬者在陸軍出仕之文官以及凡在陸軍供

職者之謂也
第五條　稱曰司令官者合一軍一團一部司令者之謂也
第六條　稱曰哨兵者爲警戒在守地者之謂也
第七條　稱曰上官者合上等官以及有權之官并上等卒之謂也
第八條　與將校同等之軍人總謂之曰將校
第九條　稱曰軍人者合軍屬以及陸軍諸生徒等之謂也
第十條　稱曰親屬者即刑罰中第百十四條百十五條所載者之謂也
第十一條　已編入豫備後備兩軍者除每年名集時外若有罪之際不能按此刑法至於此刑法外另設有條例者亦不

在此限内
第十二條 後第八十條八十一條八十六條八十七條八十八條八十九條九十條第一項第九十五條第百五條百十一條百十二條百十三條百十四條百十五條百十六條所載之罪若有犯之者雖非軍人亦按此刑法處治
第百六條百七條百十七條百十八條百十九條百二十條所載之罪若有犯之者雖非軍人亦與軍人同論
第十三條 若在敵前軍中或臨戰合圍之地照後第五十三條五十四條五十六條五十七條五十八條五十九條六十條六十一條所載之罪若有犯之者雖非軍人亦按此刑法處斷至於僅豫備起謀尚未犯者應照後第六十二條六十

三條例處斷

第十四條 照此刑法若殺傷人者應照尋常刑法第一編第一章所載從重處斷苟此刑法之外另設有條例者則不在此限

第二章 刑例

第十五條 刑應分曰主刑曰附加刑 主刑云者應得之罪也 附加刑云者削去爵祿也

主刑者將此刑法宣告也

附加刑者將此刑法宣告或不宣告者也

第十六條 重罪之主刑如左

一 死刑

二 無期徒刑

三 有期徒刑

四 無期流刑

五 有期流刑

六 重懲役 收入獄中做苦工九年以上十一年以下者之謂也

七 輕懲役 收入獄中服役六年以上八年以下者謂之輕懲役

八 重禁獄 收禁九年以上十一年以下在獄中不做苦工謂之重禁獄

九 輕禁獄 收禁六年以上八年以下在獄不做苦工謂之輕禁獄

第十七條 輕罪之主刑如左

一 重禁錮 收入禁獄內做工五年以下者謂之重禁錮

二 輕禁錮 只收禁十一日以上不做苦工者謂之輕禁錮

第十八條 附加刑如左

一　削去權柄

二　削去官位

三　停止權柄

四　禁止治産

五　監視　監視云者收禁之後再以人管束也

六　充公入官　財産入官也

第十九條　犯死刑者在陸軍法衙行刑皆以銃殺之

第二十條　凡死刑若未奉有陸軍大臣之命令不能行之但死刑若在軍中或合圍之地只須奉有權柄官之命令准其行之

第二十一條　徒刑分為有期無期發往島地服限定之役

有期徒刑定十二年以上十五年以下

第二十二條　流刑分為有期無期發往島地獄中服限定之役　有期流刑定十二年以上十五年以下

第二十三條　懲役者遣謫犯入懲役場内服限定之役也　重懲役九年以上十一年以下輕懲役六年以上八年以下

第二十四條　禁獄者收謫犯入獄不服限定之役也　重禁獄九年以上十一年以下輕禁獄六年以上八年以下

第二十五條　禁錮者遣謫犯入禁錮場不服役但定以重禁錮者須服限定之役定以輕禁錮者則不服定役　禁錮分為輕重二等其禁錮之日定十一日以上五年以下但須視所犯之罪按本條例區别禁錮長短

第二十六條　尋常刑法第十四條至十九條以及第二十一條二十二條二十五條所載之主刑處斷例應合此刑法參用

第二十七條　在陸軍法衙照尋常刑法曾經罰銀者若在限内不能完納則收禁之不必再行審判

第二十八條　削去權柄者照尋常刑法第三十一條所載之權削去也

第二十九條　若犯重罪刑者應將終身權柄削去不必宣告

第三十條　削去官位者宣告之後將將校之官職褫奪也

第三十一條　犯禁錮刑者當禁錮之際應將權柄停止不必宣告

第三十二條 尋常刑法第三十四條至第四十一條以及四十三四十四條所載附加刑處斷之例應合此刑法參用

第三十三條 下士上等卒照此刑法以及尋常刑法并海軍刑法處以禁錮刑者雖削去官職其兵役仍不能免除至於削去官職之後從受刑畢日起滿六個月後准其開復

第三十四條 下士諸卒照此刑法以及尋常刑法并海軍刑法若犯輕罪者應處以監視之刑

第三十五條 尋常刑法第五十條至第六十五條所載之刑期以及擔保出獄并期滿開復免除等項應合此刑法參用

第三章 加減例

第三十六條 按此刑法將刑加重減輕之時應照左所開之

例加減但不能加入死刑

第三十七條　後第八十七條至八十九條以及第百二十一條所載重罪刑應加減之時須照左開等級加減

一　死刑

二　無期徒刑

三　有期徒刑

四　重懲役

五　輕懲役

第三十八條　第一章第二章第三章第四章第七章第八章以及第七十七條至八十三條并八十六條所載重罪刑應行加減之時須照左開等級加減

一死刑

二無期流刑

三有期流刑

四重禁獄

五輕禁獄

第三十九條　處以輕禁役者應減輕之時照二年以上五年以下之重禁錮刑減輕一等處以輕禁役者應減輕之時准以二年以上五年以下之輕禁錮減一等處治之

第四十條將重罪刑減輕為禁錮之時若身係將校者須剝去官職

第四十一條　處以禁錮者應加重之時照刑期四分之一加重一等應減輕者照刑期四分之一減輕一等
但禁錮之刑應加重者不能加入重刑只准加至七年應減輕者只能減至十日以下
若重禁錮減輕至十日以下之時則不服定役
第四十二條　禁錮之刑因加減以致期限生出零數之時苟不滿一日者則不算
第四十三條　削去官位一項其本刑雖經減輕官位仍須削
去苟禁錮十日以下者則不在此限
第四十四條　照尋常刑法第七十五條至第八十二條以及八十五條八十九條九十條九十一條九十二條九十四條

九十五條九十八條九十九條所載不論罪以及減輕再犯加重加減次第之例准合此刑法參用苟於此刑法外另有條例者則不在此限

第四十五條 再犯者應加重辦苟非再犯則照應得之罪處治之

第四章 數罪俱發

第四十六條 二罪以上俱發之時或一罪發覺已經判決後餘罪再發者照尋常刑法第百條百一條百二條百三條所載數罪俱發之例准與此刑法參用但此刑法所載處以禁錮刑者有削去官位與不削去官位之例海軍刑法所載處以禁錮者應削去官位尋常刑法所載禁錮之罪俱發處以

禁錮者不削去官位然以數例較之其身為將校若處以禁錮之刑者應削去官位至於下士上等卒軍屬其他官吏若犯禁錮罪者亦不必宣告應削去官職

第五章　數人共犯

第四十七條　軍人二人以上共犯罪時照尋常刑法第百五條至第百十條所載數人共犯之例處治之但第六十七條第七十七條七十八條以及第八十一條至第八十五條并第百十九條所載之罪論之從犯非首魁者應照正犯減一等處治之

第四十八條　軍人與非軍人共犯罪時軍人應按此刑法處斷非軍人者應照尋常刑法論其罪但照前第十二條第十

三條所載之例應按此刑法處斷者則不在此限

第六章 犯罪未遂

第四十九條 犯罪未遂者應照尋常刑法第百十一條百十二條百十三條所載犯罪未遂之例處治之

第二篇 重罪輕罪

第一章 反亂

第五十條 軍人結黨擅執兵器謀反為首者教唆者以及指揮衆人者并從事於要害之地者均處以死刑但指揮衆人及從事要害之地其情節雖稍輕應區別處以無期流刑在亂黨之中司理各事或供給兵器彈藥其他軍需之品物者應處以有期流刑苟情節稍輕者處以重禁獄附和亂黨

為彼供役者應處以二年以上五年以下之輕禁錮

第五十一條　軍人謀反刼掠兵器彈葯其他軍需品物者其刑與前條同

第五十二條　軍人犯前二條所載之罪殺害鎮撫官吏者處以死刑

第五十三條　軍人貪敵人之利將部下之兵或土地房屋船舶以及兵器彈葯其他軍需物品供給敵人者處以死刑

第五十四條　軍人因貪敵人之利將土地道路之要害險夷指示敵人或攻守應用之書籍以及將暗號記號開示敵人或將製造兵器彈葯之密法其他軍機軍情漏洩者均處以死刑

第五十七條　軍人為敵人招募兵卒者處以死刑
第五十八條　軍人因貪敵人之利將房屋船舶以及壘柵兵器彈藥其他軍需品物以及戰鬬時應用之道路橋梁樹林火車電線毁壞或放火燒燬者均處以死刑
第五十九條　軍人為貪敵人之利將兵器彈藥其他軍需品物以致缺之者處以死刑
第六十條　軍人為貪敵人之利故意呼叫喧噪或造言飛語者處以死刑
第六十一條　軍人隱匿敵人之間諜并誘導助成之或為貪敵人之利將俘虜降人縱走者以及刼奪者均處以死刑
為貪敵人之利通消息於敵人者其罪與前條同

第六十二條　前數條所載各罪苟軍人犯而未遂者以及僅豫備未舉動者均照本條例減一等處治僅起謀而尚未豫備者減二等處治

第六十三條　前數條所載之罪雖已豫備雖已起謀其事尚未舉行之前自行出首者免去本刑僅監視六月以上三年以下若係將校者則應削去官職

第六十四條　軍人若知情將房屋租與如前數條所載之犯人聚會者應處以二年以上五年以下之輕禁錮

第六十五條　軍人若犯此章所載之罪處以輕罪刑者尚應監視六月以上二年以下若係將校并應削去官職

第二章　抗命

第六十六條 軍人在敵前抗長官之命令或不服從者處以死刑若在軍中或合圍之地則處以二年以上五年以下之輕禁錮如係將校并應削去官職苟在他地之時則處以二月以上二年以下之輕禁錮若係將校并應削去官職

第六十七條 軍人二人以上有犯前條所載之罪者若在敵前均處以死刑若在中軍或臨戰合圍之地為首者處以重禁獄附從者處以二年以上五年以下之輕禁錮苟身係將校者并應削去官位若在別處地方為首者處以輕禁獄附從者處以二月以上二年以下之輕禁錮苟身係將校者并應削去官位

第六十八條 軍人苟有暴亂之事不受上官彈壓者處以二

月以上四年以下之輕禁錮若身係將校者并應削去官位

第三章　擅權

第六十九條　司令官苟已出有講和之告示或停戰之命令如不聽而開戰者處以死刑

第七十條　苟違背上官命令或於本已權限之外并無不得已之原由擅將所部兵卒進退者處以死刑

第七十一條　司令官苟擅募人充當部伍該官應處以二年以上五年以下之輕禁錮并應將官剝去

第四章　辱職

第七十二條　在要塞之司令官以及特命在要塞之司令官當盡職而不盡順降敵人或將所轄之地付與敵人者均處

以死刑在堡砦地之司令官若如前條之罪時其刑相同

第七十三條　司令官在野戰之時苟將所部之兵率降敵人者應處以一月以上六月以下之輕禁錮并應將官剝去但可以盡職而不盡順降敵人者處以死刑

第七十四條　將校當敵前可以盡職不盡而反逋逃者處以死刑

第七十五條　將校所部之兵苟有暴亂之事將校不彈壓者處以三月以上三年以下之輕禁錮并應剝去官職

第五章　暴行

第七十六條　軍人對上官行暴亂之事處以一年以上五年以下之輕禁錮苟身係將校者并應削去官位

第七十七條　軍人二人以上苟犯前條所載之罪為首者處以重禁獄附從者處以一年以五年以下之輕禁錮若身係將校者并應削去官位

第七十八條　上官辦公之時軍人苟犯前二條所載之罪應加重一等

第七十九條　軍人苟對上官用兵器或暴乱時使用兇器者處以死刑

苟當上官行軍務時對之暴乱者處以死刑

第八十條　軍人對哨兵行暴乱之事者處以四月以上四年以下之輕禁錮若身係將校者并應削去官位

若用兇器者處以有期流刑

第八十一條　軍人二人以上苟犯前條所載之罪時為首者處以重禁獄附從者處以四月以上四年以下之輕禁錮如身係將校者并應削去官位

若用兇器之時為首者處以死刑附從者處以有期流刑為首者自已雖未使用兇器指示他人使用之時亦處以死刑

第八十二條　軍人以及下等兵卒對辦軍務之人行暴乱之事者處以三月以上四年以下之輕禁錮若身係將校者并應削去官位

苟用兇器者則處以重禁獄

第八十三條　軍人二人以上若共犯前條所載之罪時為首

者處以輕禁獄附從者處以三月以上四年以下之輕禁錮
若身係將校者并應削去官位
苟用兇器之時爲首者處以有期流刑附從者處以重禁獄
爲首者自已雖未使用兇器指示他人使用之時亦處以有
期流刑
第八十四條　軍人聚集多人行暴乱之事爲首者處以二年
以上五年以下之重禁錮附從者處以一月以上一年以下
之重禁錮若身係將校者并應削去官位
第八十五條　軍人若聚集多人相鬪毆者爲首之人應處以
二年以上五年以下之輕禁錮附從者處以一月以上一年
以下之輕禁錮若身係將校者應削去官位

第八十六條　軍人若刦奪他人所獲之俘虜降人或威逼他人以致俘虜降人逃走者處以重禁獄

第八十七條　軍人在戰塲内搶奪負傷人之衣服財物者處以重懲役因搶奪再將負傷人殺傷者處以死刑

第八十八條　軍人苟將軍用之工廠船舶以及收藏各器物之倉庫并戰鬬時應用之房屋壘柵橋梁火車電線等毁壞者處以重懲役放火燒燬者處以死刑

第八十九條　軍人在敵前軍中或臨戰合圍之地放火將存積之兵器彈葯軍糧營具軍裝各等物燒燬者處以死刑

若在他地犯此罪者處以重懲役

第九十條　軍人將兵器彈葯營具軍糧軍裝毁棄者或將兵

卒所用之馬殺傷者處以一月以上四年以下之輕禁錮若身係將校者應削去官位

若將官給之品物毀棄者處以十一日以上一年以下之重禁錮若身係將校者并應削去官位

第九十一條 哨兵衛兵妄發鎗砲者處以二月以上二年以下之輕禁錮

第九十二條 軍人當操練之際或放禮砲號砲之時苟將瓦石等物裝入砲内施放者處以一月以上二年以下之輕禁錮

苟將犯前條所載之罪尚未遂者照未遂犯罪之例處斷

第六章 侮辱

第九十三條　軍人苟詈罵上官或侮慢上官者處以二月以上二年以下之輕禁錮當上官辦公事之時詈罵侮慢者加重一等懲辦

第九十四條　軍人苟將文書圖畫流佈或聚集多人演說誹毀上官者處以二月以上二年以下之輕禁錮

第九十五條　軍人詈罵哨兵或侮慢哨兵者處以一月以上一年以下之輕禁錮

第九十六條　軍人與同等之人或下等兵卒詈罵辦軍務者或侮慢之者處以十一日以上一年以下之輕禁錮

第七章　違令

第九十七條　軍人苟犯哨兵哨令若在敵前處以二年以上

五年以下之輕禁錮若身係將校者并應削去官位
若在軍中或合圍之地而違犯者處以一年以上二年以下
之輕禁錮苟身係將校者并應削去官位
若在他地者處以一月以上一年以下之輕禁錮
第九十八條　軍人苟擅施哨令或違哨令在敵前者處以二
年以上五年以下之輕禁錮身係將校者并應削去官位
若在軍中以及臨戰合圍之地并在他地苟有犯者其罪與
前條同
第九十九條　哨兵擅離守地者處以死刑
若在軍中或臨戰合圍之地犯者處以一年以上二年以下
之輕禁錮苟身係將校者并應削去官位

若在他地犯者處以一月以上一年以下之輕禁錮

第百條 哨兵苟有酣眠或酒醉不省人事之事若在敵前者處以二年以上五年以下之輕禁錮

若在軍中或臨戰合圍之地犯者處以一月以上一年以下之輕禁錮

若在他地犯者處以十一日以上三月以下之輕禁錮

第百一條 軍人擅離服役之地若在敵前時者處以死刑

若在軍中或臨戰合圍之地犯者處以六月以上二年以下之輕禁錮身係將校者并應削去官位

若在他地犯者處以一月以上六月以下之輕禁錮身係將校者并應削去官職

長官犯此罪者加重一等處辦

第百二條　軍人當戰時或軍中或合圍之地苟有緊急號令傳喚無故不到者處以二月以上二年以下之輕禁錮身係將校者并應削去官職

第百三條　掌運兵器彈葯軍糧之軍人當戰時或軍中或合圍之地無故缺之兵器軍糧等件處以三月以上三年以下之輕禁錮身係將校者并應削去官職

第百四條　苟不能從司令官命令將部署或所命之事更變之時不直行上報者處以二月以上二年以下之輕禁錮

苟將記號暗號更改後不直上報者其罪相同

第百五條　苟將軍中密圖以及兵器彈葯製造之法并一切

機密軍事漏洩與他人者處以三月以上三年以下之輕禁錮

第百六條　軍人因公派往他地苟無故歸遲十日以後者處以二月以上一年以下之輕禁錮

若當戰時歸遲五日以後者處以六月以上二年以下之輕禁錮

第百七條　軍人當徵兵之際苟無故十日以外不到者處以十一日以上六月以下之輕禁錮

若當戰時過五日以外不到者處以一月以上一年以下之輕禁錮歸休兵（不在營當差之兵也）以及後備豫備兩軍若官徵之之時苟無故過十日以外不到者處以一月以上一年以下之

輕禁錮若當戰時過五日以後不到者處以二月以上二年以下之輕禁錮

第百八條 軍人若有犯前條所載之罪者照數人共犯之例處斷之

第百九條 若有犯反乱罪之人軍人苟知情不報者處以一月以上二年以下之輕禁錮身係將校者并應削去官職

第百十條 凡關政治之事軍人苟上書建白或講談論説或以文書佈告於人者處以一月以上三年以下之輕禁錮

第百十一條 凡在敵前軍中或臨戰合圍之地擅造謡言者處以一月以上一年以下之輕禁錮身係將校者并應削去官職

第百十二條　軍人縱俘虜降人逃走者處以二年以上五年以下之輕禁錮身係將校者并應削去官職

看守護送者若犯此罪時則應處以重禁獄之刑

第百十三條　逃走之俘虜降人軍人苟以兵器給之或指示逃走之法者均處以四月以上四年以下之輕禁錮身係將校者并應削去官位

看守護送者若犯此罪之時則應處以重禁獄之刑

第百十四條　前二條所載之各罪軍人苟將犯而未遂者照未遂犯罪之例處斷之

第百十五條　軍人看守或護送俘虜降人之時因懈怠逃走者處以十一日以上一月以下之輕禁錮

第百十六條　逃走之俘虜降人軍人明知之而故意藏匿或隱瞞者處以一月以上一年以下之輕禁錮身係將校者并應削去官職苟與犯人係親屬者則不論其罪

第八章　逃亡

第百十七條　軍人擅離職役或屯營本隊過六日以外者即爲逃亡應處以二月以上一年以下之輕禁錮身係將校者並應削去官職若係新兵入營未滿三個月者則罪減一等若當戰時或軍中或合圍之地過三日以外者即作爲逃亡應處以六月以上二年以下之輕禁錮身係將校者並應削去官職

第百十八條　軍人在敵前苟擅離職役或屯營本隊者即作

為逃亡應處以輕禁獄

第百十九條　軍人四人以上共逃亡之時為首者處以二年以上五年以下之輕禁錮身係將校者并應削去官職若當戰時或軍中或合圍之地犯者處以輕禁錮在敵前者處以死刑

從犯則照第百十七第百十八條之例處斷之

第百二十條　軍人奔赴敵營者處以死刑

第九章　詐謡

第百二十一條　掌理糧食之軍人苟糧食不潔淨以致軍人食之生病者處以輕懲役若食之致死者則處以死刑

第百二十二條　軍人奉命探聽偵查苟僞報者或假傳命令

者均處以五月以上五年以下之重禁錮身係將校者并應削去官位

第百二十三條　陸軍醫官苟講立疾病傷痍以及身体強弱之證據者處以二月以上二年以下之重禁錮并削去官職

第百二十四條　軍人希圖免去兵役或僞稱疾病或自將身体毀傷者處以一月以上一年以下之重禁錮

歸休兵不在營當差之兵也以及豫備後備兩軍希圖免去名集之事其行為如前項所載者其罪相同

徵發令 明治十五年八月十二日定

第一條 陸軍以及海軍當爭戰之時事變之際或動全軍或動一部之兵其應要之軍需須向各地方人民徵取以供其用

若平時演習以及行軍之際亦照此條辦理

第二條 徵發軍需之時須由海陸軍官憲出示徵之

第三條 海陸軍官憲有能出告示徵發之權者記如左

一 陸軍卿海軍卿鎮台司令官以及鎮守府長官有徵發之權

二 陸軍之官如特命司令官軍團長師團長旅團長分遣隊長若演習行軍之時其軍隊長均有徵發之權

三海軍之官如特命司令官艦隊司令長官艦隊司令官分遣兵隊或操練航海之時其艦隊司令官以及艦長均有徵發之權

第四條徵發種類并徵發之區茲定如左

一第十二條第一項　府縣

二第十二條第二項第三項　郡區

三第十二條第四項以下各項并第十三條各項　町村

四一凡船行所有之船舶以及鐵路公司所有之火車　公司

第五條應徵發者須現住在徵發區内之人

第六條 徵發軍需之告示應交付徵發之區或交付府知事縣令或區長戶長或船行長店長火車頭長均可

第七條 府知事縣令以及郡長戶長船行長火車頭長店長各員領得徵發軍需之告示後須即照數供給不得誤期

第八條 在應徵發軍需之各地若欲臨時徵發須豫定其便宜之法

第九條 應供給軍需者不可違誤時日苟因違誤時日地方官飭人往催之旅費亦應問該名納出如公司行應供給軍需而違誤時日者直由海陸軍官處治其罪

第十條 應供給軍需者苟借事故把持以及將應供軍需之人藏匿之時則不必由該名供給直由官取用之

第十一條 海陸軍官憲收到軍需之時應將收條發交府縣知事或郡長戶長火車頭船行長店長各員等收執

第十二條 應徵發之軍需各物茲定如左

一 米麥秣芻鹽醬油醬醎菜梅干薪炭等物

二 乘馬馱馬駕馬車輛其他供運送之獸類以及一切器具等件

三 人夫

四 宿舍廐圍以及倉庫

五 飲水石炭

六 船舶

七 鐵路火車

八　演習應要之地面

九　演習應要之材料器具

第十三條　若當戰時或事變之際照前第十二條諸項所載之外左開之數項應徵募之但平時演習以及行軍不能照此例

一　造船所作工地方以及軍中工作應要之材料器具

二　工匠礦夫以及洗濯人

三　凡軍裝衣服皮鞋以及兵器彈葯船具寢具葯材治療器械暨繃帶等項

四　水車搗舂之類

五　病院

第十四條 前第十二條第二項所載各款應當免除者茲定如左

一 皇族所用之車馬

二 各外國之公使館理事館所用之車馬

三 凡本分應用供職之馬匹

四 郵便所用之馬車

五 凡公衆認作種類之牛馬

第十五條 前第十二條第四項所載應免除者茲定如左

一 屬辦公務之廨署

二 皇族之邸宅

三 外國公使館領事館以及所屬之公館

四 鐵路電信郵便所用之建造物
五 海陸軍將校并同等官現任之房屋
六 博物館書籍館
七 病院育啞院棄兒院
八 學校設若學校在臨戰合圍之境内者不在此例
九 製造局内機器房

第十六條 前第十二條第二項所載之物若已供公用時則不許轉供他用但戰時事變之際則不在此例

第十七條 前第十二條第二項所載之物由供出之地起只准在未滿六里境界内使用雖僅一日使用亦不准過六里之外苟當戰時或事變之際准出六里以外使用

第十八條　前第十二條第四項所載各款除合圍境界以内之外凡現居者應行起卧以及應行作生活業之房宇不能徵用儻若係旅店則不在例

第十九條　宿舍之廣狹應隨該地房屋之數安置隊伍難有一定章程須臨時便宜行之

第二十條　前第十二條第四項所載之款若於海陸軍方便者應聽其格外指定地位

第二十一條　宿舍既定之後不能聽區町村之便宜轉移他處其廄圍倉庫亦同此例

第二十二條　宿舍廄圍經徵發定後其人馬之食飼料亦應一并供給若駐劄至三日以上從第四日起其食飼料應由

海陸軍自辦

第二十三條 前第十二條第六項所載該船舶既徵用後其乘載之人馬食飼料亦應一并供給

第二十四條 前第十二條第六項第七項所載若當戰時或事變之際該船車應只准供給軍用

第二十五條 前第十二條第二項及第七項所載從事該業之人夫亦應一并徵用但當戰時或事變之際須向機宜分別徵用

第二十六條 前第十二條第二項所載徵用從事船舶之人只戰時事變之際而已但浮船以及船橋等物其徵用之法不在此例

第二十七條　前第十二條第七項所載凡徵用鐵路火車以及從事該業之人并鐵路所用之一切器具只戰時事變之際而已

第二十八條　前第十三條第五項所載徵用病院者不過補助陸軍病院之不足耳但該病院若在合圍境界之内則應明讓與官

第二十九條　凡徵用之物若有毀壞須照第三十一條至五十條所載之例賠償

第三十條　凡徵用之物從供給之地送到徵發區地其運送費應由徵發區官發給

第三十一條　凡賠償之事不論平時戰時均應隨時賠償

若因爭戰事變紛擾以致延滯逾三個月者應每年抽六分
利息償還

第三十二條 凡賠償之事應由各徵發區之府縣知事并郡
區長戶長火車頭長船行長店長出名稟求

第三十三條 徵發之物件若因使用損壞則應賠償之但賠
償之價值苟與供給者商議不妥之時應由評價委員評定
其價但凡物件經軍人使用損壞之後應由物主速往陸軍
官憲處或戶長處報明其應報日期須照左所開列苟過期
不報則不能賠償

一 火輪船 七日之內

二 地面 須照評價委員告示上日期

三　其他物件　一日之内

第三十四條　前第十二條第一項所載應徵發之物苟因損壞應行賠償者須照該地前三年市價核算若難於均平之時則聽評價委員評定

第三十五條　前第十二條第二項所載應徵發之物苟因損壞應行賠償者則照該地平常價值償之

第三十六條　前第十二條第二項所載苟因泊宿連日使用以及使用過六里地以外之時應照平常辛工減半給與其飯食旅店費應由官給

第三十七條　前第十二條第二項及第六項所載之物苟經官與之買斷者則毋庸議若未尚買成其價須豫行議定如

商議不妥之時則聽評價委員評價

第三十八條　前第十二條第五項所載之物苟到賠償之時則照前第三十五條之例其使用之法則照前三十六條之例

第三十九條　前第十二條第四項所載之物苟到賠償之時其價值應在海陸軍省定

第四十條　前第十二條第五項所載之物到賠償之時應照該地平常價值償之

第四十一條　前第十二條第六項所載之物苟到賠償之時其價值定如左

一開船有一定時刻駛船有一定線路應照平時所定之

租價給之
二駛船照一定線路只開船之時刻須聽命令者其船應
裝五分若裝到三分以上者則照前項之例若僅裝到三
分者亦照平常之定價給之
三開船駛船均無定規其租價亦未定出以及不許攬載
生意以上四項苟與供給者商議不妥之時則聽評價委
員評定
第四十二條　苟到前第二十四條所載景况之時其賠償銀
兩做工者照平常之辛工給之至於船舶費用以及船舶損
壞料料云者損壞後應賠償之銀也均照買船之價值每月於六十四分内
抽一償之

第四十三條　徵用之船橋艀船到賠償之時應照前第四十一條第三項之例

第四十四條　徵用之鐵路火車苟到賠償之時應照平常價值償之

第四十五條　苟到前第二十七條所載景況之時其做工者照平常辛工給之物件照平常之價值給之至於損壞應賠償者其價值苟與供給者商議不妥之時則聽評價委員評定

第四十六條　前第十二條第八項所載苟將該地上所植之物損壞或將該地形更變應行賠償之時則聽評價委員評定

第四十七條　徵用之材料器具苟至賠償之時照相當價值給之

第四十八條　前第十三條第一項第三項第四項所載之物苟因損壞賠償之時則照該地平常價值給之若其價與供給者商議不妥之時應聽評價委員評定

第四十九條　前第十三條第二項所載徵用之夫役應照第三十六條例使用

第五十條　前第十三條第五項所載徵發之物若到賠償之時照平常病人所給之價給之若病院全歸海陸軍省之時則照前第三十九條之例辦理

第五十一條　苟人民拒徵發者或逃避者或怠慢擅離使役

者以及教唆誘導者應禁一月以上一年以下并罰銀三元
以上三十元以下
第五十二條　受徵發命令之府縣知事以及郡區長户長并
火車頭船行長各員苟應處置而不處置之則禁二月以上
二年以下并罰銀二十元以上二百元以下其懈怠者罰銀
二十元以上二百元以下
第五十三條　有權之官憲妄出徵發書無權之官憲擅出徵
發書者均應禁一年以上四年以下若身為將校者并應削
去官職

去官職

發書者爲應禁一年以上四年以下若身爲官吏者並應削

奪其官職

第五十三條　有擅之官書擅出繳及書籍擅之官書擅出繳

二十元以上二百元以下

三年以下並罰金二十元以上二百元以下其罪息者罰金

凡軍頭船將長各員皆應處罰官西大處罰之罰其例以上

第五十二條　凡議發令合交府縣帑事以及都府縣之長者并

以上三十元以下

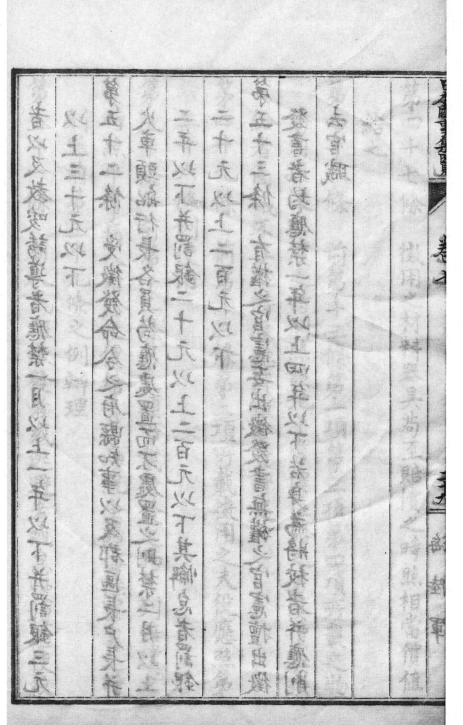

者以及救護送者應禁一月以上一年以下并罰金三元

海軍省沿革摘要

明治五年二月廢兵部省爲海軍省是月以海軍武官并兵學寮歸海軍省管轄十月定海軍省官制是月以橫須賀船塢歸海軍屬是月改稱橫須賀製作所爲製造所六年五月改定海軍各武官等級六月改定海軍省各官七年四月於機器科内設候補機器士五月廢海軍中樂隊次長定樂隊各員等級八年五月廢海軍省内造兵司武庫司九年七月改定軍樂隊各員八月設東京鎮守府歸海軍省轄九月改定海軍章程十年正月定海軍裁判官掌刑法之官也技術官熟製造之官也十一年二月廢海兵部十三年十二月增減海軍官制章程十四年五月復改正海軍章程是月海軍省内設規程局定條規章程之處也十五年六月改

正海軍武官等級十八年十二月改海軍卿為海軍大臣勷理內閣政事十九年三月頒佈海軍省官制四月定鎮守府官制并定海軍督買部監督海軍中應買與各軍用之物也官制是月定海軍衛生部官制是月定海軍醫學校官制是月定海軍撿查會計部官制是月定海軍製造兵器所官制是月定海軍製造火藥局官制七月定小野濱造船所章程是月定海軍主計學校條規十一月海軍諸學校內設立教官二十年七月定海軍機器學校章程十月改正小野濱造船所官制十二月改正海軍製造兵器所官制二十一年二月廢海軍中督買部撿查會計部於海軍省會計局內設撿查課以經費課之事務歸整理課兼理廢經費課六月定海軍兵學校官制是月廢水路部官制設水路部

章程七月定海軍大學校官制是月增减小野濱造船所官制
二十二年二月改正海軍大學校章程第二條是月改正海軍
會計學校官制是月設海軍練習兵學所章程三月改正海軍
章程四月廢海軍衛生部官制是月定海軍醫學校官制是月
廢製造兵器所官制定造兵器廠章程五年定火葯工廠章程
是月定海軍中央文庫官制二十三年三月改海軍省章程是
月定海軍兵備品會計條例

同定海軍兵備品會計條例
是月定海軍中央文庫官制二十三年三月改海軍省官制是
月頒造兵器所官制定造兵器廠章程五年定各造工廠事務
章程四月廢海軍諸生部官制是月定海軍機關學校官制是
會計學校官制是月設海軍練習兵學所章程三月改正海軍
二十三年二月改正海軍大學校章程第二條是月改正海軍
章程又月定海軍大學校官制是月增設小野濱造船所官制

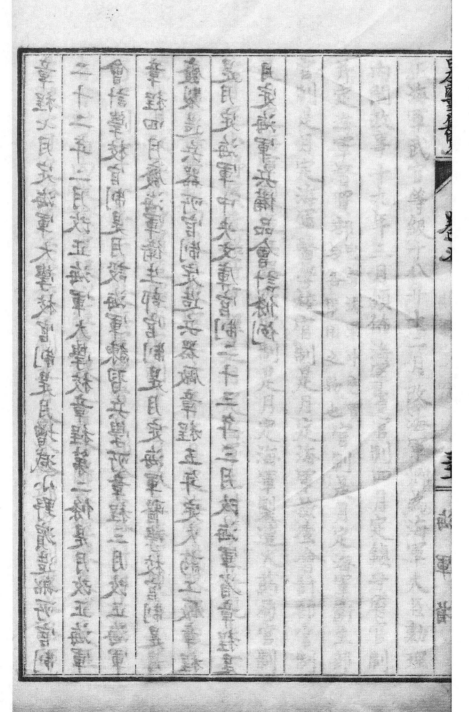

海軍章程 明治十九年四月勅定

第一條 凡關軍令之事應由參謀本部長奏聞俟天皇定後海軍大臣始奉行之

第二條 如當戰時苟軍令經欽裁後應直降與鎮守府司令長官以及各兵船司令長官并特命司令官人等但當此之際彼此通報信息不可間斷

第三條 海軍之軍政應海軍大臣照海軍省官制掌理

第四條 海軍省應設將官會議所造船會議所兵器會議所

第五條 海軍兵學校軍醫學校機器學校以及水路部督買部衛生部檢查會計部暨製造兵器所製造火葯所統歸海軍省管轄

第六條　日本國所有之海面以及沿海岸一週分爲五區歸海軍太臣管轄茲定如左

第一海軍區　海軍區者將海面海岸區劃爲五處歸海軍守衛保護也

自陸中陸奥國界内之海面海岸起至紀伊國南牟呂郡

東牟呂郡海面海岸止并傍達小笠原嶋之海面海岸

第二海軍區

自紀伊國南牟呂郡東牟呂郡界起直達石見長門國界

又自築前國遠賀宗像郡界起沿九洲東海岸直至日向

大隅國界之海面海岸復傍及四國之海岸海面并柢内

海

第三海軍區

自築前國遠賀宗像郡界起沿九洲西海岸至日向大隅國界之海岸海面北抵壹岐對馬東達沖繩諸島之海岸海面

第四海軍區

自石見長門國界起至羽後陸奥國界之海岸海面止北至隱岐佐渡之海岸海面

第五海軍區

自北海道陸奥國之海面海岸及津輕海峽

按日本地形四面環海茲將沿海分爲五區乃全國一週也每區設一鎮守府第一區鎮守府置於横須賀港第二區鎮守府置於安藝國吴港第三區鎮守府置於

肥前佐世保港第四第五兩區鎮守府迄今未設其事

暫歸橫須賀鎮守府代理

第七條 每海軍區設一鎮守府管轄一區之事其鎮守府所

在之地稱曰軍港并應以該地之名即稱曰某鎮守府

第八條 鎮守府司令長官管理軍政主掌軍令并董督軍紀

訓練等事

第九條 各軍港須設司令官該司令官應聽司令長官之命

守衛本港并掌理一切事務

第十條 艦隊區別爲三種曰大艦隊中艦隊小艦隊

第十一條 艦隊司令長官以及司令官應統率艦隊防衛沿

海專服攻守之役

第十二條 艦船應分屬於鎮守府并隸艦隊管轄

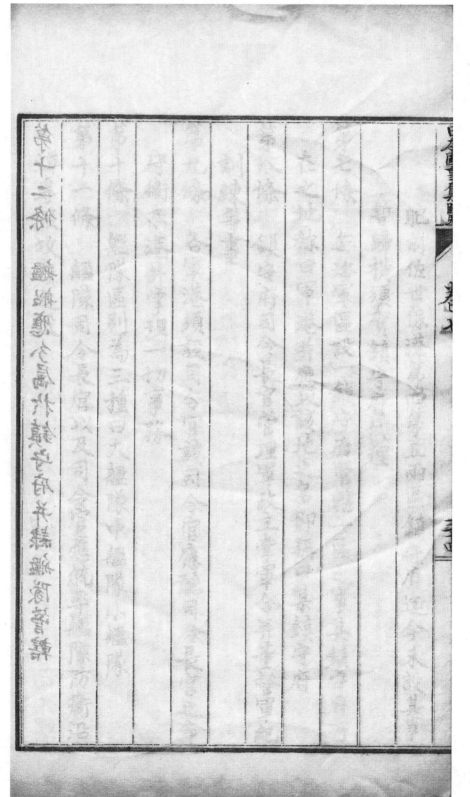

海軍省官制 明治二十三年三月勅定

第一條 海軍大臣管理海軍軍政統督海軍官兵人等并應監督海軍所轄之諸部事務

第二條 海軍大臣秘書官以大佐或中佐任之或以生計監任之亦可

第三條 海軍大臣官房内設主事一人副主事一人主事以大佐任之副主事以主計監任之

第四條 主事應聽大臣與次官命令掌理官房事務副主事應補佐主事

第五條 海軍省不用設總務局

第六條 海軍省不用設參事官書記官

第七條　海軍省應設之諸局如左

第一局

第二局

第三局

第八條　第一局及第二局長以海軍少將任之第三局長以主計總監任之各局之内分設各課課長以上長官任之副課長以士官任之

軍法課長及副課長以主理任之

第九條　第一局内應設第一課第二課第三課分掌左開事項

一　教育兵卒事項

二 訓練兵卒事項

三 整頓紀律事項

四 招募兵卒事項

五 發給糧餉以及計算經費事項

第十條 第二局内應設第一課第二課第三課第四課分掌左開事項

一 製造兵船兵器并修理事項

二 供給兵器彈葯并兵船上應用一切物件事項

三 凡海軍省所有之土地房屋應行看管并營繕事項

第十一條 第三局應設三課分掌左開事項

一 總理海軍經費事項

二　掌理海軍省日用公費事項
第十二條　課長應聽局長之命整理課務副課長應各任部之事各有專責若課長有事故之時准副課長代理其職
第十三條　海軍省內應設技師并機器師造船師上等兵曹以及技手技手云者其技藝優於尋常工人也至於各課應分屬於大臣官房須聽上官命令辦理事務
第十四條　海軍省所定官員如左
一　大臣一人
二　次官一人
三　大臣官房內設主事一人以大佐任之副主事一人以
二　主計監任之秘書官二人以大佐中佐或主計監任之技

師二人

四　第一局長一人以少將任之

第一課長一人以大佐或中佐少佐任之副課長一人以

大尉任之

第二課長一人以大佐或中佐少佐任之副課長一人以

大尉任之上等兵曹四人

第三課長一人以主計監任之副課長一人以大主計任

之

軍法課長一人以主理任之副課長一人以主理任之機

器師一人

五　第二局長一人以海軍少將任之

第一課長一人以佐官或技監任之副課長一人以大尉或大技士任之

第二課長一人以技監任之技監者監視各技師之官也副課長一人以大技士任之大技士者其技藝最優之官也造船師一人

第三課長一人以佐官任之副課長一人以大尉或大機器士任之

第四課長一人以主計監任之屬官六十五人

六大第三局長一人以主計監任之主計監者管理會計事務之官也

第一課長一人以主計監任之副課長一人以大主計任之大主計者善於會計之事者也

第二課長二人以主計監任之副課長一人以大主計任

之技手十一人
第三課長一人以主計監任之副課長一人以大主計任之
以上海軍省各官共計百十二人

第一課長一人以[illegible]之副課長一人以大尉

或大技士任之

書記長一人以大[illegible]

大技士任之[illegible]

第二課長一人以[illegible]之副課長一人以大尉或大機

[illegible]

第四課長一人以主[illegible]大尉[illegible]六十五人

[illegible]

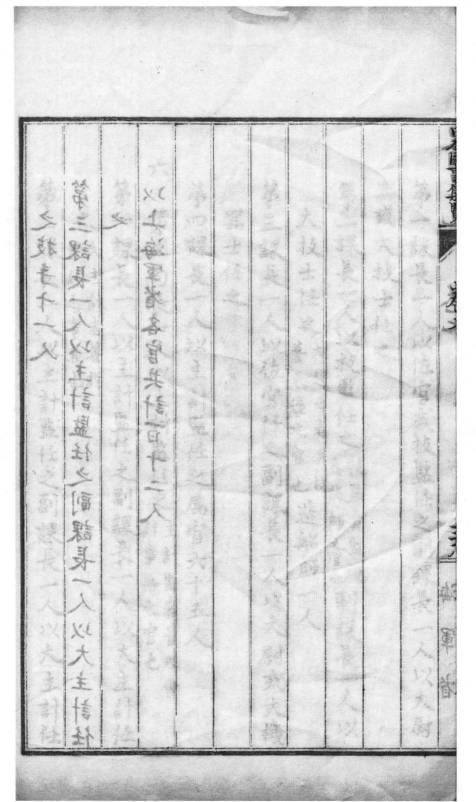

海軍製造兵器廠章程 明治二十二年四月欽定

第一條 海軍所用之兵器應該廠製造修理其購買之事亦應該廠承辦

第二條 該廠内應設製造科撿查科會計課材料課倉庫課

第三條 該廠職員定如左

廠長一人以大佐任之

製造科長一人以技監任之屬官十八人以技手任之專司監工事項

製造科幫辦五人以技監或技士任之

撿查科長一人以步佐任之

撿查科幫辦三人以大尉或技士任之

會計課長一人以主計少監或大主計任之

材料課長一人以屬官任之

倉庫課長一人以屬官任之

第四條　廠長應聽海軍大臣之命總理廠務

第五條　製造科掌理製造修理兵器并應管理各兵器之圖式至於購買兵器之價值暨入欵應行造冊備案等事

第六條　製造科掌理撿查兵器并試驗兵器之事

第七條　會計課掌理銀錢出入暨各材料品物買賣等事

第八條　材料課掌理材料品物出入之事

第九條　倉庫課掌理貯藏之兵器以及運送等事

第十條　凡科長課長應聽廠長之命辦理所任之事

第十一條　幫辦應聽科長之命令分掌本科之事

第十二條　前第三條所載各員之外尚應設軍醫一人

會計課長一人以主計官或大主計任之

會計課員若干人以屬官充之

會計[illegible]課長一人以[illegible]充之

第四條　[illegible]長[illegible]大臣之命總理會計[illegible]務

第五條　[illegible][illegible]要[illegible]并[illegible]會理[illegible]之圖

[illegible]應行[illegible]備[illegible]等事

[illegible]大[illegible]之事

[illegible]會計[illegible]物品[illegible]事

[illegible]掌理材料品物出入之事

第十三條　前第三條所載各課之外尚應設書記一人

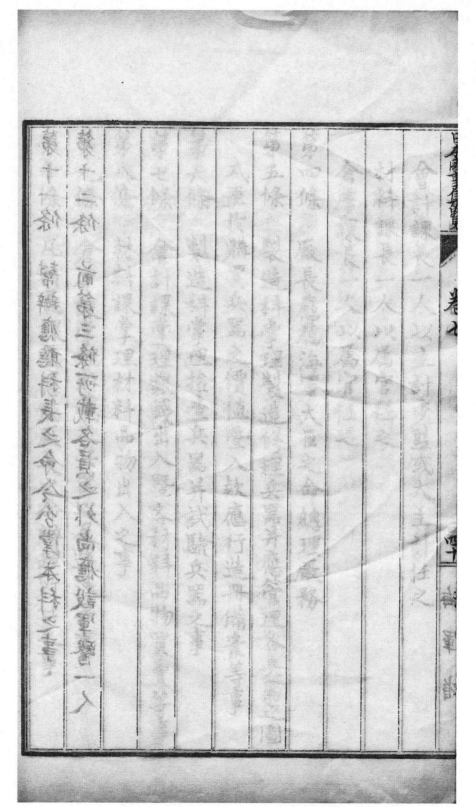

第十四條　以書記稟承其長之命分各掌本局之事

海軍火藥工廠章程 明治二十二年四月勅定

第一條 海軍所用之火藥以及一切爆裂之藥應該廠製造購買

第二條 海軍火藥工廠内應設製造科撿查科會計課分掌其事

第三條 海軍火藥工廠内辦事人員定如左

廠長一人以大佐任之

製造科長一人以技監或技士任之屬官十一人以技手任之專司監工事項

撿查科長一人以技監或技士任之

會計課長一人以主計少監或大主計任之

第四條　廠長應聽海軍大臣之命總理庶務

第五條　製造科掌理製造火藥以及爆裂等藥之事至於火
藥出入事件亦應該科管理

第六條　撿查科掌理查驗火藥并爆烈藥之事

第七條　會計課掌理銀錢出入以及材料品物買入賣出并
承領火藥之事

第八條　科長課長應聽廠長之命總理庶務

第九條　前第三條所載各員之外尚應設軍醫一人

海軍中央文庫章程 明治二十二年四月勅定

第一條 海軍文庫歸參謀部管轄掌理收藏海軍應用之書籍以及圖誌之事

第二條 海軍文庫設總管一人以大尉任之

第三條 文庫總管應隨時蒐集海軍應用之書籍圖誌并應將各書籍圖誌分類收存以備查閱

第四條 除文庫總管之外應於海軍各士官以及教授主理各員之内若干名輔佐總管分掌文庫所藏之各種書圖并應兼理各書圖中應存應廢之事

第五條 除總管外尚應設屬員一人

第五條　除總督外另應設會員一人

應兼理各書圖中應存應廢之事

各員之內若干名輔佐總督分選書文庫所藏之各種書圖并

第四條　除文庫總督之外應於海軍各士官及文教改主理

將各書籍圖誌分類收存以備查閱

第三條　文庫總管應隨時蒐集海軍應用之書籍圖誌并應

第二條　海軍文庫設總管一人以大尉任之

籍以及圖誌之事

第一條　海軍文庫歸參謀部管轄專理收藏海軍應用之書

海軍中央文庫章程　明治二十二年四月制定

海軍機器學校章程 明治二十二年七月欽定

第一條 海軍機器學校者將火夫人等教育成機器師機器手之所也

第二條 機器學校職員定如左

校長一人以大佐或機器大監任之

教授長八人以少佐或機器少監任之

教授十二人以尉官或機器士任之

部長四人以教授兼任

軍醫一人

主計一人

屬官五人

第三條　校長隷於横須賀司令長官節制總理校中庶務

第四條　教授長應任教授之職指揮各教授教導生徒

第五條　教授應聽教授長之命令專司教授學術之事

第六條　部長應統督部員分掌事務

第七條　軍醫掌理學校内一切衛生療治之事

第八條　主計掌理學校一切經費計算之事

第九條　除前第三條所載各員之外尚應設兵卒若干名

海軍兵學校章程

第一條　海軍兵學校者將海軍將校之事教導生徒之所也
但生徒應於自願稟請充當海軍之人中選擇而任之

第二條　本校紀度法律總須照兵船中之例

第三條　稟請充當海軍生徒者年齒須十六歲以上二十歲
以下

第四條　苟有如左開之項則不准稟請充當
一項己娶有妻者
二項受過收禁以上之刑者
三項犯賭博罪受過責罰者
四項負人銀錢將家產拍賣尚不能償清者

第五條　稟請充當生徒者除稟帖外須將年貌履歴另繕一單呈諸本籍府縣知事經府縣知事批准後始轉送交海軍學校長

第六條　稟請充當生徒者其稟帖上須本身父兄或殷實之親族二人出名承保

第七條　入學校之規矩以及試驗之地方并稟帖履歴年貌單之格式當召募生徒時應由兵學校豫行出示曉諭

第八條　召募生徒之人數每年由海軍大臣核定然後學校長始於稟請人中如數選擇及第者充之

第九條　已選為生徒者誎生徒應立一檔書署名捺印其檔書中須表明決意從事海軍并無他志等語

第十條 生徒從入學校之日起則編入兵籍其講求學問時之費用以及衣服飲食等項均由官給
第十一條 生徒應編爲分隊於每分隊中選擇二人一爲隊長一爲候補隊長
第十二條 生徒講求學問之期分爲四期每一期一年合計須四年但每年須於九月十一日起至翌年九月初十日止始算爲一期
第十三條 生徒所學之事應爲六科曰砲術曰水雷術曰運用術曰航海術曰機器術曰普通學普通學者日用尋常之學也
第十四條 各生徒考試之法分爲三種兹定如左
一 小考試小考試者舉一二事考之也

二　大考試　凡所學之事須盡考之也

三　卒業考試　卒業云者學習之年限已滿考試其優劣定取舍也

第十五條　生徒考試須記以點數各科均須十分內能考至五點以上者始為中式及第

第十六條　經大考試及第者授以及第之証據卒業時考試及第者授以卒業之證據

第十七條　授與證據之時校長須舉行授與儀式當堂授之

第十八條　及第之生徒如有與左開各項中一項相符者則給以賞牌表彰其榮譽

一　學術極優者

二　志操極忠實者

三品行極良善者
第十九條賞牌與證據均由校長同時授與
第二十條領有賞牌之生徒苟犯海軍懲戒生徒之條規或應大考試落第以及有辱榮譽等事即行追繳
第二十一條　生徒既入學校後則不能聽其自便禀請出校
第二十二條生徒苟有如左開之一項則遣出校
一項無將校之器量者
二項品行不正無自悛之路者
三項無悟性須五年餘始能卒業者
四項罹傷痍疾病不能卒業者
第二十三條前條所載久病一項但起病之由并非本人不

善攝生以致長病者或領得有賞牌者均格外再議
第二十四條凡有關教育生徒之事校長應會同教官人等
商議定局
第二十五條各生徒中苟有犯前第二十二條所載之項者
應由校長禀知海軍大臣如犯第一項第二項第三項者校
長須會議審妥之後始可上詳
第二十六條　諸生徒學滿一年以及學滿四年之時校長應
會同各教官將各生徒之學術品行評其優劣則定以次序
第二十七條各生徒經逐次考試之後校長應將有成效者
造具清單并外附已之意見上詳海軍大臣
第二十八條　校長應將每年教育之事擇其重要者詳禀

海軍大臣

第二十九條 次長監督教育之事并應維持軍紀以及諸生徒之行為（軍紀云者武學生之規矩行止也）

第三十條 次長之職務與船主同

第三十一條 次長應收領各處之報告册并校長委任之事逐一辦清後始將一切辦理情形詳禀校長

第三十二條 副官監守官印管理校長已結之機密文書等件事項

第三十三條 教頭應聽次長指揮管理教授學術并考試以及一切編纂繙譯等件

第三十四條 教頭隨時稽查教授之事應將教授之得失并

已之意見具稟次長

第三十五條　各教官考試生徒後將有成效者造具清册呈諸次長但清册之外教頭應附呈已之意見

第三十六條　教官應聽教頭指揮專司教授學術之事若當考試之時教官須將有成效之生徒造具清册呈諸教頭并附已之意見

第三十七條　教官在教堂之時須令各生徒遵守紀律

第三十八條　生徒隊司令官應聽次長指揮專管生徒德性品行之事每一年終須造考試各科人名表呈諸次長

第四十條　生徒隊副官屬司令官節制專整頓校内一切事務

第四十一條　生徒分隊長應聽司令官命令專監視部下生徒等之行爲若當考試之時須將部下生徒之科目造具清冊呈諸司令官

第四十二條　生徒分隊長應換班在學校内供職

第四十三條　生徒分隊長應與主計官隨時清查生徒等衣服糧食之事

第四十四條　本校之助教以上等兵曹或機器師任之歸教官節制專司授業之事

第四十五條　本校應設造船師機器手熟機器者鍛冶手熟鎔鑄製造者兵曹警吏筆記記事者廚夫水兵火夫木工鍛冶工看病夫看守病人者各從其事此外尚應設屬員若干名掌編纂繙譯之事

日本國事集覽七卷終

日本國事集覽卷八

使署繙譯兼箱館新瀉夷港副理事官劉慶汾集譯

海軍鎮守府官制　明治十九年四月　勅定

第一條　鎮守府應設參謀部軍醫部主計部造船部兵器部建築部軍法會議監獄署

第二條　鎮守府管轄地內應配設屯營水雷營以及病院武庫倉庫

第三條　鎮守府定員如左

司令長官　一人　將官任之

參謀部 商議軍事之所也

參謀長　一人　大佐或中佐任之

參謀　二人　少佐及大尉任之

司令長官傳令使　一人　大尉或中尉任之

秘書官 一人 歸司令長令屬 主計少監任之 主計少監者管理經費之官也

候補秘書官 三人 主計及候補主計任之

文庫總管 一人 大尉中尉任之

測量試驗所總管 一人 大尉中尉任之

主計部

部長 一人 主計大監或中監任之

計算課長 一人 主計少監或大主計任之

人員課長 一人 大主計或中主計任之

材料課長 一人 同前

軍裝糧餉課長 一人 同前

支發課長 一人 同前

課員　若干人　主計及候補主計任之
中央倉庫總管　一人　大主計或中主計任之
中央倉庫副總管　一人　主計任之
造船部　三人
部長　一人　大佐或中佐任之
副部長　一人　匠司任之
造船科長　一人　匠司任之
造船科幫辦　三人　同前
機器科長　一人　同前
機器科幫辦　三人　同前
兵器部

部長　一人　大佐或中佐任之
副部長　一人　少佐或大尉任之
幫辦　二人　大尉中尉任之
武庫總管　一人　同前
水雷庫　一人　同前
建築部　建築房屋橋梁之所也
部長　一人　大佐中佐任之
幫辦　三人　匠司任之
軍法會議　定海軍犯罪人之所也
判事長　其員數照海軍刑法所載之數定之
判事　同前

主理 同前

監獄署 收禁海軍犯罪人之所也

署長一人 大尉任之

警查長三人 大尉中尉任之

第四條 司令長官應管轄所屬之兵船暨將士人等至於軍港要害之地應行防禦其所屬之艦船應隨時製造修理其於海軍之兵器以及軍中一切應用之物應收存者藏之應分派者給予之

名募兵卒并傳齊訓練之事亦應該長掌理

第五條 司令長官應於所轄之港內設旗艦一艘 旗艦云者該船上揚旗號指揮他兵船者也 指揮所屬之各兵船

第六條 司令長官所屬之兵船若有駛出所轄海面境外之時應行禀知海軍大臣至於有逾例操演逾例行軍等事亦應禀知海軍大臣其於發給軍裝糧餉以及海軍將士人等陞降事務應聽海軍大臣區處

第七條 司令長官所屬之兵船内儻有可疑之事准其統率麾下之船巡視搜索但巡視出本管境外之時須聽海軍大臣區處

第八條 凡他港所管之艦隊苟有駛入此港之時應聽此港司令長官指揮一切

第九條 司令長官苟當管轄境内有騷擾事件之時須先將其情節申報海軍大臣聽候區處若事急如火苟本地方官

稟請發兵彈壓該長官應直從其請一面飛報海軍大臣一
面通知比鄰鎮守府

第十條 司令長官苟當戰時或事變之際若有他管兵船泊
在本港者准該長官指揮可使之守衛本港

第十一條 凡關軍政重要事件司令長官須即傳齊各官會
議決定

第十二條 會議軍政之官應軍港司令官造船部長兵器部
長建築部長主計部長會同商議但須視當時情節或再會
同參謀長軍醫部長與議亦可

第十三條 參謀長應輔佐司令長官專司參謀軍機事務至
於軍醫部長主計部長應監查各官廨之職員人等

第十四條　參謀長當司令長官不在之時若有委派事件准其用司令長官之名派委

第十五條　參謀長應監督鎮守府所屬之病院監獄紀律

第十六條　參謀長應管理文庫以及測量試驗所之事務

第十七條　參謀長應掌之事除前數條所載各職務外其左開之四項亦應該長管理

一　守衛軍港以及警查造船部兵器部建築部事項

二　守衛海軍所屬之砲台以及哨營事項

三　凡所轄之海岸一帶有警報事項

四　海圖水路誌航海日記事項

第十八條　參謀應聽參謀長之命令分掌參謀部之事務

第十九條　司令長官之傳令使應供一切差使以及宣傳命令之事該傳令使復應分掌參謀部之事務

第二十條　司令長官之秘書官應監守官印掌理機密文書并應整理鎮守府內之一切庶務

第二十一條　候補秘書官應聽秘書官命令管理一切來公文之事

第二十二條　文庫總管應聽參謀長命令掌理書籍出入之事

第二十三條　測量試驗所總管應聽參謀長命令掌理測量試驗事務

第二十四條　軍醫部所掌之事如左

第二十五條　軍醫部長應聽司令長官之命掌理海軍一切醫務

第二十六條　軍醫部長應掌理鎮守府内衛生事項至於各軍醫官以下應該部長監督

第二十七條　部員應聽部長派往各地療治疾病

第二十八條　病院長應聽部長之命凡入院就醫者應盡力療治

第二十九條　病院長以下尚應設軍醫少監若干人分掌療治調劑事務

第三十條　凡關衛生重要事件軍醫部長應會同各醫官議決

第三十一條　會議衛生事件之員須病院長兵船營內軍醫長以及軍醫部員會同商議

第三十二條　主計部內應設計算課人員課材料課軍裝糧餉課支發課分掌其事

第三十三條　計算課所掌之事如左

一　凡鎮守府出入經費以及賑濟下士等家屬銀兩應行查算事項

二　修理兵器銀兩應行查算事項

三　凡支出欵項應逐一詳記事項

四　各部製造器具之價目應行查算事項

五　鎮守府所屬各官廨之準備銀兩應行管理事項

六　凡鎮守府各官廨銀錢出入事項

七　發給賑濟下士家屬銀兩事項

八　第一項所載出入銀兩應行造冊事項

九　鎮守府及各官廨出入銀錢應行統計造冊報銷事項

第三十四條　計算課所屬之各課員應派在造船部兵器部建築部分掌事務其事定如左

一　工人等做工停工應行查閱事項

二　工人等姓名簿應行查造事項

三　發給工人等之辛工應行計算事項

四　工人增減應行統計稟報事項

第三十五條　計算課各課員并應派赴病院及監獄署分掌

事務其事定如左

一 病院及監獄署錢銀出入事項

二 病院及監獄署之庶務

三 葯材并療治器具出入事項

四 因人數目應行統計禀報事項

第三十六條 人員課所掌之事如左

一 鎮守府及所屬各官廨人員應行清查事項

二 士卒人等之姓名履歷簿應行清理事項

三 凡士卒人等出入事項

四 徵兵募兵事項

五 凡關豫備兵後備兵以及海軍事項

六　士卒人等之數目應行統計稟報事項

第三十七條　材料課所掌之事如左

一　購買材料物品以及搬運供給出入事項

二　看守材料物品事項

三　各部貯藏之材料物品價目應行清查事項

四　材料物品應行統計稟報事項

第三十八條　軍裝糧餉課所掌之事如左

一　承領軍裝糧餉之人數應行清查事項

二　準備軍裝糧餉事項

三　軍裝糧餉搬運供給出入事項

四　發給軍裝糧餉事項

五　軍裝糧餉出入之事應行統計稟報告事項

第三十九條　支發課所掌之事如左

一　凡發給薪俸辛工以及發給他項銀兩事項

二　發給葯材療治器具以及賞給患病者銀兩事項

三　賞給囚人事項

四　凡閘工人之辛工事項

五　凡閘鎮守府内所用之欵項事項

第四十條　主計部長應聽司令長官之命辦理所任事務

第四十一條　主計部長應監督主計官以下人等

第四十二條　課長應聽部長之命掌理庶務

第四十三條　課員應聽課長之命分掌課務

第四十四條　主計部管轄中央倉庫供給各課各官廨以及各船營應用之一切物件并應隨時將材料等物分存於倉庫以待不時之需

第四十五條　中央倉庫總管應聽主計部長之命看管倉庫并應掌理材料出入事務

第四十六條　副總管應輔佐總管整理一切事務

第四十七條　造船部所掌之事如左

一　兵船機器應隨時新製改造修理事項

二　所屬製造所內之機器應行管理事項

三　凡造船之材料或應收存或應發用須隨時清查事項

四　凡船在船塢內修造之時須不時看守事項

五 凡所属倉庫内之材料若搬運出入之時須清查事項

六 教育做工人等事項

七 修理兵器事項

八 凡新製艦船以及改造修理等事須豫算其大概

九 造船所用之經費材料等項應行統計造冊報銷

第四十八條 兵器部所掌之事如左

一 兵器出入以及分派收存事項

二 試驗鎗砲水雷彈葯事項

三 凡關火工事項

四 裝置大砲水雷事項

五 修理兵器須算其大概事項

六　凡修理之兵器應統計造册呈報事項

第四十九條　建築部所掌之事如左

一　建築官廨兵營學校病院以及修理事項

二　築造船塢船臺碼頭并修理事項

三　凡海軍所屬之燈台浮標電信其他水陸工事均應該部承辦

四　搾浚港内事項

五　修造官廨應行登簿事項

六　鎮守府所屬土地之契據應行收管事項

七　凡所屬倉庫内之材料其出入之事應行清理事項

八　建築修理之圖式以及計算大概賬簿應行清理事項

九 建築修理之事應統計呈報事項

第五十條 造船部兵器部建築部長均應聽長官之命總理各所屬之庶務

第五十一條 造船部所屬之各科長應聽部長之命各整理各科之事

第五十二條 兵器部建築部之幫辦各員應各聽部長之命擔任所掌之事

第五十三條 武庫總管水雷庫總管應聽兵器部長之命掌理兵器水雷以及一切器具出入事務

第五十四條 監獄署應聽司令長官之命令總理監獄中之事務

第五十五條　警查長應聽監獄署長之命掌巡視警戒監獄之事

第五十六條　各軍港應設司令部其部下應設豫備艦豫備艦者常在該港供差使之兵船也水雷部航海部該部所掌之事備載於後其職員定如左

軍港司令部軍港云者鎮守府駐劄之所也

軍港司令官司號令之官也一人　少將或大佐任之

軍港副官一人　大尉任之

司令官傳令使宣傳命令之官也一人　大尉或中尉任之

豫備艦部

豫備艦總理總理即船主也一人　大佐或中佐任之

豫備艦副總理一人　大尉任之

豫備艦機器長即大副也 一人 機器監任之

豫備艦船具庫總管 一人 大尉或中尉任之

水雷部

水雷司令施放水雷之官也 二人 大佐或中佐任之

水雷副司令 二人 大尉任之

航海部

部長 一人 以豫備艦總理任之

部員 二人 少佐及大尉任之

倉庫總管 一人 以豫備艦船具庫總管任之

第五十七條 軍港司令官應指揮艦船上之水兵卒并應守備海軍所屬之砲兵軍港事務

第五十八條　軍港司令官應維持軍紀并應隨時訓練所屬之士官兵卒以及學徒人等

第五十九條　鎮守府所管轄之兵船應歸軍港司令官指揮其船定如左

一　常備艦（常泊在該港以備不虞之船也）

二　練習艦（教水兵操練之船也）

三　指揮出入之船

四　豫備艦（常備艦不敷用時則調豫備艦用也）

五　水雷船（載水雷之船也）

第六十條　軍港司令官應使泊在港內之各艦船遵守港內規則

第六十一條　軍港司令官應將號令佈告麾下各將士人等至於所轄艦船營官有申報之事應先查閱後始轉達鎮守府司令長官

第六十二條　軍港司令官應常巡查所轄之各船隻其在各船供職之官兵人等情形須逐一詳知儻有與職務不相称者應直呈報鎮守府司令長官其於各船并應隨時整頓準備

第六十三條　軍港司令長官分派各船駛泊各地之時其船未開之先以及抵港之後須報知鎮守府司令長官至於若有新船撥歸管下之時應先查閱後詳細呈報

第六十四條　軍港司令官若本已不能查閱之時准以統豫

備艦之總理官代行查閱

第六十五條　軍港司令官所轄之各員自將校以下人等其服役之勤惰應隨時稽查倘各員弁內有黜陟拔擢等事諮司令官應將己之意見上詳鎮守府司令長官

第六十六條　軍港副官應聽司令官之命令整理軍港司令部之庶務至於與各處文涉文書來往事件亦應諮副官收發辦理

第六十七條　軍港司令官之傳令使應供一切差使并宣傳命令分掌軍港司令部之事務

第六十八條　豫備艦總理（船主也）應聽軍港司令官之命令管轄豫備艦船暨守衛準備等事

第六十九條　豫備艦副總理應輔佐總理管理一切事務
第七十條　豫備艦内機器長應整理艦中一切機器并應監督各工匠人等
第七十一條　豫備艦内之船具庫總管應聽總理之命收存艦中一切器具物件
第七十二條　水雷司令應聽軍港司令官之命令管理攻擊水雷防禦水雷事項至於水雷艇隊以及布設水雷之事亦應該司令指揮
第七十三條　水雷副司令應輔佐司令整理事務
第七十四條　航海部所掌之事如左
一　新船裝置器具帆索事項

二 船内倉庫一切器具出入事項

三 凡桅檣掛脱事項

四 監督消防隊消防隊即救火夫也以及查閲消防器具事項

五 航海時所用之信號事項

六 維持港内條規事項

七 凡港内各船抛錨之地移徙他處以及繫泊事項

八 各船出入船塢事項

九 繫船之浮標鎖鍊應行分配檢查事項

十 凡海軍所屬之浮標以及暗礁浮標繫船浮標事項

十一 凡關鄉導軍港内水路事項

十二 救援破船事項

第七十五條　航海部長應聽軍港司令官命令總理所掌之事

第七十六條　部員應輔佐部長各司所任之事

第七十七條　倉庫總管應聽部長之命掌理艦船中器具出入事項

第七十八條　前第三條第五十六條所載各官外尚應設屬員若干名

第七十九條　若在海軍中做工領辛工者不能照此章程

日本國事集覽　卷八

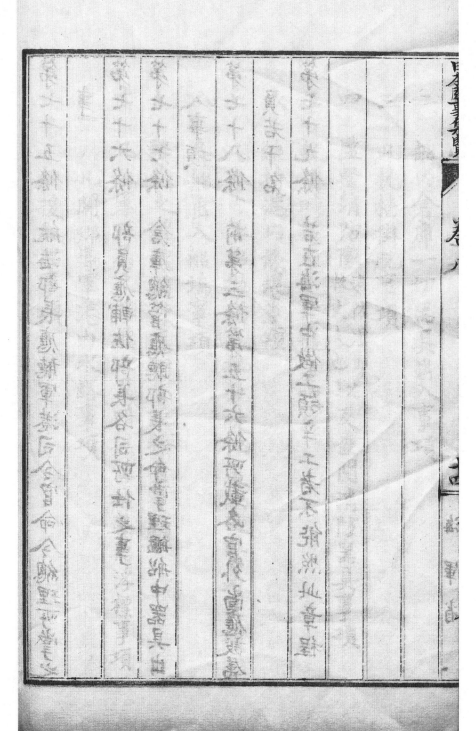

第六十七條　若在海軍中將士官年三十者有能深通章程
員者甲為[illegible]
第六十八條　前第六十六條所載各官員不論何處皆[illegible]
第六十九條　合乘艦之官員即兼之事管理艦船中器具由
第七十條　部員應補任即其各司所任之事[illegible]
事
第七十一條　海軍部大臣應將軍[illegible]合宜命令總理所掌之

海軍鎮守府章程 明治十七年二月海軍省定

第一條 鎮守府設於軍港管轄海軍艦隊兵船也 訓練水兵火夫諸工匠人等至於船上所用之煤炭品物應隨時豫備并應總理兵船製造修理等事其所管轄之軍港須不時巡視守衛

第二條 鎮守府下應設造船所以及屯營武庫倉庫病院會議軍法所其於港内復應設旗艦 旗艦云者謂艦上起暗碼旗號指揮各兵船也

第三條 鎮守府長官一人以將官任之應統率所屬諸員并應總理所任之一切事務

第四條 長官可與海軍大臣辦論事之當否并有擔保事務之責

第五條　長官所屬之各員其升降之事准其申詳海軍大臣

第六條　他港所轄之海軍輪船苟泊在本港之時若與港内有關係事項以及該輪船等有裝修事項均應聽本港長官指揮

第七條　長官當戰時或事變之際凡在本港之輪船無論係他港所屬者均應聽長官指揮服防禦守戰之役

第八條　無論本國外國之輪船苟開進軍港之内應遵該港條規

第九條　輪船苟當應加修理之時長官須將該船損壞之處查閱清楚分示造船所各員照章修理

第十條　照海軍各輪船定例之外若有禀求器具品物者長

官須查其應要與否然後分示承辦之員照辦

第十一條　長官當修理輪船之際苟欲更改船身以及機器兵器并船具等物應將意見具稟海軍大臣

第十二條　凡輪船裝修落成之時長官應查閱清楚始具稟大臣至於所轄之船若開赴他處供差畢後駛回本港時長官應先查閱始具稟大臣

第十三條　長官所屬之各船以及在各船供役之各員其船体之堅固與否各員能勝職與否一切情形長官應詳細了然於胸若船隻以及各員有不適用時須速稟知海軍大臣

第十四條　長官應每年巡視所轄之各船營各官廨一次至於所轄之船若有派往外國之時其未開之先及既歸之後

長官應查閱清楚稟報海軍大臣
第十五條　長官聽其隨時巡視各船不限定每年查閱一次之例
第十六條　苟長官本已不能查閱之時准其以麾下之將校代理查閱
第十七條　長官管下之輪船苟意欲將船身以及機器兵器并船具更改之時須將利害得失之處具稟海軍大臣
第十八條　凡軍港内所用之品物適當與否給品物之法得宜與否長官須將己之意見具稟海軍大臣
第十九條　凡海軍兵船當新製之時以及改造之際苟長官有意見應具稟海軍大臣

第二十條　凡新製以及改造之兵船苟長官欲開往海中試驗之時須豫先禀知海軍大臣

第二十一條　凡軍港内有病疫流行之時長官須速禀知海軍大臣

第二十二條　無論本國外國兵船凡出入軍港之時長官須隨時禀報海軍大臣

第二十三條　苟有外國兵船駛入軍港内停泊者長官須將該船之名該船身之長短寛窄以及砲有若干門兵有若干名馬力若干速力若干速力云者一點鐘能行海路若干也其船体是否木質鐵質逐一查清每三個月禀報海軍大臣一次

第二十四條　長官苟有事故之時除重大事件外准次官臨

時委人辦理

第二十五條　左列之四項長官不必奉大臣命令可以施行

第一照定章外多用之經費以及應要之器具品物事項

第二水兵火夫以及諸工匠在期限之内除去差役事項

第三與外國人交換條約事項

第四損壞之器具品物可以發賣事項

第二十六條　左列之十項准其長官專行

第一所屬之兵船官廨其内條規准其創設更改事項

第二屬員自判任官以下准其調換事項

第三日領餉銀七角以下之兵卒以及僱用之員准其黜陟

事項

第四技藝人員之薪俸技藝員云者熟機器并知駕船之人也准其增減事項
第五所屬之兵卒准其派往他船供役事項
第六所屬之兵船准其差往至二百里路以内事項
第七判任以下之官准命免除服役供差事項
第八所屬之諸員准其分派各課供差并准其派往五十里路以内辦事
第九所屬之房屋棹椅等物准其命人修繕事項
第十分内應辦之事准其與各廳用照會來往事項
第二十七條　鎮守府設次官一人以造船所長兼任之應輔佐長官幫理府内一切事務若長官有事故之准其護理
第二十八條　次官護理長官之時若委派事件准用長官之

名差委

第二十九條　長官傳令使一人以大尉或中尉任之應常隨侍長官以便宣傳命令并應服長官所派之一切事務平時則掌理信號之事

第三十條　長官秘書官一人以佐官或主計監任之管理長官來往一切文書案牘監守長官之印并兼管府内一切事務

第三十一條　候補秘書官五人以尉官或候補主計任之屬秘書官節制辦理一切來往文書事務

第三十二條　機器部長一人以機器大監或機器中監任之掌鎮守府所屬之輪船機器事務

第三十三條　機器部長應隨時查閱輪船機器圖畫書籍如有意見之時須將意見具禀長官
第三十四條　大機器士一人或中機器士一人歸機器部長節制幫理部長所掌之一切事務
第三十五條　軍醫部長一人以軍醫大監或軍醫中監任之監督鎮守府所轄之兵船以及諸官廨衛生醫務
第三十六條　軍醫部長應隨時查閱鎮守府并各船各營各官廨醫務書籍若有意見之時須將意見具禀長官
第三十七條　大軍醫一人或中軍醫一人歸部長節制幫理醫務
第三十八條　主計部長一人以主計大監或中監任之掌理

鎮守府以及各船各營各官廨之會計事務

第三十九條　主計部長應隨時查閱鎮守府以及各船各營各官廨之報銷冊若有意見之時須將意見具稟長官

第四十條　鎮守府以及各船各營各官廨若照經費定章外有不能不用之欵主計部長須將豫算清冊審查清楚後具稟長官

第四十一條　主計部長可命主計長以下之諸員幫辦一切事務

第四十二條　主計長一人以大主計任之掌理鎮守府以及所轄之武庫倉庫暨會議軍法所監獄署銀錢出入之事

第四十三條　主計候補主計共十二人歸主計長屬專司會

計之事

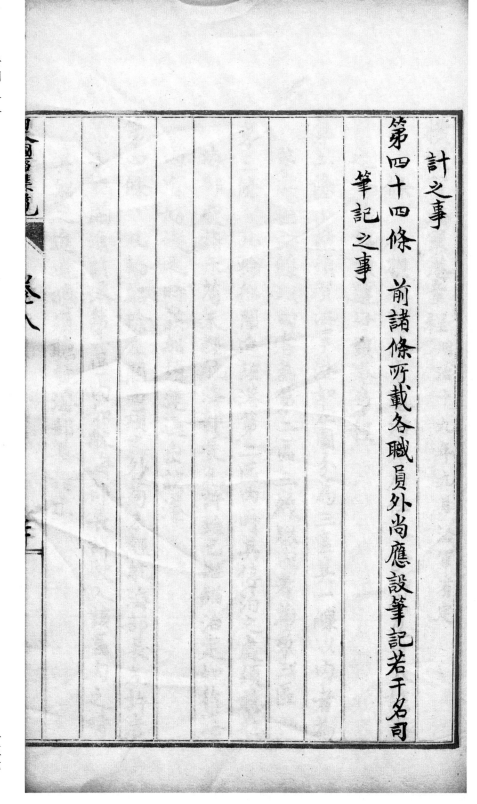

第四十四條 前諸條所載各職員外尚應設筆記若干名司筆記之事

橫須賀海軍港章程 明治十九年九月海軍省定

第一條 在橫須賀海軍港沿岸居住之人民以及出入該港之各輪船須遵守該港章程

第二條 橫須賀海軍港如左圖分為三區其一線以内者為第一區二線以内者為第二區三線以内者為第三區

第三條 凡輪船開進該港第二區内時其停泊之處須聽航海部長指示苟未經航海部長允許雖已拋錨泊定如於港内有妨礙之時該船須速退出該港

第四條 凡輪船除左開四項之外苟未經航海部長允許者不能開進該港第一區内如航海部長許駛入該區内之時其船之進退總須聽航海部長指示

左四項所開諸船雖可出入該港但停泊之地總須聽航海部長指示

一項　輪船上之小火輪船以及小艇

二項　海軍所屬之船十五噸以下者

三項　凡輪船蒙鎮守府司令官允許由一定之地方往來該軍港者

四項　海軍僱用運送品物之船以及裝載海軍定做品物之商船

第五條　港内第一區第二區内所泊之輪船苟未經航海部長允許者不能將船繫在諸浮標之上

第六條　若當大風大浪不能用小船來往之時該輪船不必

待航海長之命令直可駛入第二區內躲避風浪但第一區
內則不准駛入
第七條　凡船上載有火葯炸葯以及一切爆發之物不准駛
入港內第一區或僅距火葯庫只百三十開以內之地（六尺一間）
亦不准停泊倘業經航海長認作無礙者則不在此限
第八條　小火輪船若距火葯庫只百三十間（一間六尺）以內不准
再行前進與之近接至於漁船小舟若與火葯庫距百三十
間以內之時則不准船上燒火
第九條　凡船中載有傳染病疫之人不准駛入該港第二區
第十條　港內第三區中不論何船准其隨意停泊苟鎮守
府司令官若認為於港內有妨礙之時應將繫泊之所指示

詼船或命詼船退出本港亦可

第十一條 凡泊在港内第二區第三區之輪船除放禮砲之外不准施放鎗砲若泊在第一區内者一槪不准施放

第十二條 第一區第二區内不准遺棄灰燼塵芥若輪船上欲抛棄灰芥之時須通知造船所請發小船前來裝運駛至第三區内傾倒但傾倒之地亦須遵指示之處

第十三條 凡漁人未蒙航海部長允許者不准在第一區内捕魚

第十四條 欲在港内沿岸開設碼頭或修造棧橋之時須鎮守府司令長官與地方官議妥允許之後始能動工

第十五條 苟居住港内之人民因商務稟求商船出入詼港

之時應鎮守府司令長官將開船繫船之地位與地方官
會議妥後始准該商船進出但鎮守府司令長官若認為
於軍事有礙之時則不准該商船出入應即停止
第十六條 凡在海軍部内之人苟違犯此章程時應罰銀
二元以上二十五元以下

[illegible]

[illegible]文久上二十五元以下

第十六條　凡在海軍部內之人皆宜遵此章[illegible]

[illegible]

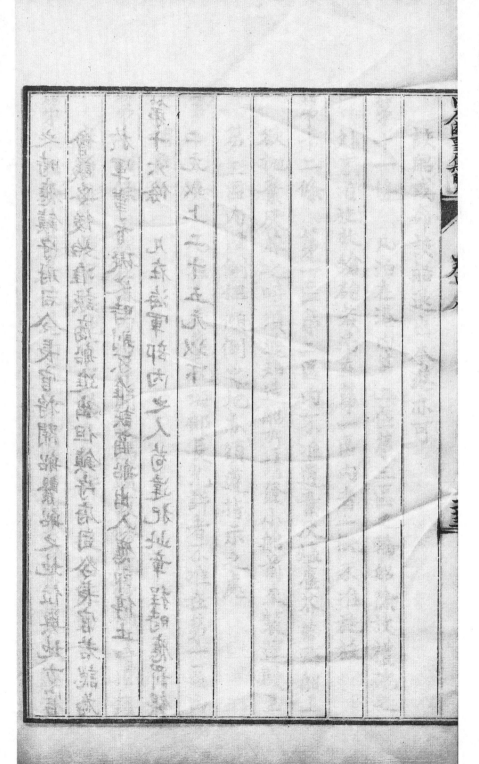

横須賀鎮守府圖

橫須賀鎮守府所屬兵船列如左

一鋼質船　一艘

一鐵甲船　一艘

一鐵骨木皮船　二艘

一木質船　五艘

一帆　船　三艘

右船共一十二艘

橫須賀鎮守府定員如左 明治二十三年海軍省定

司令長官 一人 中將任之

幕僚

參謀長 一人 大佐任之

參謀 二人 以少佐大尉任之

秘書官 二人 以大尉大主計任之

司令官傳令使 一人 以大尉任之

參謀長部下

測量總管 一人 以少佐或大尉任之

文庫總管 一人 大尉任之

軍港司令官部下

司令官　一人　少將任之

副官　二人　大佐大尉任之

司令官傳令使　一人　大尉任之

豫備艦長　一人　以知港事官兼任之

豫備艦機器長　一人　機器監任之

機器副長官　一人　大尉任之

知港事官　二人　大佐任之

副知港事官　一人　大尉任之

造船部

部長　一人　機器總監任之

計畫課長　一人　大技監任之

計畫科幫辦 六人 技監或技士任之並或大主計任之

製造科長 一人 大技監任之

製造科幫辦 八人 技監或技士任之

船匠師 二人 大主計任之

一等船匠 一人 主計少監或大主計任之

二等船匠 一人 主計少監任之

三等船匠 二人 主計大監任之

上等工人并工人 共七十五人

一等鍛冶手 一人 幫辦兼任

兵器部 一人 幫辦兼任

部長 一人 大佐任之 大尉或機器部士官任之

幫辦 五人（須熟悉水雷大砲者）以大尉或機器部士官任之

武庫總管（存大砲之庫）一人 幫辦兼任

武庫總管（存水雷之庫）一人 幫辦兼任

主計部

部長 一人 主計大監任之

出納課長 一人 主計少監任之

材料課長 一人 主計少監或大主計任之

軍裝糧食課長 一人 大主計任之

病院長 一人 大主計任之

監獄長 一人 大主計任之

倉庫總管（存兵船中用物之倉庫）一人 主計少監或大主計任之

倉庫總管 存造船材料之倉庫 一人

上等主賬 十九人

一等管賬 十九人

二等管賬 十九人

三等管賬 二十四人

建築部

部長 一人 枝師任之

幫辦 一人 枝師任之

枝手 六人

參謀長所屬

上等兵曹 七人

一等兵曹　五人

二等兵曹　五人

三等兵曹　五人

一等水夫　五十七名

軍港司令官所屬

機器師　三人

一等機器手　三人

二等機器手　二人

一等火夫　十人

二等火夫　九人

三四等火夫　六人　以上共叁百叁拾肆人

吳鎮守府圖

員如左　明治二十三年海軍省定

司令長官　一人　中將任之

幕僚

參謀長　一人　大佐任之

參謀　右船共九艘　少佐任之

二帆船　二艘　大主計任之

一木貨船　傳令使　二艘　人　大尉任之

一木皮蒸船　帝下　三艘

一鋼貨船　一艘　少佐機大尉任之

一鐵鋼船　一艘　大尉任之

吳鎮守府所屬兵船列如左

吴鎮守府所屬兵船列如左

一鐵甲船　一艘

一鋼質船　一艘

一鐵骨木皮船　三艘

一木質船　二艘

一帆船　二艘

右船共九艘

吳鎮守府定員如左明治二十三年海軍省定

司令長官　一人　中將任之

幕僚

參謀長　一人　大佐任之

參謀　二人　少佐任之

秘書官　一人　大尉大主計任之

司令長官傳令使一人　大尉任之

參謀長部下

測量總管　一人　少佐或大大尉任之

文庫總管　一人　大尉任之

軍港司令官部下

司令官　一人　少將或大佐任之
副官　一人　大尉任之
司令官傳令使一人　大尉任之
豫備艦長一人　知港事官兼之
豫備艦機器長一人　機器監任之
豫備艦副長　一人　大尉任之
知港事官　一人　大佐任之
副知港事官　一人　大尉任之
造船部
部長　一人　大技監任之
計畫科長　一人　技監任之

計畫科幫辦 一人 技監或技士任之

製造科長 一人 技監任之

製造科幫辦 八人 一技監或技士任之

船匠師 一人

一等船匠手 一人

二等船匠手 一人

上等工匠 二十人

兵器部

部長 一人 佐官任之

幫辦 一熟大砲者 一熟水雷者 二人 大尉任之

武庫總管 存大砲之庫 一人 幫辦兼之

武庫總管存水雷之庫 一人 同前
部長 一人 主計監任之
出入課長 一人 主計少監或大主計任之
材料課長 一人 大主計任之
軍裝糧食課長 一人 同前
病院課長 一人 同前
監獄課長 一人 同前
倉庫總管存兵船上用物之倉庫 一人 主計少監任之
倉庫總管存造船材料之倉庫 一人 大主計任之
上等管賬 十二人

一等管賬　十二人

二等管賬　十二人

三等管賬　十七人

建築部

部長　一人　技師任之

幫辦　二人　技師任之

技手　六人

參謀長所屬

上等兵曹　四人

一等兵曹　三人

二等兵曹　一人

三等兵曹　二人

一等水兵　二十九人

軍港司令官所屬

機器師　一人

一二等機器手　各一人

一等火夫　三人

二等火夫　一人

三四等火夫　三人

佐世堡鎮守府圖

三十六人其所司之事與吳鎮守府同

十三年光緒十六年四月立鎮守府上宜司令長官下置水雷隊

查佐世堡距長崎百里許華里乃日本西南要害之地於明治二

附錄佐世堡鎮守府將士員數如左

兵艦共九艘

一帆船一艘

一木質船三艘

一木皮鐵質船一艘

一鋼質船三艘

一鐵甲船二艘

佐世堡鎮守府所屬兵船列如左

佐世堡鎮守府所屬兵船列如左

一鐵甲船　二艘

一鋼質船　二艘

一鐵骨木皮船　一艘

一木質船　三艘

一帆船　一艘

右船共九艘

附録佐世堡鎮守府將士員數如左

查佐世堡距長崎百里許華里乃日本西南要害之地於明治二十三年光緒十六年創立鎮守府上自司令長官下至水雷火夫人等共計三百三十七人其所司之事與吳鎮守府同

海軍高等武官升級章程　明治二十二年七月勅定

第一條　海軍高等武官云者指少尉以上各官之謂也其少尉以上之官總稱之曰將校至於與少尉同等之官則總謂之曰准將校

第二條　凡升官不能越級須照左圖年限循序升用至於實役停年寔役停年云者官職差事尚在不在營供職之謂也未在兵船上供過職役者雖有資格亦不准升官

將校	准將校					寔役停年	當寔役停年能在兵船上供職者
少尉	少機器士	少技士	少軍醫	少藥劑官	少主計	三年以上	二年以上
大尉	大機器士	大技士	大軍醫	大藥劑官	大主計	六年以上	三年以上
少佐	機器少監	少技監	軍醫少監		主計少監	三年以上	二年以上

大佐	機器大監 技監 軍醫大監 主計大監	六年以上	三年以上
少将		三年以上	二年以上

當宜役停年之際能格外勤勉在兵船上供職者其升官年限准其減半升用至於機器大監軍醫大監大技監少技監大葯劑官少葯劑官則不必在兵船上供職

第三條 由中将升大将必須歷戰有功或從事遠征者由天皇特旨簡任不能定以年限

第四條 大佐等官定以奏派二等至一等大尉等官定以五等至四等照右圖若能格外勤勉供職者其年限准減半升用

第五條 奏派四等之大尉等官苟當宜役停年之際有官職差事未

在營供職者能在兵船供職者准將年限減半提升少佐及奏派一等之大佐等官當寔役停年之際能在兵船供職者准將年限減半提升少將

第六條 大尉大佐等官當寔役停年之際能在兵船供職者固應將年限減半升用但大尉尚未至奏派四等大佐尚未至奏派一等者其供職雖已滿應升之年仍不能升用

第七條 苟當戰時大尉大佐當寔役停年之際能在兵船供職者大尉雖未至奏派四等大佐雖未至奏派准照減半年限升用其他各官亦同此例

第八條 若已休職者則不准升官進級

第九條 若當左列二項之時則不能照前數條之例准其逾

格升用
一項在敵前能奏殊勳者
二項當戰地缺乏人員之時
第十條在兵船上供職之人苟非因公以致傷痍疾病或上岸辦理私事其延誤之日期均不能算入年限之內
第十一條休職停職（休職云者即休致之謂也停職云者暫停其職也）以及犯罪收禁或受刑罰中之日期均不能算入實役停年之限內
第十二條前條所載之四項苟當戰時能捕得敵人者其以前延誤之時日均准算入實役停年之限內
第十三條各官在兵船供職未滿年限者不准進級苟因陸地公事必須該員辦理由兵船而派往陸地者其年限准

其合前資格合算廾用若在陸地供職之員派赴兵船當差者亦與上同

第十四條　各所管長官當呈候補人名簿之時須會同將官逐一清查議妥後始上詳海軍大臣其上長官與士官進級之次序應由海軍大臣核定

第十五條　海軍高等武官候補人名簿應由海軍大臣具奏其應補應開缺等事亦須該大臣奏聞

第十六條　海軍准士官雖不能驟廾士官但查其學術技藝果能超羣其人之品行復能勝士官任者准其查確拔廾

第十七條　凡在海軍之人苟已有應廾之資格雖編入豫備軍或後備軍内均准其一体照例廾叙

第十八條　海軍將官進級雖歸天皇簡放但須先下密旨於海軍大臣後方准開去原缺

第十九條　苟當用兵之際其各官進級以及開缺補用之權雖暫歸統兵首將然亦須臨時降旨定奪不能載在此例

日本國事集覽八卷終

日本國事集覽目録

中學校

小學校

農商務省 附沿革

日本國事集覽卷九

使署繙譯兼箱館新瀉夷港副理事官劉慶汾集譯

海軍刑法 明治十四年奉旨定

第一章 法律

第一條 按此刑法其罪應分為二等

一 重罪

二 輕罪

第二條 此刑法未須佈之前若已犯罪者不能按此律

但犯罪者雖在未須佈此刑法之前苟未經判決者應將

新舊法律比較從輕處斷

第三條 後第八十四條九十二條九十三條九十八條九十

九條百二條百四條至百八條并自百二十七條至百三十二條所載之罪若有犯之者雖身非軍人亦照此法刑處斷若教唆幇助者照第百三十三條百三十四條百三十五條所載之律懲辨即身非軍人亦按此律處治

第四條 若在敵前軍中茍犯第五十九條至六十五條并六十七條六十八條所載之罪者雖非軍人亦按此刑法處斷茍僅豫備尚未舉動或只隱謀未發者照六十九條七十條例處治

第五條 茍犯殺傷人之罪者照尋常刑法第三編第一章内所載之例從重處斷但第五十八條九十九條百三十七條所載者則不在此限内

第二章 刑律

第一節 刑名

第六條 刑應分曰主刑曰附刑

第七條 左列載者乃重罪之主刑

一 死罪

二 無期徒刑

三 有期徒刑

四 無期流刑

五 有期流刑

六 重懲役 收入獄中做苦工九年以上十一年以下者謂之重懲役

七 輕懲役 收入獄中服役六年以上八年以下者謂之輕懲役

八 重禁獄 在獄不做苦工只收禁九年以上十一年以下者謂之重禁獄

九 輕禁獄 在獄不做苦工只收禁六年以上八年以下者謂之輕禁獄

第八條 左所載者乃輕罪之主刑也

一 重禁錮 收入獄內做工五年以下者謂之重禁錮

二 輕禁錮 只收禁十一日以上不做苦工者謂之輕禁錮

第九條 左所載者乃附刑也 附刑云者除正刑之外再加以刑也

一 削去權柄

二 削去官位

三 停止權柄

四 禁止治產 禁止作買賣也

五 監視 監視云者收禁滿限後再以人管束也

六 充公 以財產入官也

第二節 主刑處分

第十條 主刑應行宣告本犯

第十一條 犯死刑者以銃殺之放鎗射死也在海軍法場行刑

第十二條 凡死刑若未奉海軍大臣之命令不能施行但若在軍中或合圍之地苟有犯死刑者只須奉有權柄官之命令即可施行

第十三條 前二條所載死刑之例與尋常刑法第十七條至二十四條相同

第十四條 徒刑流刑懲役禁獄以及禁錮之例與尋常法刑第十七條至二十四條相同

第十五條 囚人服役應給予辛工其給予之法照尋常刑法

第二十五條之例

第三節　附刑處分

第十六條　附刑有應將此刑法宣告之者或不應宣告之者

第十七條　削去權柄之例與尋常刑法第三十一條三十二條相同

第十八條　削去官位之例若身係將校者應宣告之
若係軍屬或小官等則直削去官位不必宣告

第十九條　將校若罪犯至重禁錮刑則應削去官位若罪僅犯至輕禁錮則不削其職
但應削去官職者雖將正刑減輕仍須削去其職

第二十條　照尋常刑法與陸軍刑法若下士卒雖罪犯至禁錮之刑其職役仍不能免去

第二十一條 處以禁錮刑者不必宣告其受刑之際應停止其權柄

第二十二條 禁治產（禁止買賣）之例與尋常刑法第三十五條三十六條相同

第二十三條 監視之例與尋常刑法第三十七條至四十一條相同

第二十四條 下士卒苟犯輕罪若免去正刑時則不必監視

第二十五條 財產充公之例與尋常刑法第四十三條四十四條相同

第四節 刑期計算

第二十六條 計算刑期之法照尋常刑法第四十九條至五

十二條之例

第五節 擔保出獄

第二十七條 擔保出獄之例與尋常刑法第五十三條至五十七條相同

第六節 滿期釋放

第二十八條 滿期釋放之例與尋常刑法第五十九條至六十二條相同

第七節 開復權柄

第二十九條 開復權柄之例照尋常刑法第六十三條至六十五條所載同

第三章 加減例

第三十條 苟將刑加重減輕之時須照後數條所載加減但加重者不能加至死刑

第三十一條 後第九十九條第百七條以及第百三十七條所載重罪之刑應如左次第加減

一 死刑

二 無期徒刑

三 有期徒刑

四 重懲役

五 輕懲役

第三十二條 前條所載各項之外其重罪之刑亦准照左次第加減

一　死刑
二　無期流刑
三　有期流刑
四　重禁獄
五　輕禁獄
第三十三條　處以輕懲役者應減輕之時則處以二年以上五年以下之重禁錮算為減輕一等
第三十四條　處以禁錮刑者應減輕時准照刑期四分之一減輕一等應加重時准照刑期四分之一加重一等但不得加至重罪之刑
但禁錮應加重者可加至七年應減輕者可減至十日以下

惟不能盡行減去至少亦須禁一日以上十日以下至於重
禁錮減至十日以下之時則不使之服役
第三十五條 禁錮之刑因加減而生出零碎日數之時苟未
満一日者則棄之不算
第三十六條 若重罪之刑減輕至禁錮時苟身係將校者應
削去官職
但犯輕罪者例應削去官職其本刑即雖減輕而官職仍須
削去如減至十日以下之禁錮則不在此限
第四章 不論罪以及減輕 不論罪者其罪毋庸議也
第一節 不論罪以及宥恕減輕
第三十七條 不論罪之例以及宥恕減輕之例與尋常刑法

第七十五條至八十二條所載之例相同

第三十八條本節所載之外若其罪格外不論者則應照陸軍刑法所載之例

第二節 自首減輕自首其罪者減輕一等

第三十九條自首者其罪應行減輕照尋常刑法第八十五條八十八條之例

第三節 酌量減輕

第四十條無論重罪輕罪查其所犯情節苟可原諒者准其酌量減輕懲辦但只准減輕一等至多減輕二等

第五章 再犯加重

第四十一條再犯加重之刑照尋常刑法第九十一條至九

十五條以及第九十七條九十八條所載之例

第四十二條　初犯之罪未經按海軍刑法處斷者則不能算為再犯

第六章　加減次第

第四十三條　加減罪之次第應照尋常刑法第九十九條所載之例

第七章　數罪俱發

第四十四條　數罪俱發之刑應照尋常刑法第百條百二條百三條所載之例

第四十五條　若所犯之罪與海軍刑法尋常刑法陸軍刑法所載之罪共發之時應加重一等處治

第四十六條　凡犯禁錮之罪者照本海軍刑法所載有應削去官職者與不應削去官職者陸軍刑法所載凡犯禁錮之罪者應削去官職尋常刑法所載不應削去官職但若與各刑法所載之罪而俱犯者總應削去官職若該犯係軍屬或小官則直行削去且不必宣告之

第八章　數人共犯

第四十七條　數人共犯其刑應照尋常刑法第百四條至第百十條所載之例處治但本海軍刑法第八十七條八十九條九十條九十三條九十五條九十六條九十七條以及第百三十四條所載之罪論之從犯應照正犯減輕一等處治

第四十八條　軍人與非軍人共犯之時其軍人則按本刑法

處治非軍人者則按尋常刑法論其罪至於前第三條第四條所載無論是否軍人均按海軍刑法處治則不在此限

第九章 犯罪未遂

第四十九條 犯罪未遂者照尋常刑法第百十一條至百十三條所載之例處治之

第十章 稱謂

第五十條 稱曰軍人者自將官以至下士卒之謂也

第五十一條 稱曰軍屬者在海軍供職之文官以及在海軍從事者之謂也凡海軍所屬之人以及所屬之生徒皆與軍人相同

第五十二條 稱曰司令官者指揮數隻兵船或一隻兵船或

指揮一座屯營以及指揮一隊之兵并指揮端艇數隻者均謂之曰司令官

第五十三條　稱曰上官者其職在衆人之上也若有其職與上官相等并有可以下命令之權者在本部之内亦准謂之曰上官

第五十四條　謂之曰守兵者為防堵常在守地者之謂也

第五十五條　稱之曰親屬者照尋常刑法第百十四條百十五條所載之例

第二編　重罪輕罪

第一章　反亂

第五十六條　軍人若結黨擅執兵器為反者照左項區別處

治

一為首者教唆者指揮衆人者從事要害之地者處以死刑至於指揮衆人以及從事要害之地若情節稍輕則減等處以無期流刑

二司一切職務者以及供給輪船兵器彈葯并軍中應用之品物者處以有期流刑苟情節稍輕者處以重禁獄

三附和者處以二年以上五年以下之輕禁錮

第五十七條　軍人謀為反亂刦掠輪船兵器彈葯以及一切軍用之物者其刑與前條所載同

第五十八條　軍人因謀反亂無故而殺害鎮撫之官吏者處以死刑

第五十九條　軍人因貪敵人之利將輪船兵器彈藥糧餉以及造船所製造兵器所火藥庫軍器庫并軍港城塞土地房屋等件付與敵人者均處以死刑

第六十條　軍人因貪敵人之利將道路之要害險夷指示敵人或將攻守之圖以及軍中暗號記號開示敵人或將製造兵器彈藥之密法暨軍機等事漏洩與敵人者均處以死刑

第六十一條　軍人因貪敵人之利將輪船屯營以及製造兵器所并火藥兵器糧餉等物放火燒毀者均處以死刑

第六十二條　軍人因貪敵人之利將兵器彈藥以及軍中應用之品物故意使至缺乏者處以死刑

第六十三條　軍人因貪利與敵人招募兵卒者處死刑

第六十四條　軍人因貪利通信息於敵人者處以死刑

第六十五條　軍人隱匿敵人之間諜并誘導助成之或貪敵人之利將俘虜降人縱走以及劫奪者均處以死刑

第六十六條　軍人結党勸令司令官降敵人者處以死刑

第六十七條　軍人因貪敵人之利故意妨害本軍輪船以及兵卒等之隊伍或誘起兵卒潰走者均處以死刑

第六十八條　軍人因貪敵人之利故意喧噪或造謠言者均處以死刑

第六十九條　前數條所載之各罪苟軍人犯而未遂或僅豫備尚未舉動者均照本刑減一等處治

苟僅起謀尚未豫備者減二等處治

第七十條　前數條所載各罪苟軍人犯而未遂自行出首者
免去本刑處以六月以上三年以下之監視若身係將校者
應革去官職
第七十一條　軍人苟知情將房屋租與前數條所載之犯人
等聚會議事則處以二年以上五年以下之輕禁錮
第七十二條　凡軍人若犯此章所載之罪處以輕罪刑者俟
本刑受滿之後尚須監視六月以上二年以下若身係將校
者革去官位
第二章　辱職
第七十三條　司令官當營港尚可防守之時投降敵人或將
輪船以及守地付與敵人者均處以死刑

第七十四條　司令官當戰爭之際應盡力而不盡竟統率輪船或兵卒逋走者處以死刑

第七十五條　若船上人員將輪船故意破壞沉没者連司令官一并處以死刑苟因怠慢致壞者則處以一月以上一年以下之輕禁錮

第七十六條　司令官當兵船破壞沉没之時無故而先衆人逃上岸者照左刑分別處法

一　在敵前時處以死刑

二　在軍中時處以有期流刑

三　在他地時處以輕禁錮

第七十七條　船上人員故意將船擱淺擱礁暨一切危險之

事以致船身損壞者處以重禁獄因怠惰而致壞者處以十

一日以上六月以下之輕禁錮

第七十八條　司令官當兵船擱淺擱礁之時不盡力救護以

致誤船損壞者處以一月以上一年以下之輕禁錮

第七十九條　司令官當可將敵船拏獲之時無故而不拏者

處以一月以上二年以下之輕禁錮并應革去官位

第八十條　在敵前可以救援我兵之船時無故而不救者其刑與前同

第八十條　船上值班之士官因怠惰以致敵人私入於船艙

内者處以十一日以上六月以下之輕禁錮

第八十一條　應歸司令官護衛之船舶苟不惟不護衛而反

委棄之者照左開之罪處治

一在敵前時處以死刑
二在軍中時處以重禁獄
三在他地時處以一月以上六月以下之輕禁錮
第八十二條 前條所載之事因怠惰而生出者照左刑分別處治
一在敵前時處以一年以上四年以下之輕禁錮
二在軍中時處以三月以上一年以下之輕禁錮
三在他地時處以十一日以上二月以下之輕禁錮
第八十三條 將校部下之兵苟結党滋事詼將校不盡力彈壓者處以一月以上三年以下之輕禁錮并革去官職
第八十四條 軍人苟將軍中應要之密圖以及製造兵器火

葯之密法暨他軍之機器軍情漏洩者均處以三月以上三年以下之輕禁錮若身係將校者并應革去官職

第八十五條　司令官苟當外國兵船擱岸擱礁来我船相救之時則應救之若無故而不相救者處以十一日以上三月以下之輕禁錮

第三章　抗命

第八十六條　軍人苟抗上官命令或不服從者照左刑分别處治

一　在敵前時者處以死刑

二　軍中或他船擱岸擱礁急望救護苟坐視不理者均處以二年以上五年以下之輕禁錮若身係將校者并革去

官職

三　若在他地時則處以二月以上二年以下之輕禁錮若
身係將校者并革去官職

第八十七條　軍人苟結党二人以上犯前條所載之罪時應
照左刑分別處治

一　在敵前時處以死刑

二　軍中或他船擱岸擱礁急望救護而坐視不理者均處
以三年以上五年以下之輕禁錮若身係將校者并革去
官職

三　在他地時為首者處以輕禁獄附從者處以二月以上
二年以下之輕禁錮若身係將校者并革去官職

第四章 暴行

第八十八條 軍人苟對上官暴亂者處以一年以上五年以下之輕禁錮若身係將校者并革去官職

第八十九條 軍人苟結党二人以上犯前條所載之罪爲首者處以重禁獄附從者處以一年以上五年以下之輕禁錮若身係將校者并革去官職

第九十條 軍人當上官辦公時苟犯二條所載之罪者應加重一等處治

第九十一條 軍人苟對上官用兵器或暴亂時使用兇器者處以死刑上官在戰場奉公之時軍人對之暴亂者其刑與前同

第九十二條 軍人苟對守兵暴亂者處以四月以上四年以下之輕禁錮若身係將校者并革去官職苟用兵器兇器者則處以有期流刑

第九十三條 軍人苟結党二人以上犯前條所載之罪時為首者處以重禁獄附從者處以四月以上四年以下之輕禁錮若身係將校者并革去官職若用兵器兇器之時為首者處以死刑從犯處以有期流刑但為首者本已雖未使用兵器兇器指示他人用時者亦處以死刑

第九十四條 軍人在戰場之內當同等官或下等官正在奉公之際對之暴亂者處以三月以上四年以下之輕禁錮若

身係將校者并革去官職
但若用兵器兇器者則處以重禁獄
第九十五條　軍人苟結党二人以上犯前條所載之罪時為
首者處以輕禁獄附從者處以三月以上四年以下之輕禁
錮若身係將校者并革去官職
但苟使用兵器兇器為首者處以有期流刑附從者處以
重禁獄
為首者本已雖未使用兵器兇器若指示他人使用時亦
處以有期流刑
第九十六條　軍人苟聚集多人暴亂為首者處以二年以上
五年以下之重禁錮附從者處以一月以上一年以下之重

禁錮

第九十七條 軍人苟聚集多人鬬毆爲首者處以二年以上五年以下之輕禁錮附從者處以一月以上一年以下之輕禁錮

第九十八條 軍人苟刼奪他人所獲之俘虜降人或以威逼他人以致俘虜降人逃走者處以重懲獄

第九十九條 軍人在戰場内刼奪負傷人之衣服財物者處以重懲役苟因刼奪并將負傷人再殺傷者則處以死刑

第五章 侮辱

第百條 軍人苟詈罵上官或侮辱上官者處以二月以上二年以下之輕禁錮若當上官奉公時詈罵侮辱者罪加一等

第百一條　軍人将文書圖畫各處流佈或聚集多人演說誹毀上官者處以二月以上二年以下之輕禁錮

第百二條　軍人苟詈罵守兵或侮辱之者處以一月以上一年以下之輕禁錮

第百三條　軍人在戰場内苟當同等官或下等官正奉公之際對之詈罵或侮辱之者處以十一日以上一年以下之輕禁錮

第六章　燒燬毀壞

第百四條　軍人苟放火将兵船或屯營或造船所或貯藏火葯軍器等倉庫或駐兵之房屋燒燬者均處以死刑

第百五條　軍人苟放火将堆積在露天地上之兵器火葯船

具軍裝糧餉等物燒燬者照左刑分别處治

一在敵前軍中時處以死刑

二在他地時處以重懲役

第百六條 軍人苟將前二條所載之各物毁壞或將鍋炉以及火葯并易於破裂之物故意毁壞者其刑與前二條同

第百七條 軍人苟將兵船或造船所或製造兵器所或火葯庫或軍中應用之倉庫房屋等件毁破者均處以重懲役

第百八條 軍人苟將兵器彈葯或機器或船具或糧餉以及軍中應用之一切物件毁棄者均處以一年以上四年以下之重禁錮

第百九條 軍人苟將官給之物棄毁者處以十一日以上一

年以下之重禁錮

第七章　擅權

第百十條　司令官若已出講和之告示或已下停戰之命令軍人若不聽從尚與敵人開戰者處以死刑

第百十一條　苟違背司令官命令或於本已權限之外并無不得已之原由擅將所統之兵船或所統之兵卒進退者處以死刑

第八章　違令

第百十二條　司令官苟統率所轄之兵船或所轄之兵卒擅離守地者照左刑分別處治

一　在敵前時處以死刑

二 在軍中或船擱淺擱礁均處以六月以上二年以下之輕禁錮若身係將校者并革去官位

三 在他地時處以一月以上六月以下之輕禁錮并身係將校者并革去官職

第百十四條 將校苟在值班之地酣眠或酒醉不省人事者照左刑分別處治

一 在敵前時處以二年以上五年以下之輕禁錮

二 軍中或航海之際則處以一月以上一年以下之輕禁錮

第百十五條 守兵在守地酣眠或酒醉不省人事者照左刑分別處治

一在敵前時處以二年以上五年以下之輕禁錮
二在軍中時處以一月以上一年以下之輕禁錮
三在他地時處以十一日以上三月以下之輕禁錮
第百十六條軍人苟當兵船擱淺礁其他危險之時不待司令官命令即將該船退去或奉司令官命令退去之後不再開到衆兵船聚集之處者或擅離地方者均處以三月以上三年以下之輕禁錮若身係將校者并革去官職
第百十七條軍人苟犯守兵之告示訓令者照左刑處治
一在敵前時處以二年以上五年以下之輕禁錮若身係將校者并革去官職
二在軍中時處以一年以上二年以下之輕禁錮若身係

将校者并革去官職

三在他地時處以一月以上一年以下之輕禁錮

第百十八條　軍人當開戰之際若已聞號令無故不到者處以二月以上二年以下之輕禁錮若身係将校者并革去官職

第百十九條　軍人若奉差往他處俛歸期逾限十日以外者處以二月以上一年以下之輕禁錮

第百二十條　帰休之人（帰休云者已除去兵籍帰家者也）以及廢職之軍人苟再募之充當兵官無故不到者照後條所載之刑分別處治

第百二十一條　新募之兵卒徵之無故不到者照左刑分別

處治

一當出師之時過五日不到者處以一月以上一年以下之輕禁錮

二在他地時過十日不到者處以十一日以上六月以下之輕禁錮

第百二十二條司令官當不得已之時將暗號記號更變或不得已將分劄各地兵卒更改者均須從速上詳倘不上詳者處以二月以上二年以下之輕禁錮

第百二十三條軍人未奉有命令苟兵船中私載商貨者處以十一日以上一年以下之輕禁錮若遇商船破壞之時因保護將貨物移載者則不在限內

第百二十四條　守兵妄放鎗礮者處以二月以上二年以下之輕禁錮

第百二十五條　軍人當施放禮砲空砲之時苟將彈丸銅鐵瓦石裝入施放者處以一月以上二年以下之輕禁錮但將犯此條之罪尚未犯者照未遂犯罪之例處治

第百二十六條　凡關政治之事本不應軍人干涉苟上書建白或講談論說或以文書流佈各處者處以一月以上三年以下之輕禁錮

第百二十七條　軍人在敵前軍中擅造謠言者處以一月以上一年以下之輕禁錮若身係將校者并革去官職

第百二十八條　軍人將俘虜降人私放逃走者處以二年以

上五年以下之輕禁錮若身係將校者并革去官職
看守護送之人若犯此罪時則應處以重禁獄
第百二十九條　逃走之俘虜降人苟軍人以兵器或以他器
具給之或指示逃走之法者均處以四月以上四年以下之
輕禁錮若身係將校者并革去官職
看守護送之人犯此罪者處以輕禁錮
第百三十條　軍人將犯前二條所載之罪尚未遂者照未遂
犯罪之例處治
第百三十一條　軍人看守俘虜降人時或護送時因懈惰以
致逃走者處以十一日以上一月以下之輕禁錮
第百三十二條　逃走之俘虜降人苟軍人明知之而反隱匿

之者處以一月以上一年以下之輕禁錮若身係將校者革
去官職若與俘虜降人係親屬者則不論其罪
第九章 逃亡
第百三十三條 軍人苟擅離兵船屯營本隊者照左列分別
處治
一 在敵前時處以輕禁獄
二 在軍中時擅離三日者處以六月以上三年以下之輕
禁錮若身係將校者并革去官職
三 在他地時擅離六日者處以二月以上一年以下之輕
禁錮若身係將校者并應革去官職
第百三十四條 軍人苟結黨四人以上犯前條所載之罪者

照左刑分別處治
一在敵前時為首者處以死刑附從者處以輕禁獄
二在軍中時苟過三日以外為首者處以輕禁獄附從者處以六月以上三年以下之輕禁錮若身係將校者并革去官職
三在他地時苟過六日以外為首者處以二年以上五年以下之輕禁錮附從者處以二月以上一年以下之輕禁錮若身係將校者并革去官職
第百三十五條　軍人苟奔赴敵營者處以死刑
第十章　詐譌
第百三十六條　軍人苟奉命前往敵地探聽軍情如誑報者

處以五月以上五年以下之重禁錮至於在戰場之內假傳命令者亦同此刑

第百三十七條　掌支發糧餉之軍人苟糧不潔淨以致食之者生病或司飲食者苟飲食不潔以致食之者生病均處輕懲役若食之致死者則處以有期徒刑

第百三十八條　海軍醫官苟代軍人僞立疾病傷痍之醫業則處以二月以上二年以下之重禁錮并革去官職

第百三十九條　軍人苟僞稱疾病或將身体毀傷希圖免去兵役者一經查出則處以一月以上一年以下之重禁錮

兵役者一經查出則處一月以上一年以下之重禁錮

第百三十九條　軍人詐稱疾病或毀傷身體希圖免役者則處以二月以上二年以下之重禁錮并褫去官職

第百三十八條　海軍艦廚司庖伙軍人爲立真人爲病瘵之醫輕藥投諸食之致死者則處以有期徒刑

者生病致司廚食者皆商其食不潔以致食之者生病者處

第百三十七條　掌食人發糧餉之軍人給以霉不潔以致食之

命令者亦同此例

處以五月以上五年以下之重禁錮并褫在戰場之功勳章

海軍軍人結婚章程 明治十四年勅定

第一條 凡軍人欲娶妻時若身分已至將官者則須奏明奉旨後始准聘娶若身分已至准士官以上者必須稟明海軍大臣批准後始許聘娶若身分僅下士與卒者只稟明本部長官批准即許聘

第二條 候補少尉候補機器士候補軍醫候補主計等若年未滿二十五歲者不准聘娶

第三條 下士卒苟如左三項者不准聘娶

一 年未滿二十五歲者

二 充當水夫火夫者

三 現在供役者

第四條　凡所娶之婦必須品行端正年紀在十六歲以上者
第五條　准其娶妻之軍人須將女家之身家住址并該婦之品行年紀詳細禀請本籍地方官查明具保
第六條　前條所載之各節若將官則須禀請海軍大臣若准士官以上則須禀求所轄之長官若下士卒則須禀求所轄之長批准捺印具保
第七條　若聘娶之事業已安置齊備時須從速禀報
第八條　結婚之禀帖并女家之身家等事照第五條所載

海軍歷年人數比較表

十九年	九千六百四十人
二十年	一萬七百六人
二十一年	一萬五百四十七人

内

將官及同等官	十四人	上長官	百九十人
士官及准士官	九百三十八人	候補生	八十六人
下士	千六百三十八人	兵卒	七千二百二十六人
生徒	四百五十五人		

海軍鎮守府

第一海軍區　横須賀鎮守府　相模國三浦郡横須賀港

第二海軍區　吳鎮守府　安藝國安藝郡吳港
第三海軍區　佐世保鎮守府　肥前國東彼杵郡佐世保港
第四海軍區　舞鶴鎮守府　丹後國加佐郡舞鶴未開廳
第五海軍區　鎮守府未定

海陸軍恩俸章程　明治二十三年　勅定

第一章　總則

第一條　海陸軍人員差滿告退者應照章給予恩俸

第二條　海陸軍人員恩俸分為六種茲定如左

一　告退恩俸

二　休致恩俸

三　增給恩俸

四　賑恤銀

五　賞給銀

六　扶助銀

第三條　告退恩俸休致恩俸增給恩俸以及扶助寡婦銀兩

准其終身請領至於扶助孤兒銀兩准其領至二十歲為止其於賑恤銀與賞給銀二項不過暫時而已

第二章 告退恩俸休致恩俸增給恩俸

第四條 退職恩俸須准士官以上之人（准士官以上者八品以上之官也）能與左開各欵一項相符者始准其請領

一 服役年齒均有定限若能滿定限者准其請領苟因公受傷或因公罹病以致不能服役者雖未滿定限亦准其請領

二 無論戰時平時苟因公受傷五肢中廢殘一肢以上者或類乎此而許其告退者均准其請領

三 於戰爭之地感受時症者或無論戰時平時不惜身

休從公以致疾病殘廢一肢以上者或類乎此許其告退
者均准其請領
四 服役十一年以上者雖未滿定限而休致或罷職或遵
旨告退者均准其請領
第五條 休致恩俸須下士以下之人（下士以下者八品以下之官也）能有一事與
左項相符者准其請領
一 服役至十一年以上即年齒雖未滿定限者或受傷痍
或罹疾病以致不能服役而撤去差事者均准其請領
二 前第四條第二項第三項所載之事苟因公休致撤去
差事者均准其請領
第六條 告退恩俸休致恩俸須照該員服役年數并官階發

給如服役四十年者則按四十年例給之服役十一年者
則按十一年例給之
第七條　武官服役十一年以上而改任文官或兼任文官苟
未滿十五年而告退者則按武官服役年數給與恩俸如服
役十五年以上而始告退者則比較任文武時之年數從年
數多者發給之
第八條　如已領過告退恩俸或休致恩俸者苟再出而供職
至一年後復告退休致時則照左條例分别給與
一　再離服役時之官階與當初受恩俸時之官階不相同
者應合前後服役年數計算至於再服官時應得之恩俸
與前得之恩俸數目比較從數目多者給之

二　前後官階相同者其恩俸則照再供職時之年數增給但前供職之年限雖未滿十一年已領得恩俸者則應合前後供職年限合算苟合算如尚不滿十二年則不能增給

第九條　增給恩俸者不拘戰時平日苟因公受傷或罹疾病有與左載之事一項相符者則增給之

一　兩眼失明或殘廢二肢以上之時

二　前項或受傷痍或罹疾病之時

三　殘廢一肢或殘廢二肢之時

四　若前項或受傷痍或罹疾病之時

五　一目失明或傷殘一肢之時

六　若前項或受傷痍或罹疾病之時

第十條　軍人苟有應領增給恩俸之時須按現在官階照

第三表給與之

第十一條　不拘戰時平日苟因公受傷或罹疾病應當請領

恩俸尚未經領則將差事辭去而病勢日趨沉重者應於左

開期限內稟請檢查俟診定後照應得之恩俸給之

一　或一目失明或傷殘一肢者或類乎此者照辭差之日

起以二年為限

二　失去一肢或傷殘二肢或兩目失明或至失去二肢以

上者或類乎此者均照辭差之日起以三年為限

第十二條　因傷痍疾病稟請發給恩俸者應照左開書式呈遞

一致傷痍疾病之原由證據照此繕成公文或寫一口供均可

二傷痍疾病之輕重應以陸海軍醫官之診案為憑

第十三條 告退息俸休致息俸增給息俸均應由辞差之月日支起至死亡之月為止

第三章 賑恤銀扶助銀

第十四條 賑恤銀者若下士以下之人有與左開之事一項相符者則給予之

一若因戰鬭或在戰場因公受傷或若前第四條第三項所載因患疾病辞去差事者均給予之

二無論戰時平日因公受傷或若前四條第三項所載因

患疾病辞去差事者給與之

第十五條　應得賑恤銀兩者須照本人現在官階若有與前條第一項所載之事相符者則照第三號表中第五項所載銀數給之至少者發給一年至多者發給十年若與前條第二項相符者則照該表中第六項所載至少者發給一年至多者發給十年

第十六條　賞給銀者下士以上之人在差病故或供差四年以上或十一年未滿辞去差事之時未領過恩俸者均應照第四表所載之數給之

第四章　服役年數

第十七條　服役之年數分曰始期終期茲定如左始期云者初供差之日也

終期去者滿差之日也

第一告退息俸休致息俸之服役始期

一凡下士以上者以初任之日為始若係陸軍兵卒出身下士以上者以入營之日為始海軍卒出身下士以上者以任五等卒之日為始但若與第二十四條第一項相同者則以當兵之日為始

二凡陸軍兵卒以入營之日為始海軍兵卒則以任五等卒之日為始但若與第二十四條第七項相同者則以刑期滿限之次日為始

三移住北海道之屯田兵若由下士兵卒出身之士官以上者則以任士官之日為始

四 陸軍軍人及海軍准士官以上之人其供差在明治
四年八月以前者則以同月之初一日為始

五 海軍下士以下之人其供差在明治二年五月以前
者則以該月之初一日為始

第二 於賞給銀兩之服役始期有關係者

一 凡下士以上之人均以初任之日為始

第三 供差滿限

一 以滿差事交卸之日為終

第十八條 左所載之日數應與供差年數合算

一 前條所載自供差之日起至滿差之日止共若干日數
應行合算

二　充當後備豫備兵時苟因争戰或際事變而調集之
其調集之日數應行合算
三　若海軍人員轉任陸軍人員之時其前在海軍供差
之日數應行合算陸軍人員轉任海軍人員之時其前
在陸軍供差之日數應行合算
四　文官轉任海陸軍人員者應請領恩俸但供差年限
應照文官供差之日數四分之三計算
五　現有差事之員轉為陸軍學習士官或為海軍候補
生或為海陸軍諸生徒嗣後再復供前差事之時其日
數應合前後通算
六　辭差之後再出而供差者則應合前後供差之日數計

算
七　陸軍學習士官海軍候補生海陸軍諸生徒以及海
軍水雷夫并移往北海道之屯田兵中下等士卒均應
由從軍之日起算
第十九條　左所載之日數不能作在供差日數內計算
一　刑期中及逃走中之日數
二　充當陸軍學習士官海軍候補生海陸軍諸學生時
之日數并從軍之日數均不在此例
三　奉文官之職者其日數應照官吏恩俸之例其日數
應行除算苟年紀未滿十七歲者不能起算日數
第五章　從軍年數

第二十條 從軍年數在現役年月之外應與服役年數合算

第二十一條 從軍年數應照左所載計算

一 苟與外國有爭戰之事軍人經編為出征軍者以出本國海口之日則算為二年

二 本國有爭戰之事經編為出征軍者以臨戰地之日則算為一年

三 凡臨戰合圍服役於戰地之内者在外國時作為二年在本國時作為一年

四 在日本國外鎮守之地時算為一年

五 凡出征事件有功績者以及一時出兵即作為出征軍者其年數應請旨裁定

第二十二條　海軍人員航海於外國者即算為從軍自出本國海口之日起每一次加算半年若航海超過十二個月者再加算半年苟若有與第二十二條相同者則不照本條之例

第二十三條　苟於十二個月之内從戰役數次或航海者其日數均不准重複計算只能算作一年以上若十二個月之外尚有餘數則算為一戰役一航海

第六章　應受恩俸資格以及停止權利

第二十四條　軍人苟有與左開之事一項相同者其應受之恩俸無論何項一概停止不准發給

一　處以重罪之刑者

二 失日本臣民之分限者
三 凡將校以及士官人等苟犯罪處以禁錮之刑削去官職者
四 士官以下自己呈請開去差事者
五 凡兵卒因犯罪處以禁錮刑者
第二十五條 告退恩俸休致恩俸增給恩俸應行承領之人苟受過重罪刑者或有失日本臣民之分限者均應將恩俸削去
第二十六條 凡承領恩俸者苟過三年之後不稟求發給者以後不准稟請
第二十七條 軍人苟有與左開之事一項相符者其寡婦則

應請領扶助銀兩

一　有若前第四條二項三項所載之事而死亡者

二　有若前第四條第五條第一項所載之事者則應承恩俸苟已有承領恩俸之資格而死亡者均應承領

第二十八條　寡婦承領扶助銀兩之年限應照該軍人之官階以及該軍人死亡之原由苟與前條第一項相符者則照第五表發給與第二條相符者則照第六表給之

第二十九條　應領扶助銀兩者苟有與左開一項相符者則不准請領

一　處以重罪刑者

二　有失日本臣民之分限者

三 從應請領之日起苟過三年不禀請者
四 本人死後或移去本籍或再嫁他人者

第三十條 應領扶助銀兩者苟因事故將權利停止之時則不能發給

第三十一條 該軍人歿後家無寡婦或寡婦亦死亡之時其扶助銀兩應給予該軍人之孤兒承領

第三十二條 扶助孤兒銀兩苟孤兒有數人之時應給予承襲家業者或給予長子若承襲者以及長子均歿時則照年紀次序給之但須以男子先女子後

第三十三條 扶助銀兩應寡婦孤兒承領苟該寡婦孤兒移去本籍或死亡時若其家有父母或祖父母者准其終身給

予之

第三十四條　前條所載若寡婦孤兒死時其家父母祖父母均可承領若祖父母以及父母均死之時其扶助銀兩應給予該軍人之兄弟姊妹但該兄弟姊妹必須年未滿二十歲者或有疾病不能作事者方能給之至於年分少則一年多則五年為限

第三十五條　前第二十七條至第三十四條所載該軍人之寡婦孤兒祖父母父母人等必須該軍人於海陸軍兵籍中平時登載有名者方能給予扶助銀兩

第三十六條　照此法律該軍人之孤兒若男子必須年未滿二十歲者女子必須尚未嫁者方能承領若係承繼之兒女必

須承襲家業者始能請領

第三十七條　凡軍人應給以扶助銀兩之時須從翌日起發

第三十八條　海陸軍之將士若將官於明治四年八月前奉職供差者或告退或休致均應照當時官階月俸之半額給予海軍下士若於明治二年五月前奉職供差者其給予恩俸之法與將官之例同

第三十九條　豫備後備兩軍若因公身故或因公罹病受傷者均應照此章程給與恩俸

第四十條　陸軍中學習士官海軍內候補生以及海陸軍之生徒并屯田兵下士卒海軍水雷夫若與前第四條第二項第四項所載之事相同或身死或受傷或罹病以致不能供

役者均應給予恩俸
第四十一條 應給予恩俸者恩俸局須照海陸軍大臣所記之名數逐一查清後始文內閣總理大臣裁定
第四十二條 恩俸不准買賣不准讓與他人復不准抵債
第四十三條 凡軍人於明治七年從過佐賀并台灣之役者明治九年從過熊本及山口之役者明治十年從過鹿兒島之役者明治十五年十七年朝鮮京城之亂當時駐在該國者均應照從軍之年數計算給予恩俸
第四十四條 若軍人中有離差在此章程未頒之前者其恩俸應照明治十六年海陸軍所定之例發給令照此章程若有應領恩俸者須在三個内稟求苟過期不稟請者以後則

不准禀請

第四十五條 此章程准於明治二十三年七月初一日施行

役者均應給予恩卹[illegible]

第四十一條 應給恩給[illegible]

之名籍送[illegible]後[illegible]內閣總理大臣[illegible]

第四十二條 恩給[illegible]

第四十三條 凡軍人[illegible]明治七年[illegible]

明治九年役與第[illegible]及山口之役者明治十年[illegible]

之役者明治十五年[illegible]朝鮮京城之役[illegible]

者均應照從軍[illegible]

第四十四條 [illegible]

第四十五條 此章程准於明治二十三年七月初一日施行

本準恩請[illegible]

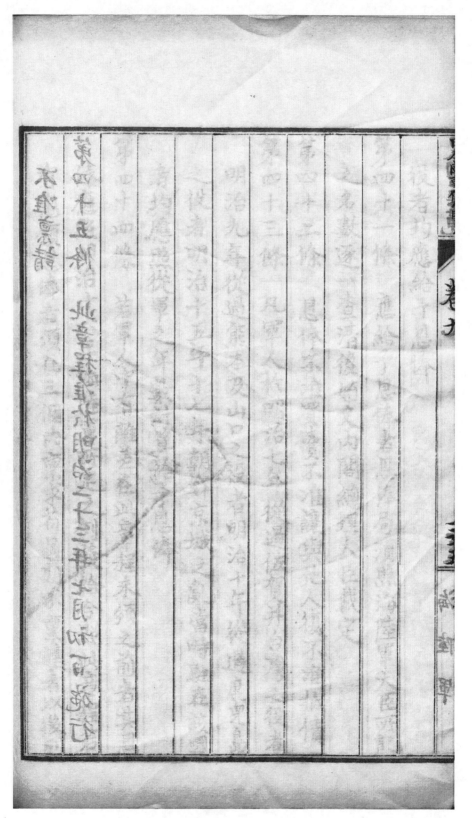

第一號告退恩俸表

官等	將官及同等官			佐尉官及同等官						准士官
官	勅任官			奏任官						判任官
年數	親任官	一等	二等	一等	二等	三等	四等	五等	六等	一等
十一年	千五百圓	千二百圓	千五十圓	七百五十圓	六百圓	四百五十圓	三百圓	二百二十五圓	百八十圓	百五十圓
十二年	千五百二十五圓	千二百二十圓	千六十八圓	七百六十三圓	六百十圓	四百五十八圓	三百五圓	二百二十九圓	百八十三圓	百五十三圓
十三年	千五百五十圓	千二百四十圓	千八十五圓	七百七十五圓	六百二十圓	四百六十五圓	三百十圓	二百三十三圓	百八十六圓	百五十五圓
十四年	千五百七十五圓	千二百六十圓	千百三圓	七百八十八圓	六百三十圓	四百七十三圓	三百十五圓	二百三十七圓	百八十九圓	百五十八圓
十五年	千六百圓	千二百八十圓	千百二十圓	八百圓	六百四十圓	四百八十圓	三百二十圓	二百四十圓	百九十二圓	百六十圓
十六年	千六百二十五圓	千三百圓	千百三十八圓	八百十三圓	六百五十圓	四百八十八圓	三百二十五圓	二百四十四圓	百九十五圓	百六十三圓
十七年	千六百五十圓	千三百二十圓	千百五十五圓	八百二十五圓	六百六十圓	四百九十五圓	三百三十圓	二百四十八圓	百九十八圓	百六十五圓

十八年	千六百七十五圓	千三百四十圓	千百七十三圓	八百三十八圓	六百七十圓	五百三圓	三百三十五圓	二百五十二圓	二百一圓	百六十三圓
十九年	千七百圓	千三百六十圓	千百九十圓	八百五十圓	六百八十圓	五百十圓	三百四十圓	二百五十五圓	二百四圓	百七十圓
二十年	千七百二十五圓	千三百八十圓	千二百八圓	八百六十三圓	六百九十圓	五百十八圓	三百四十五圓	二百五十九圓	二百七圓	百七十三圓
二十一年	千七百五十圓	千四百圓	千二百二十五圓	八百七十五圓	七百圓	五百二十五圓	三百五十圓	二百六十三圓	二百十圓	百七十五圓
二十二年	千七百七十五圓	千四百二十圓	千二百四十三圓	八百八十八圓	七百十圓	五百三十三圓	五百五十五圓	二百六十七圓	二百十三圓	百七十八圓
二十三年	千八百圓	千四百四十圓	千二百六十圓	九百圓	七百二十圓	五百四十圓	三百六十圓	二百七十圓	二百十六圓	百八十圓
二十四年	千八百二十五圓	千四百六十圓	千二百七十八圓	九百十三圓	七百三十圓	五百四十八圓	三百六十五圓	二百七十四圓	二百十九圓	百八十三圓
二十五年	千八百五十圓	千四百八十圓	千二百九十五圓	九百二十五圓	七百四十圓	五百五十五圓	三百七十圓	二百七十八圓	二百二十二圓	百八十五圓
二十六年	千八百七十五圓	千五百圓	千三百十三圓	九百三十八圓	七百五十圓	五百六十三圓	三百七十五圓	二百八十二圓	二百二十五圓	百八十八圓
二十七年	千九百圓	千五百二十圓	千三百三十圓	九百五十圓	七百六十圓	五百七十圓	三百八十圓	二百八十五圓	二百二十八圓	百九十圓
二十八年	千九百二十五圓	千五百四十圓	千三百四十八圓	九百六十三圓	七百七十圓	五百七十八圓	三百八十五圓	二百八十九圓	二百三十一圓	百九十三圓

二十九年	二千九百二十五圓	一千五百六十四圓	一千三百六十五圓	九百七十五圓	七百八十圓	五百八十五圓	三百九十圓	二百九十三圓	二百三十四圓	一百九十五圓
三十年	一千九百七十五圓	一千五百八十圓	一千三百八十三圓	九百八十八圓	七百九十圓	五百九十三圓	三百九十五圓	二百九十七圓	二百三十七圓	一百九十八圓
三十一年	二千圓	一千六百圓	一千四百圓	一千圓	八百圓	六百圓	四百圓	三百圓	二百四十圓	二百圓
三十二年	二千二十五圓	一千六百二十圓	一千四百十八圓	一千十三圓	八百十圓	六百八圓	四百五圓	三百四圓	二百四十三圓	二百三圓
三十三年	二千五十圓	一千六百四十圓	一千四百三十五圓	一千二十五圓	八百二十圓	六百十五圓	四百十圓	三百八圓	二百四十六圓	二百五圓
三十四年	二千七十五圓	一千六百六十圓	一千四百五十三圓	一千三十八圓	八百三十圓	六百二十三圓	四百十五圓	三百十一圓	二百四十九圓	二百八圓
三十五年	二千一百圓	一千六百八十圓	一千四百七十圓	一千五十圓	八百四十圓	六百三十圓	四百二十圓	三百十五圓	二百五十二圓	二百十圓
三十六年	二千一百二十五圓	一千七百圓	一千四百八十八圓	一千六十三圓	八百五十圓	六百三十八圓	四百二十五圓	三百十九圓	二百五十五圓	二百十三圓
三十七年	二千一百五十圓	一千七百二十圓	一千五百五圓	一千七十五圓	八百六十圓	六百四十五圓	四百三十圓	三百二十三圓	二百五十八圓	二百十五圓
三十八年	二千一百七十五圓	一千七百四十圓	一千五百二十三圓	一千八十八圓	八百七十圓	六百五十三圓	四百三十五圓	三百二十七圓	二百六十一圓	二百十八圓
三十九年	二千二百圓	一千七百六十圓	一千五百四十圓	一千一百圓	八百八十圓	六百六十圓	四百四十圓	三百三十圓	二百六十四圓	二百二十圓

四十年 二千二百二十五圓 千七百八十圓 千五百五十八圓 千百十二圓 八百九十圓 六百六十八圓 四百四十五圓 三百三十四圓 二百六十七圓 二百二十三圓

第二號休致恩俸表

官等	判任官			下士卒				
年數	二等	三等	四等	海軍一等卒	海軍二等卒	陸軍卒 海軍三等卒	海軍四等卒	海軍五等卒
十一年	六十圓	五十四圓	四十八圓	四十四圓	四十圓	三十六圓	三十二圓	二十八圓
十二年	六十二圓	五十六圓	五十圓	四十五圓	四十一圓	三十七圓	三十三圓	二十九圓
十三年	六十四圓	五十八圓	五十二圓	四十七圓	四十二圓	三十八圓	三十四圓	三十圓
十四年	六十六圓	六十圓	五十四圓	四十九圓	四十四圓	三十九圓	三十五圓	三十一圓
十五年	六十九圓	六十二圓	五十六圓	五十一圓	四十六圓	四十一圓	三十六圓	三十二圓
十六年	七十二圓	六十五圓	五十八圓	五十三圓	四十八圓	四十三圓	三十八圓	三十三圓
十七年	七十五圓	六十八圓	六十圓	五十五圓	五十圓	四十五圓	四十圓	三十五圓

十八年	七十七圓	七十圓	六十二圓	五十六圓	五十一圓	四十六圓	四十一圓	三十六圓
十九年	七十九圓	七十二圓	六十四圓	五十八圓	五十二圓	四十七圓	四十二圓	三十七圓
二十年	八十一圓	七十四圓	六十六圓	六十圓	五十四圓	四十八圓	四十三圓	三十八圓
二十一年	八十四圓	七十六圓	六十八圓	六十二圓	五十六圓	五十圓	四十四圓	三十九圓
二十二年	八十七圓	七十八圓	七十圓	六十四圓	五十八圓	五十二圓	四十六圓	四十圓
二十三年	九十圓	八十一圓	七十二圓	六十六圓	六十圓	五十四圓	四十八圓	四十二圓
二十四年	九十二圓	八十三圓	七十四圓	六十七圓	六十一圓	五十五圓	四十九圓	四十三圓
二十五年	九十四圓	八十五圓	七十六圓	六十九圓	六十二圓	五十六圓	五十圓	四十四圓
二十六年	九十六圓	八十七圓	七十八圓	七十一圓	六十四圓	五十七圓	五十一圓	四十五圓
二十七年	九十九圓	八十九圓	八十圓	七十三圓	六十六圓	五十九圓	五十二圓	四十六圓
二十八年	百二圓	九十二圓	八十二圓	七十五圓	六十八圓	六十一圓	五十四圓	四十七圓

二十九年	百五圓	九十五圓	八十四圓	七十七圓	七十圓	六十三圓	五十六圓	四十九圓
三十年	百七圓	九十七圓	八十六圓	七十八圓	七十一圓	六十四圓	五十七圓	五十圓
三十一年	百九圓	九十九圓	八十八圓	八十圓	七十二圓	六十五圓	五十八圓	五十一圓
三十二年	百十一圓	百一圓	九十圓	八十二圓	七十四圓	六十六圓	五十九圓	五十二圓
三十三年	百十四圓	百三圓	九十二圓	八十四圓	七十六圓	六十八圓	六十圓	五十三圓
三十四年	百十七圓	百五圓	九十四圓	八十六圓	七十八圓	七十圓	六十二圓	五十四圓
三十五年	百二十圓	百八圓	九十六圓	八十八圓	八十圓	七十二圓	六十四圓	五十六圓
三十六年	百二十三圓	百十圓	九十八圓	八十九圓	八十一圓	七十三圓	六十五圓	五十七圓
三十七年	百二十四圓	百十二圓	百圓	九十一圓	八十二圓	七十四圓	六十六圓	五十八圓
三十八年	百二十六圓	百十四圓	百二圓	九十三圓	八十四圓	七十五圓	六十七圓	五十九圓
三十九年	百二十九圓	百十六圓	百四圓	九十五圓	八十六圓	七十七圓	六十八圓	六十圓

四十年 百三十二圓 百十九圓 百六圓 九十七圓 八十八圓 七十九圓 七十圓 六十一圓

第三號 負傷增給恩俸表

項目＼官等	親任官	勅任官一等	勅任官二等	奏任官一等	奏任官二等	奏任官三等	奏任官四等	奏任官五等	奏任官六等	判任官一等	判任官二等	判任官三等	判任官四等	海軍一等卒	海軍二等卒	陸軍卒海軍三等卒	海軍四等卒	海軍五等卒
		將官及同等官		佐尉官及同等官						准士官	下士			卒				
一項	千五十圓	八百四十圓	七百三十五圓	五百二十五圓	四百二十圓	三百十五圓	二百十圓	百五十八圓	百二十六圓	百五圓	五十三圓	四十八圓	四十二圓	三十九圓	三十五圓	三十二圓	二十八圓	二十五圓
二項	九百圓	七百二十圓	六百三十圓	四百五十圓	三百六十圓	二百七十圓	百八十圓	百三十五圓	百八圓	九十圓	四十五圓	四十一圓	三十六圓	三十二圓	三十圓	二十七圓	二十四圓	二十一圓
三項	七百五十圓	六百圓	五百二十五圓	三百七十五圓	三百圓	二百二十五圓	百五十圓	百十三圓	九十圓	七十五圓	三十八圓	三十四圓	三十圓	二十八圓	二十五圓	二十三圓	二十圓	十八圓
四項	六百圓	四百八十圓	四百二十圓	三百圓	二百四十圓	百八十圓	百二十圓	九十圓	七十二圓	六十圓	三十圓	二十七圓	二十四圓	二十二圓	二十圓	十八圓	十六圓	十四圓
五項	四百五十圓	三百六十圓	三百十五圓	二百二十五圓	百八十圓	百三十五圓	九十圓	六十八圓	五十四圓	四十五圓	二十三圓	二十一圓	十八圓	十七圓	十五圓	十四圓	十二圓	十一圓
六項	三百圓	二百四十圓	二百十圓	百五十圓	百二十圓	九十圓	六十圓	四十五圓	三十六圓	三十圓	十五圓	十四圓	十二圓	十一圓	十圓	九圓	八圓	七圓

第四號賞給銀兩表

將官及同等官　佐尉官及相當官　准士官　下士

親任官　勅任官　奏任官　判任官

一等　二等　一等　二等　三等　四等　五等　六等　一等　二等　三等　四等

千五百圓　千二百圓　千五十圓　七百五十圓　六百圓　四百五十圓　三百圓　二百二十五圓　百八十圓　百五十圓　六十圓　五十四圓　四十八圓

第五號戰鬪及因公死歿者之寡婦孤兒扶助銀兩表

將官及同等官　佐尉官及相當官　准士官及下士　海軍一等卒　海軍二等卒　陸軍卒　海軍三等卒　海軍四等卒　海軍五等卒

親任官　勅任官　奏任官　判任官

一等　二等　一等　二等　三等　四等　五等　六等　一等　二等　三等　四等

千圓　八百圓　七百圓　五百圓　四百圓　三百圓　二百圓　百五十圓　百二十圓　百圓　五十圓　四十六圓　四十圓　三十八圓　三十四圓　三十圓　二十八圓　二十四圓

第六號寡婦孤兒扶助銀兩表

將官及同等官　佐尉官及同等官　准士官及下士　海軍一等卒　海軍二等卒　陸軍卒

勅任官　奏任官　判任官　海軍三等卒　海軍四等卒　海軍五等卒

親任官　一等　二等　一等　二等　三等　四等　五等　六等　一等　二等　三等　四等

五百圓　四百圓　三百五十圓　二百五十圓　二百圓　百五十圓　百圓　七十五圓　六十圓　五十圓　三十五圓　二十五圓　二十圓　十九圓　十七圓　十五圓　十四圓　十二圓

日本國事集覽九卷終

日本國事集覽九卷終

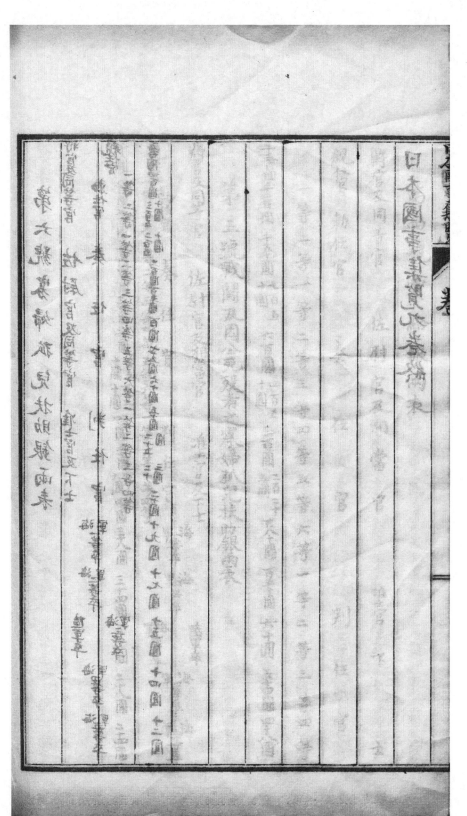

日本國事集覽卷十

奏派相館新潟夷港副理事官兼使署繙譯劉慶汾集譯

海軍各鎮守府所屬兵船

按日本海軍之制取法乎英兵船之有始於我道光三十年自是經營迄今其船或購自外洋或造自本國統計只三十一艘內帆船六艘分隸於橫須賀鎮守府吳鎮守府佐世堡鎮守府管轄然無一等兵船扶桑浪速高千穗二等也扶桑鐵甲厚自六寸至九寸其礮重十五噸者四重五噸者二浪速之礮重二十五噸者二筑紫之礮與浪速同餘若比叡金剛船身鐵質傅木礮可發重百四十二磅之彈丸此皆諸船中之堅且大者至於東艦清輝艦雷電艦蒼龍艦攝津艦肇敏艦孟春艦千代田艦因船身

機器日就腐敗不堪駛用或賣為商船或改為漁艇今不過僅存其名耳茲將海軍現有各船之尺寸噸數馬力礮數照遞信省本年四月查核者將士員數照海軍省核定者逐譯如左

各船尺寸均以我國工部營造尺核算者合并聲明

海軍兵船

扶桑艦乃二等鐵甲船一點鐘能走華里四十里歸横須賀鎮守府屬明治十年即光緒三年托英國所造　船身長二十一丈三尺寬四丈六尺四寸深二丈九尺七寸八分總噸數三千七百七十六噸馬力三千九百三十二匹礮數共十門將士員數於明治二十二年即光緒十五年經海軍省改定

船主一人以大佐任之副船主一人以少佐任之掌砲長一人以大尉任之水雷長一人以大尉任之航海長管駛船兼測量者一人分隊長四人以大尉任之航海士一人以少尉任之分隊士五人以少尉任之機器長一人以機器少監任之大機器士二人少機器士二人內一人管水雷大軍醫二人內一人係軍醫長總支應二人副支應一人一等二等管賬者各一人三等管賬者二人上等兵曹九人一以砲長任之一以帆長任之一砲術教授任之一以砲長屬員任之一以水雷長屬

員任之一以掌羅盤針者任之一以帆長屬員任之一以前甲板船長任之一以掌信號者任之一以管船艙者任之一以縫帆者任之

二等兵曹八人一以砲長屬員任之一以水雷長屬員任之一以前甲板船次長任之一以掌羅盤針者任之一以三板船長任之一以大檣樓長任之一以前檣樓長任之一以後甲板船長任之三等兵曹四人一以砲長屬員任之一以大檣樓長任之一以前檣樓長任之一以後甲板船長任之船匠師一人一等船匠一人二等船匠一人三等船匠一人一等鍛冶手一人二等鍛冶手一人三等鍛冶手一人機器師六人一等機器手三人二等機器手四人三等機器手六人一等看護手一人一等水兵三十六人二等水兵七十一人三等四等水兵共百零六人一等信號水兵一人二等信號水兵二人三等四等信號水兵共三人一等木工二人二等木工二人三等四等木工共三人一等鍛冶一人二等鍛冶二人三等

四等鍛冶各一人一等火夫十二人二等火夫十四人三等四等火夫共二十三人一等看病夫一人二等看病夫一人一等廚夫二人二等廚夫四人三等四等廚夫共六人

右共三百七十二人

金剛艦乃三等鐵骨木皮船一點鐘能走華里四十四里歸吳鎮守府屬於明治十年即光緒三年托英國所造船身長二十一丈八尺八寸二分寬三丈九尺五寸五分深二丈三尺三寸九分馬力二千四百五十九匹總噸數二千二百八十四頓礮九門

將士員數於明治二十三年即光緒十六年經海軍省改定船主一人以大佐任之副船主一人以少佐任之掌砲長一人以大尉任之掌水雷長一人以大尉任之航海長管駛船兼測量者一人以大尉任之分隊長三人以大尉任之航海士一人分隊士四人均以少尉任之大機器士三人

内一人專管水雷機器少機器士一人大軍醫二人内一人以軍醫長任之支應總
管一人副總管一人一等二等三等支應共三人上等兵
曹二人一以砲長任之一以帆長任之一等兵曹九人一以砲術教授任之一以水雷長屬員任之一以帆長屬員
任之一以砲長屬員任之一以前甲板船長任之一以拔羅盤針者任之一以管信號者任之一以管船艙者任之一以管縫帆者任之
二等兵曹八人一以砲長屬員任之一以水雷長屬員任之一以帆長屬員任之一以前甲板船長任之一以拔羅盤針者
任之一以大檣樓長任之一以前檣樓長任之一以後甲板船長任之三等兵曹四人一以三板船長任之一以大檣樓長
任之一以前檣樓長任之一以後甲板船長任之船匠師一人一等二等船匠手各一人
一等二等鍛冶手各一人機器師三人一等機器手二
人二等機器手三人三等機器手四人一等看護手一
人一等水兵二十六人二等水兵五十九人三等四等
水兵共七十三人一等信號水兵一人二等信號水兵

二人三等信號水兵三人二等二等木工各一人三等四等木工各一人一等至四等鍛冶工共三人一等火夫六人二等火夫十二人三等四等火夫廿七人一等二等看病夫各一人一等厨夫二人二等厨夫三人三等四等厨夫共五人

右共二百八十六人

比叡艦乃三等鐵骨木皮船一點鐘能走華里四十里歸吳鎮守府屬於明治十年即光緒二年托英國所造船

身長二十一丈八尺 寬三丈九尺六寸八分 深二丈三尺三寸九分 總噸數二千二百八十四噸 砲數九門 馬力一千八百二十四匹 將士員數於明治二十三年即光緒十六年改定

船主一人以大佐任之 副船主一人以少佐任之 砲術長一人以大尉任之

水雷長一人以大尉任之航海長一人以大尉任之分隊長三人均以大尉任之航海士一人以少尉任之分隊士四人均以少尉任之機器長一人以大機器士任之兼管水雷機器者二人均以大機器士任之少機器士一人軍醫長一人以軍醫任之少軍醫一人支應總管一人副總管一人一等二等三等支應各一人上等兵曹二人一以砲長任之一以帆長任之一等兵曹九人一以砲術教員任之一以砲長屬員任之一以水雷長屬員任之一以帆長屬員任之一以前甲板船長任之一以按羅針盤手任之一以信號手任之一以管船艙手任之一以縫帆手任之二等兵曹八人一以砲長屬員任之一以水雷長屬員任之一以帆長屬員任之一以前甲板船次長任之一以按羅盤針手一以大檣樓長任之一以前檣樓長任之一以後甲板船長任之三等兵曹四人一以三板船長任之一以大檣樓長任之一以前檣樓長任之一以後甲板船長任之船匠師一人一等船匠手二等船匠手各一人一等鍛冶手二等鍛冶手各一人機器師三人一等機器手二人二等機器手三人三等機

一器手四人一等看護手一人一等水夫二十六人二等水夫五十九人三等四等水夫共七十四人一等信號一水夫一人二等信號水夫二人三等信號水夫三人一等二等木工各一人三等四等鍛冶夫共四人一等二等看病夫共二人一等厨夫三人二等厨夫四人三等四等厨夫六人

右共一百九十三人至於在該船練習砲學之生徒以二百人為限盖該船於明治二十三年即光緒十六年改為練習砲船也

筑波艦乃三等木質船一點鐘能走華里五十五里歸横須賀鎮守府属於嘉永四年即咸豐元年托英國所造

船身長（十八丈六尺四寸）寬（三丈三尺七寸）深（二丈二尺三寸）總噸數（一千九百七十八噸）礮（十門）馬力（五百十八匹）將士員數於明治十八年即光緒十一年經海軍省改定士官以上三十三人下士以下諸卒二百六十三人共二百九十六人日進艦乃四等木質練習船歸佐世保鎮守府屬於明治二年即同治八年托和蘭國所造船身長（十九丈六尺七寸）寬（三丈）深（一丈八尺一寸）礮（十二門）噸數（一千四百九十一噸）馬力（二百二十四匹）將士於明治二十二年即光緒十五年經海軍省改定船主一人（以少佐任之）航海長一人分隊長一人（以大尉任之）航海士一人分隊士二人（以少尉任之）大機器士（以機器長任之）少機器士各一人大軍醫（以醫長任之）少軍醫各一人支應總管（以主計長任之）一人副總管一人上等兵曹二人（一以砲長任之一以帆長任之）一等兵曹五人

一以砲長屬員任之一以帆長屬員任之一以前甲板長任之一以按羅盤針者任之一以縫帆者任之二等兵曹六人一以帆長屬員任之一以砲長屬員任之一以前甲板長任之一以按羅盤針者任之一以大檣樓長任之一以前檣樓長任之三等兵曹三人一以艦長端舟長任之一以大檣樓長任之一以前檣樓長任之船匠師一人一等船匠手一人一等鍛冶手一人機器師二人一等機器手一人二等三等機器手各一人二等看護手一人一等二等三等管賬者各一人三等四等木工各一人一等二等鍛冶各一人三等四等各鍛冶共一人一等火夫六人二等火夫十二人三等四等火夫共十七人一等二等看病夫各一人一等厨夫二人二等厨夫三人三等四等厨夫共五人

右共二百七十八人

龍驤艦乃三等木質鐵帶船一點鐘能走華里四十四里歸橫

須賀鎮守府屬於慶應元年即同治四年托英國所造
船身長二十丈四尺八寸七分寬二丈八尺一寸二分深二丈八寸零六分總噸數二千五百七十噸馬力七百九十九匹礮
數廿二門將士員數於明治二十三年即光緒十六年經海軍
省改定船主一人以大佐任之副船主一人以少佐任之砲長兼教官一人
以大尉任之航海長兼教官一人以大尉任之分隊長兼教官七人均以大尉任之
軍醫長一人以大軍醫任之少軍醫二人支應總管一人副總管二
人一等支應二人二等支應二人三等支應三人上等兵
曹共十五人內十二人以教員任之一人以砲長兼教員任之一人以帆長任之一等兵曹十七人
內十人以砲術教員任之一人以砲長屬員任之一以帆長屬員任之一以按羅盤針手任之一以信號手任之一以管船艙手任之一以管縫帆手任之
二等兵曹十八人內十人以砲術教員任之二人以砲長屬員任之一以帆長屬員任之二以前甲板船長任之一以按羅盤針
手任之一以三板船長任之一以後甲板船長任之三等兵曹以後甲板船長任之一等機器手一人

船匠師一人一等二等三等鍛
冶手各一人一等二等看護手各一人一等水兵十八人
二等水兵八人三等四等水兵共六十四人一等信號水
兵一人二等信號水兵二人三等四等水兵共二人一等
火夫一人三等四等火夫共一人一等至四等木工共四人
一等鍛冶夫二人二等鍛冶夫二人一等水兵十三人二等
水兵二十一人三等四等水兵四十六人一等信號水兵
二等信號水兵各一人三等信號水兵二人一等二等木
工各一人一等二等鍛冶各一人一等火夫三人二等火夫
六人三等四等火夫九人一等看病夫一人一等廚夫二人二等
廚夫二人三等四等廚夫三人

右共一百五十二人

春日艦乃四等木質船歸佐世保鎮守府屬於文久三年即同治元年托英國所造船身長二十丈三尺四寸寬二丈八尺四寸深一丈五尺五寸五分礮六門噸數一千二百八十九噸將士員數於明治十六年即光緒十年經海軍省改定士官以上二十人士官以下諸卒百二十八人共百四十八人鳳翔艦乃五等木質練習船歸吳鎮守府屬於明治元年即同治七年托英國所造船身長十一丈七尺三寸寬二丈三尺四寸深一丈零一寸礮四門噸數三百二十一噸馬力二百十三匹將士於明治二十二年即光緒十五年經海軍省改定船主以少佐任之航海長一人分隊長二人均以大尉任之航海士兼分隊士一人以少尉任之機器長一人以大機器士任之軍醫長一人以大軍醫任之支應總管一人

以大主計任之二等三等支應共二人上等兵曹一人以砲長任之一等兵曹三人一以砲長屬員任之一以帆長屬員任之一以按羅針盤者任之二等兵曹三人一以帆長屬員任之一以前甲板長任之一以按羅盤針者任之三等兵曹三人一以艦長端舟長任之一以大檣樓長任之一以前檣樓長任之一等船匠手一人一等鍛冶手一人機器師一人一等二等三等機器手共三人二等看護手一人一等水兵六人二等水兵十六人三等四等水兵二十六人一等二等信號水兵共二人三等信號水兵二人二等木工一人一等鍛冶一人一等火夫二人二等火夫三人三等四等火夫四人一等二等廚夫共二人三等四等廚夫二人

右共九十五人如水火夫操練之時五等水火夫其一等至四等水夫應減三十五名火夫則減三十二名

石川艦乃七等木質帆船歸吳鎮守府屬於明治九年即光緒二年在日本石川島所造　船身長十丈零五寸寬二丈一尺三寸深九尺九寸將士於明治二十二年即光緒十五年經海軍省改定　船主一人以大尉任之航海長一人以大尉任之分隊長二人以大尉任之軍醫長一人以大軍醫任之支應總管一人二等三等支應共二人上等兵曹一人以帆長任之一等兵曹四人一以砲術教授任之一以帆長屬員任之一以搭羅盤針手任之一以縫帆者任之二等兵曹五人一以前甲板長任之一以搭羅盤針者任之一以大檣樓長任之一以前檣樓長任之一以後甲板長任之一等船匠手一人一等鍛冶手一人二等看護手一人一等水兵四人二等水兵四人三等四等水兵六人一等信號水兵一人二等信號水兵一人一等木工一人一等鍛冶二人一等廚夫一人二等廚夫二人三等四等廚夫二人

右共五十三人如五等水兵練習之時以六十人為限

天城艦乃四等木質練習船歸橫須賀鎮守府屬於明治十一年即光緒四年在日本橫須賀造船廠所造　船身長十九丈四尺六寸　寬二丈九尺四寸　深一丈四尺八寸　礮八門　噸數九百二十六噸　馬力五百六十一噸　將士於明治二十二年即光緒十五年經海軍省改定　船主以少佐任之　航海長一人以大尉任之　分隊長二人以大尉任之　航海士一人以少尉任之　分隊士二人以少尉任之　機器長一人以大機器士任之　少機器士一人　軍醫長一人以大軍醫任之　支應總管一人　副總管一人　一等二等三等支應共三人　上等兵曹二人一以砲長任之一以帆長任之　一等兵曹五人一以砲長屬員任之一以帆長屬員任之一以前甲板長任之一以按羅盤針者任之一以縫帆手任之　二等兵曹六人一以砲長屬員任之一以帆長屬員任之一以前甲板長任之一以按羅針者任之一以大檣樓長任之一以前檣樓長任之　三等兵曹三人一以艦長端舟長任之一以大檣樓長任之一以前檣樓長任之

船匠師一人一等船匠手一人二等鍛冶手一人機器師一人
一等機器手一人二等機器手二人三等機器手二人二等
看護手一人二等水兵二十六人三等四等水兵四十五人一等
信號水兵二人二等信號水兵一人三等信號水兵二人
等木工一人二等木工一人一等鍛冶一人二等鍛冶一人
一等火夫三人二等火夫六人三等四等火夫九人一等看病夫
一人一等厨夫二人二等厨夫二人三等四等厨夫三人
右共百五十九人如五等水兵練習之時一等至四等水兵應
減六十名一等至四等火夫應減十三名
浅間艦乃三等木質帆船供練習大砲之用帰横須賀鎮守
府属於明治元年即同治七年托法國所造　船身長二十一丈一尺

寬三丈零九寸深二丈三尺八寸七分總噸數一千四百四十四噸礮十二門將士員數於明治二十二年即光緒十五年經海軍省改定船主一人以大佐任之副船主一人以少佐任之分隊長兼教官三人以大尉任之教官四人以大尉任之軍醫長一人少軍醫二人支應總管一人副總管一人一等支應一人二等支應二人三等支應三人上等兵曹十人一以砲長兼助教官任之一以帆長任之餘皆以助教官任之一等兵曹十一人六以砲術教授任之一以砲長屬員任之一以帆長屬員任之一以按羅盤針者任之一以船舵手任之二等兵曹十二人六以砲術教授任之一以砲長屬員任之一以帆長屬員任之一以按羅盤針者任之一以艦長端舟長任之一以後甲板長任之一等機器手一人船匠師一人一等船匠手一人二等船匠手一人一等二等三等鍛冶手共三人一等看護手一人二等水兵八人三等四等水兵五十五人一等信號水兵一人二等信號水兵二人三等信號

水兵三人一等二等火夫共二人一等二等木工共二人三四等木工一人一等鍛冶一人二等鍛冶二人三四等鍛冶三人一等看病夫一人一等廚夫二人二等廚夫三人三四等廚夫四人

右共百六十八人如練習砲時其員數以百二十名為限

迅鯨艦乃四等木質帆船供練習水雷之用歸橫須賀鎮守府屬於明治九年即光緒二年在日本橫須賀造船廠所造船身長二十三丈八尺寬三丈零七寸六分深一丈八尺九寸五分總噸數一千四百六十四噸砲門四將士員數於明治二十六年即光緒十五年經海軍省改定

船主一人以大佐任之副船主一人以少佐任之分隊長兼教官三人以大尉任之教官四人以大尉任之大機器士四人內一人專管水雷機器軍醫長一人以大軍醫任之少軍醫一人支應總管一人副總管一人一等支應一人

二等支應二人三等支應三人上等兵曹七人一以水雷長兼助教官任之餘皆以助教官任之一等兵曹七人四以水雷術教授任之一以水雷長屬官任之一以前甲板長任之一以按羅盤針者任之二等兵曹九人三人以水雷術教授任之一以水雷長屬官任之一以砲長屬員任之一以帆長屬員任之一以按羅盤針者任之一以後甲板長任之一以船艙手任之三等兵曹一人以艦長端舟長任之船匠師一人一等船匠手一人一等鍛冶手一人機器師三人一等二等機器手共二人三等機器手二人二等看護手一人一等水兵七人二等水兵十二人三等四等水兵二十七人一等信號水兵一人二等信號水兵一人三等信號水兵一人一等木工一人二等木工二人三等四等木工二人一等二等鍛冶共二人一等火夫二人二等火夫三人三等四等火夫五人一等看病夫二等看病夫共二人一等二等廚夫各二人三等四等廚夫四人

右共百三十六人如練習水雷時其員數以百名為限

盤城艦乃五等木質測量船歸佐世保鎮守府屬於明治十一年即光緒三年在日本橫須賀造船廠所造　船身長十四丈八尺寬二丈七尺五寸深一丈八尺九寸五分總噸數七百零七噸馬力四百七十九匹砲七門　將士員數於明治二十二年即光緒十五年經海軍省改定

船主一人以少佐任之航海長一人以大尉任之分隊長二人以大尉任之航海士兼分隊士一人以少尉任之機器長以大機器士任之軍醫長以大軍醫任之支應總管一人二等三等支應共二人上等兵曹一人以砲長任之一等兵曹三人一以砲長屬員任之一以帆長屬員任之一以操羅盤針者任之二等兵曹三人一以帆長屬員任之一以前甲板長任之一以操羅盤針者任之三等兵曹三人一以艦長端舟長任之一以大檣樓長任之一以前檣樓長任之一等船匠手一人一等鍛冶手一人機器師三人

一等二等三等機器手共三人二等看護手一人一等水兵八人二等水兵十五人（三等四等）水兵二十九人一等信號水兵一人二等信號水兵二人三等信號水兵二人一等木工一人一等鍛冶一人一等火夫三人二等火夫六人（三等四等）火夫九人一等二等厨夫各二人（三等四等）厨夫三人

右共百十二人如測量時則增大尉分隊長二人技工二人

天龍艦乃三等木質船歸吳鎮守府屬於明治十八年即光緒十一年在日本橫須賀造船廠所造　船身長（二十丈零五寸）寬（三丈四尺四寸）深（二丈零五寸四分）　總噸數（一千五百四十三噸）馬力（一千一百六十二匹）砲數（三門）　將士員數於明治二十二年即光緒十五年經海軍省改定　船主一人（以大佐任之）副船主一人（以大尉任之）航海長一人（以大尉任之）分隊長三人

以大尉任之航海士一人以少尉任之分隊士三人以少尉任之機器長以大機器士任之
少機器士一人軍醫長一人以大軍醫任之少軍醫一人支應總管
一人副支應一人一等二等三等支應各一人上等兵曹
二人一以砲長任之一以帆長任之一等兵曹七人一以砲術教授任之一以砲長屬員任之二以帆長屬員任之一以前甲板長任之
一以按羅盤針者任之一以縫帆手任之二等兵曹六人一以砲長屬員任之一以帆長屬員任之一以前甲板長任之一以按羅盤針
者任之一以大檣樓長任之一以前檣樓長任之三等兵曹三人一以艦長端舟長任之一以大檣樓長任之一以前檣樓長任之船
匠師一人一等船匠手一人一等鍛冶手一人機器師一人
一等機器手一人二等機器手二人三等機器手三人一等
看護手一人一等水兵十五人二等水兵四十二人三等四等
水兵六十二人一等信號水兵一人二等信號水兵一人
三等信號水兵二人一等二等木工共二人三等四等木工一人

一等二等鍛冶各一人一等火夫六人二等火夫九人(三等四等)火夫十一人一等看病夫一人一等厨夫二人二等厨夫二人(三等四等)厨夫四人

右共二百十四人

海門艦乃四等木質船歸横須賀鎮守府屬於明治十七年即光緒十年在日本横須賀造船廠所造船身長(二十丈零四寸四分)寬(三丈一尺四寸三分)深(二丈零五寸七分)總噸數(一千三百七十五噸)馬力(一千零八十三匹)砲數(三門)

將士員數於明治二十二年即光緒十五年經海軍省改定

船主一人(以大佐任之)副船主一人(以大尉任之)航海長一人(以大尉任之)分隊長三人(以大尉任之)航海士一人(以少尉任之)分隊士三人(以少尉任之)機器長二人(以大機器士任之)少機器士一人軍醫長一人(以大軍醫任之)少軍醫一人支

應總管一人副支應一人一等二等三等支應共三人上等兵曹二人一以砲長任之一以帆長任之一等兵曹七人一以砲術教授任之一以砲長屬官任之二以帆長屬官任之一以前甲板長任之一以桅羅盤針者任之一以縫帆者任之二等兵曹六人一以砲長屬員任之一以帆長屬員任之一以前甲板長任之一以桅羅盤針者任之一以大檣樓長任之一以前檣樓長任之三等兵曹三人一以艦長端舟長任之一以大檣樓長任之一以前檣樓長任之船匠師一等船匠手一人一等鍛冶手一人機器師三人一等機器手一人二等機器手二人三等機器手三人一等看護手一人一等水兵十六人二等水兵三十三人三等四等水兵六十七人一等二等信號水兵各一人三等信號水兵二人一等二等木工各一人三等四等木工一人一等二等鍛冶各一人一等火夫六人二等火夫八人三等四等火夫十二人一等看病夫一人一等二等厨夫各二人三等四等厨夫四人

右共二百十一人

筑紫艦乃三等鋼質船一點鐘能走華里四十八里歸吳鎮守府屬於明治十四年即光緒七年托英國所造　船身長二十丈零三寸　寬三丈零九寸五分　深二丈零四寸一分　總噸數一千三百七十一噸　馬力一千八百五十九匹　砲數十門　將士員數於明治二十二年即光緒十五年經海軍省所定　船主一人以大佐任之　副船主一人以大尉任之　航海長一人以大尉任之　分隊長二人以大尉任之　航海士一人以少尉任之　分隊士三人以少尉任之　機器長以機器少監任之　大機器士二人　少機器士一人　軍醫長以大軍醫任之　少軍醫一人　支應總管一人　副支應一人　一等二等三等支應共三人　上等兵曹二人一以砲長任之一以帆長任之　一等兵曹四人一以砲術教授任之一以砲長屬員任之一以帆長屬員任之一以樫羅盤針者任之　二等兵曹七人二以砲長屬員任之一以水雷長屬員任之一以帆長屬員任之一以前甲板

長任之二以捶羅盤針者任之一以後甲板長任之三等兵曹五人二以砲長屬員任之一以前甲板長任之一以艦長端舟長任之一以後甲板長任之船匠師一人一等船匠手一人一等鍛冶手一人機器師四人一等機器手二人二等機器手三人三等機器手四人二等看護手一人一等水兵十五人二等水兵二十三人三等四等水兵三十人一等二等信號水兵各一人三等信號水兵二人一等二等木工各一人一等二等鍛冶各一人一等火夫十二人二等火夫十二人三等四等火夫十五人一等看病夫一人一等二等廚夫各二人三等四等廚夫三人

右共一百七十四人

浪速艦乃二等鋼質船一點鐘能走華里五十四里歸橫須賀鎮守府屬於明治十六年即光緒九年托英國所　船身

長二十九丈零二寸寬四丈四尺五寸深三丈一尺四寸三分總噸數三千七百零八噸馬力七千三百二十八匹砲數十二門

將士員數於明治二十二年即光緒十五年經海軍省改定船主一人以大佐任之副船主一人以少佐任之砲術長一人以大尉任之水雷長一人以大尉任之航海長一人以大尉任之分隊長四人以大尉任之航海士一人以少尉任之分隊士六人以少尉任之機器長一人以機器少士任之大機器士三人內一人專管水雷機器少機器士一人軍醫長一人以大軍醫任之大軍醫一人支應總管一人副支應一人少支應一人一等二等支應各一人三等支應二人上等兵曹四人二以砲長任之一以水雷長任之一以帆長任之一等兵曹十五人一以砲術教授任之四以砲長屬員任之一以水雷長屬員任之三以帆長屬員任之二以前甲板長任之一以按羅盤針者任之一以信號手任之一以船艙手任之一以縫帆手任之二等兵曹十三人一以砲術教授任之四以砲長屬員任之一以水雷長屬員任之二以前甲板次長任之一以按羅盤針者任之一以艦長端舟長任之一以大檣樓長任之一以前檣樓長任之一以後甲板長任之三等兵曹八人三以砲長屬員

任之一以水雷長屬員任之一以抱羅盤針者任之一以大檣樓長任之一以前檣樓長任之一以後甲板長任之船匠師一人一等二等船匠手各一人一等二等船匠手各一人機器師九人一等機器手三人二等機器手五人三等機器手八人一等看護手一人一等水兵三十八人二等水兵四十四人三等四等水兵八十六人一等信號水兵一人二等信號水兵三人三等四等信號水兵三人一等二等木工各一人三等四等木工二人一等二等鍛冶各二人三等四等鍛冶二人一等火夫九人二等火夫十五人三等四等火夫三十六人一等看病夫一人二等看病夫一人一等廚夫二人二等廚夫三人三等四等廚夫五人

右共三百五十七人

大和艦乃三等鐵骨木皮船一點鐘能走華里四十五里歸吳鎮守府屬於明治二十年即光緒十三年在日本橫須賀造船廠所造　船身長十九丈四尺五寸　寬三丈三尺八寸七分　深二丈零九分　總噸數一千五百噸　馬力一千一百三十七匹　砲八門　將士員數於明治二十二年即光緒十五年經海軍省改定　船主一人以大佐任之　副船主一人以大尉任之　航海長一人以大尉任之　分隊長一人以大尉任之　航海士一人以少尉任之　分隊士三人以少尉任之　機器長二人以大機器士任之　少機器士二人　軍醫長一人以大軍醫任之　少軍醫一人　支應總管一人　副支應一人　一等二等三等支應各一人　上等兵曹二人一以帆長任之一以砲長任之　一等兵曹六人一以砲術教授任之一以砲長屬員任之一以帆長屬員任之一以前甲板長任之一以捲羅盤針者任之一以縫帆者任之　二等兵曹六人一以砲長屬員任之一以帆長屬員任之一以前甲板長任之一以捲羅盤針者任之一以大檣樓長任之一以前檣樓長任之　三等兵曹三人

一以艦長端舟長任之一以以大檣樓長任之一以前檣樓長任之船匠師一人一等船匠手一人一等二等鍛冶手各一人機器師三人一等機器手一人二等機器手二人三等機器手三人一等看護手一人一等水兵十五人二等水兵四十五人三等四等水兵七十一人一等二等信號水兵各一人三等信號水兵二人一等二等木工各一人三等四等木工一人一等二等鍛冶各一人一等火夫六人二等火夫十人三等四等火夫十四人一等看病夫一人一等二等廚夫各二人三等四等廚夫四人

右共二百三十一人

葛城艦乃三等鐵骨木皮船一點鐘能走華里四十四里歸佐世保鎮守府屬於明治二十年即光緒十三年日本橫須賀

造船廠所造　船身長十九丈九尺五寸　寬三丈三尺八寸七分　深二丈零八分　總噸數一千五百噸　馬力一千四百零四匹　砲八門　將士員數於明治二十二年即光緒十五年經海軍省改定　船主一人以大佐任之　副船主一人以大尉任之　航海長一人以大尉任之　分隊長三人以大尉任之　航海士一人以少尉任之　分隊士三人以少尉任之　機器長一人以大機器士任之　大機器士一人　少機器士一人　軍醫長一人以大軍醫任之　少軍醫一人　支應總管一人　副支應一人　一等二等三等支應各一人　上等兵曹二人一以砲長任之一以帆長任之　一等兵曹六人一以砲術教授任之一以砲長屬員任之一以帆長屬員任之一以前甲板長任之一以梭羅盤針者任之一以縫帆手任之　二等兵曹六人一以砲長屬員任之一以帆長屬員任之一以前甲板長任之一以梭羅盤針者任之一以大檣樓長任之一以前檣樓長任之　三等兵曹三人一以艦長端舟長任之一以大檣樓長任之一以前檣樓長任之　船匠師一人　一等船匠手一人　一等二等鍛冶手各一人　機器師三人　一等機器手一

人二等機器手二人三等機器手三人一等看護手一人一等水兵十五人二等水兵四十五人三等四等水兵七十一人一等二等信號水兵各一人三等信號水兵二人一等三等木工各一人三等四等木工一人一等二等鍛冶各一人一等火夫六人二等火夫十人三等四等火夫十四人一等看病夫一人一等二等廚夫各二人三等四等廚夫四人

右共二百三十一人

武藏艦乃三等鐵骨木皮船一點鐘能走華里四十八里歸橫須賀鎮守府屬於明治二十一年即光緒十四年日本橫須賀造船廠所造 船身長十九丈四尺五寸 寬三丈三尺八寸七分 深二丈零八分 總噸數一千五百噸 馬力一千八百三十噸 砲八門 將士員數於明治二十二年即光緒

十五年經海軍省改定 船主一人以大佐任之 副船主一人以大尉任之 航海長一人以大尉任之 分隊長三人以大尉任之 航海士一人以少尉任之 分隊士三人以少尉任之 機器長一人以大機器任之 大機器士一人 少機器士二人 軍醫長一人以大軍醫任之 少軍醫一人 支應總管一人 副支應一人 一等二等三等支應各一人 上等兵曹二人一以砲長任之一以帆長任之 一等兵曹六人一以砲術教授任之一以砲長屬員任之一以帆長屬員任之一以前甲板長任之一以按羅盤針者任之一以縫帆手任之 二等兵曹六人一以砲長屬員任之一以帆長屬員任之一以前甲板長任之一以按羅針盤者任之一以大檣樓長任之一以前檣樓長任之 三等兵曹三人一以艦長端舟長任之一以大檣樓長任之一以前檣樓長任之 船匠師一人 一等船匠手一人 一等二等鍛冶手各一人 機器師三人 一等機器手一人 二等機器手二人 三等機器手二人 一等看護手一人 一等水兵十五人 二等水兵四十五人 三等四等水兵七十一

人一等二等信號水兵各一人三等信號水兵二人一等二等木工各一人三等四等木工一人一等二等鍛冶各一人一等火夫六人二等火夫十人三等四等火夫十四人一等看病夫一人一等廚夫二人二等廚夫二人三等四等廚夫四人

右共二百三十二人

摩耶艦乃四等鐵質船一點鐘能走華里四十里歸吳鎮守府屬於明治二十一年即光緒十五年日本橫須賀造船廠所造船身長十四丈九尺二寸寬二丈六尺零三分深一丈三尺一寸七分總噸數六百二十一噸馬力九百五十四砲四門將士員數於明治二十二年即光緒十五年經海軍省改定船主一人以少佐任之航海長一人以大尉任之分隊長二

人（以大尉任之）航海士兼分隊士一人（以少尉任之）機器長一人（以大機器士任之）軍醫長一人（以大軍醫任之）支應總管一人二等三等支應各一人上等兵曹一人（以砲長任之）一等兵曹三人（一以砲長屬員任之一以帆長屬員任之一以按羅盤針者任之）二等兵曹四人（一以砲長屬員任之一以帆長屬員任之一以前甲板長任之一以羅盤針者任之）三等兵曹三人（一以艦長端舟長任之一以前檣樓長任之一以後甲板長任之）一等船匠手一人一等鍛冶手一人機器師三人一等機器手一人二等機器手二人三等機器手三人二等看護手一人一等水兵七人二等水兵十五人三等四等水兵二十人一等二等信號水兵各一人三等信號水兵二人一等木工一人一等鍛冶一人一等火夫三人二等火夫六人三等四等火夫十人一等二等廚夫各一人三等四等廚夫二人

右共一百零四人

鳥海艦乃四等鐵質船一點鐘能走華里三十五里歸佐世保鎮守府屬於明治二十一年即光緒十五年日本横須賀造船廠所造船身長十四丈九寸二分寬二丈六尺零三分深一丈三尺八寸二分總噸數六百二十一噸馬力六百八十四砲未詳將士員數於明治二十二年即光緒十五年經海軍省改定船主一人以少佐任之航海長一人以大尉任之分隊長二人以大尉任之航海士兼分隊士一人以少尉任之機器長一人以大機器士任之支應總管一人二等三等支應各一人上等兵曹一人以砲長任之一等兵曹三人一以砲長屬員任之一以帆長屬員任之一以按羅盤針者任之二等兵曹四人一以砲長屬員任之一以帆長屬員任之一以前甲板長任之一以按羅盤針者任之三等兵曹三人一以艦長端舟長任之一以前檣樓長任之一以後甲板長任之一等船匠手一人一等鍛冶手一人機器師三人一等

機器手一人二等機器手二人三等機器手三人一等看護手一人一等水兵七人二等水兵十五人三等四等水兵二十人一等二等信號水兵各一人三等信號水兵二人一等木工二人一等鍛冶一人一等火夫三人二等火夫六人三等四等火夫十人一等二等廚夫各一人三等四等廚夫二人

右共一百零三人

館山艦乃五等木質練習帆船歸吳鎮守府屬於明治二十三年即光緒十六年日本橫須賀造船廠所造 船身長十一丈零三寸三分 寬三丈三尺三寸 深一丈三尺八寸六分 總噸數五百四十二噸 砲未詳 將士員數於明治二十三年即光緒十六年經海軍省酌定 船主一人以大

尉任之航海長一人以大尉任之分隊長二人以大尉任之軍醫長一人以大軍醫任之支應總管一人二等三等支應各一人上等兵曹一人以帆長任之一等兵曹四人一以砲術教授任之一以帆長屬員任之一以指羅盤針者任之一以縫帆者任之二等兵曹五人一以前甲板長任之一以指羅盤針者任之一以大檣樓長任之一以前檣樓長任之一以後甲板長任之一等船匠手一人一等鍛冶手一人二等看護手一人一等水兵四人二等水兵六人三等四等水兵十人一等二等信號水兵各一人一等木工一人一等鍛冶一人一等看病夫一人一等厨夫一人二等厨夫二人三等四等厨夫二人

右共五十一人如五等水兵練習時以百名為限

滿珠艦乃五等木質練習帆船歸佐世保屬於明治二十一年即光緒十四年日本橫須賀造船廠所造　船身長十三丈零一寸寬

三丈三尺三寸深一丈六尺二寸總噸數八百七十六噸砲未詳將士員數於明治二十二年即光緒十五年經海軍省改定船主一人以少佐任之航海長一人以大尉任之分隊長二人以大尉任之航海士兼分隊士一人以少尉任之軍醫長一人以大軍醫任之少軍醫一人支應總管一人副支應一人二等三等支應各一人上等兵曹一人以帆長任之一等兵曹七人以砲術教授任之一以砲長屬員任之二以帆長屬員任之二以前甲板長任之一以按羅盤針者任之一以縫帆者任之二等兵曹五人以前甲板長任之一以按羅盤針者任之一以大檣樓長任之一以前檣樓長任之一以後甲板長任之三等兵曹四人以艦長端舟長任之一以大檣樓長任之一以前檣樓長任之一以後甲板長任之一等船匠手一人一等鍛冶手一人二等看護手一人一等水兵八人二等水兵十三人三等四等水兵二十五人一等二等信號水兵二人一等二等木工各一人一等鍛冶一人二等看病夫一人一等二等廚夫各二人

三等四等厨夫三人

右共九十一人如五等水兵練習時以百四十八人為限

干珠艦乃五等練習帆船歸横須賀鎮守府屬於明治二十一年即光緒十四年日本横須賀造船廠所造 船身長十三丈零一寸 寛三丈三尺二寸 深一丈六尺五寸四分 總噸數八百七十六噸 將士員數於明治二十二年即光緒十五年經海軍省改定 船主一人以少佐任之 航海長一人以大尉任之 分隊長二人以大尉任之 航海士兼分隊士二人以少尉任之 軍醫長一人以大軍醫任之 少軍醫一人支應總管一人副支應一人二等三等支應各一人上等兵曹以帆長任之 一等兵曹七人一以砲術教授任之二以砲長屬員任之二以帆長屬員任之一以前甲板長任之一以按羅盤針者任之一以縫帆手任之 二等兵曹五人一以前甲板長任之一以按羅針盤者任之一以大檣樓長任之一以前檣樓長任之一以後甲板長任之 三等兵曹四人一以艦主端舟長任之一以大檣樓長任之一以前檣

艛長任之一以後甲板長任之一等船匠手一人一等鍛冶手一人二等看護手一人一等水兵八人二等水兵十三人三等四等水兵二十五人一等二等信號水兵各一人一等二等木工各一人一等鍛冶一人一等看病夫一人一等二等厨夫各二人三等四等厨夫三人

右共九十人如五等水兵練習之時以百四十人為定限

高千穗艦乃二等鋼質船一點鐘能走華里四十八里歸佐世保鎮守府屬於明治十七年即光緒十年英國所造船身長二十九丈零二寸寬四丈四尺五寸深三丈一尺四寸三分總噸數三千七百零七噸馬力七千二百七十二匹砲數十門將士員數於明治二十二年即光緒十五年經海軍省改定船主一人以大佐任之副船主一人以少尉任之砲術長一人以大尉任之

水雷長一人以大尉任之航海長一人以大尉任之分隊長四人以大尉任之航海
士一人以少尉任之分隊士六人以少尉任之機器長一人以機器少監任之大機器
士三人內一人專管水雷機器少機器士一人軍醫長一人以大軍醫任之大軍
醫一人支應總管一人以大主計任之大主計一人少主計一人一等
二等支應各一人三等支應二人上等兵曹四人二以砲長任之一以水雷長任
之一以帆長任之一等兵曹十五人一以砲術教授任之四以砲長屬員任之一以水雷長屬員任之三以帆長屬員任之二以前
甲板長任之一以按羅盤針者任之一以信號手任之一以船艙手以之一以縫帆手任之二等兵曹十三人一以砲術教授
任之四以砲長屬員任之一以水雷長屬員任之二以前甲板次長任之一以按羅盤針者任之一以船主端舟長任之一以大檣樓長任之一以前檣樓
長任之一以後甲板長任之三等兵曹八人三以砲長屬員任之一以水雷長屬員任之二以按羅盤針者任之一以大檣樓長
任之一以前檣樓長任之一以後甲板長任之船匠師一人一等二等船匠手各一人一
等二等鍛冶手各一人機器師九人一等機器手三人二等

機器手五人三等機器手八人一等看護手一人一等水兵三十八人二等水兵四十四人三等四等水兵八十六人一等信號水兵一人二等信號水兵二人三等四等信號水兵三人一等二等木工各一人三等四等木工二人一等二等鍛冶各二人三等四等鍛冶二人一等火夫九人二等火夫十五人三等四等火夫三十六人一等看病夫一人二等看病夫一人一等廚夫二人二等廚夫三人三等四等廚夫五人

右共三百五十七人

小鷹艦乃六等鋼質船歸佐世保鎮守府屬於明治二十一年即光緒十四年托英國所造　船身長十六丈零六寸寬一丈八尺五寸九分深七尺

二寸七分噸數一百六十五噸馬力九百七十七匹砲未詳將士員數三十二人將士員數照內務省報告局所查者譯

赤城艦乃四等鐵質砲船於明治十九年即光緒十二年所造船身長十五丈四尺三寸寬二丈七尺一寸深九尺八寸噸數六百一十四噸馬力九百匹砲十三門

將士員數於明治二十二年即光緒十五年經海軍省改定船主一人以少佐任之航海長一人以大尉任之分隊長二人以大尉任之航海士兼分隊士一人以少尉任之機器長一人以大機器士任之軍醫長一人以大軍醫任之支應總管一人二等三等支應各一人上等兵曹一人以砲長任之一等兵曹三人一以砲長屬員任之一以帆長屬員任之一以按羅盤針者任之二等兵曹六人一以砲長屬員任之一以帆長屬員任之一以前甲板長任之一以按羅盤針者任之一以前檣樓長任之一以後甲板長任之三等兵曹二人一以前甲板長任之一以船主端舟長任之一等船匠手一人一等鍛治手一人機器師

三人一等機器手一人二等機器手二人三等機器手三人二等看護手一人一等水兵十一人二等水兵十八人三等四等水兵三十二人一等二等信號水兵各一人三等信號水兵二人一等本工一人一等二等鍛冶各一人一等火夫三人二等火夫六人三等四等火夫十人一等廚夫一人二等廚夫二人三等四等廚夫二人

右共一百二十六人

高雄艦乃四等鋼骨鐵皮船屬府造地均未詳船身長十九丈四尺五寸寬三丈三尺八寸深二丈零八分總噸數千七百七十四頓馬力二千三百四砲八門將士員數於明治二十二年即光緒十五年經海軍省改定船主一人以大佐任之副船主一人以大尉任之砲術長一人以大尉任之水雷長一人以大

尉任之航海長一人以大尉任之分隊長三人以大尉任之航海士一人以少尉任之
分隊士三人以少尉任之機器長二人内一人專管水雷機器少機器士一人軍
醫長一人以大軍醫任之少軍醫一人支應總管一人副支應一人一
等二等三等支應各一人上等兵曹二人一以砲長任之一以帆長任之一等兵
曹八人一以砲術教授任之一以砲長屬員任之一以水雷長屬員任之一以帆長屬員任之一以前甲板長任之一以按羅盤針者任之一以信號手任之
一以縫帆者任之二等兵曹九人一以砲長屬員任之一以水雷長屬員任之一以帆長屬員任之一以前甲板長任之一以按羅盤
針者任之一以大檣樓長任一以前檣樓長任之一以後甲板長任之三等兵曹五人一以砲長屬員任之一以水雷長屬員任之一以船主端舟
長任之一以大檣樓長任之一以前檣樓長任之船匠師一人一等船匠手二人一等二等
鍛冶手各二人機器師三人一等機器手一人二等機器手
二人三等機器手三人一等看護手一人一等水兵二十二
人二等水兵三十六人三等四等水兵五十二人一等信號

水兵一人二等信號水兵一人三等信號水兵二人一等二等木工各一人三等四等木工一人一等二等鍛冶各一人一等火夫五人二等火夫十二人三等火夫十六人一等看病夫一人一等二等厨夫各二人三等四等厨夫四人

右共二百二十一人

[illegible]

[illegible]

[illegible]

[illegible]

[illegible]

[illegible]

[illegible]

合共二百二十一人

夫一人一等二等厨夫各二人三等四等厨夫四人

一等火夫五人二等火夫十二人三等火夫十六人一等看病

等木工各一人三等四等木工一人一等二等鍛冶各一人

水兵一人二等信號水兵一人三等信號水兵二人一等二

司法省沿革摘要

明治四年七月廢刑部省彈正臺設司法省九月於司法省内設明法寮五年五月設大丞少丞二官八月改定司法省各官制是月設警保寮改定司法省各官等級暨章程十月設巡查於警保寮七年正月以警保寮歸内務省屬是月廢撿部定撿事（掌刑之官也）警查等官章程八年五月廢明法寮是月廢正權大判事中判事少判事等官設判事判事補是月定大審院諸裁判所章程十年正月廢大少丞以下各官設書記官屬隨定其俸二月改定大審院章程刪除巡閱裁判條規三月改司法省各官等級六月廢判事判事補旋又復之增設撿事長撿事補等官隨定其俸是月大審院設屬官隨定其俸十月增判事撿

事之俸十二年十二月增大審院章程第一項是月廢檢事長設欽命檢事隨定其俸十三年復改定司法省章程十四年十月廢大審院裁判所各屬官設書記隨定其俸十八年十二月改司法卿為司法大臣勷理内閣事務十九年正月廢司法省所屬之各局各課二月頒司法省官制五月定裁判所章程二十年十二月改定司法省各官之制二十一年五月奉上諭在沖繩縣小笠原島之地方官准其兼施裁判警查等事二十三年六月改定司法省官制

司法省章程 明治十九年十二月 欽定

第一條 司法大臣節制大審院以下之諸裁判所專司刑法事務如有恩赦之事亦歸該大臣辦理

第二條 司法大臣官房内應設秘書官二人

第三條 司法省總務局内設書記官五人照定章外尚應設職員課其職員課所掌之事如左

一 本部各員出身并升降事項

二 裁判所之各屬員以及訟師之出身事項

三 凡詞訟狀紙事項

四 判事掌銀錢賊婚田土等事官也撿事掌盜賊鬪毆爭殺等事官也巡閱會議事項

第四條　總務局内設文書課其所掌之事如左

一　構造裁判所事項

二　考試判任官判任云者札委也　以及考試訟師事項

三　繙譯外國文字事項

第五條　司法省參事官以十五人為限

第六條　司法省所設諸局如左

民事局

刑事局

會計局

第七條　民事局所掌之事如左

一　民人訴訟錢債賦婚田土事項

二　凡錢債賦婚田土等案應按法律審判事項

第八條　刑事局所掌之事如左

一　人民鬭毆詐騙爭殺等詞訟事項

二　死刑以及上控覆審并特旨恩赦減輕罪刑開復原

官曁擔保出獄釋放等事項

三　凡欲用刑之罪須按法律執行事項

四　審判軍人事項

五　凡行刑所用之各費事項

第九條　會計局掌理本省曁大審院以及各裁判所之經

費報銷諸冊應行逐一清查有無浮濫

司法省各員定如左　明治二十三年六月　欽定

司法大臣一人

專任參事官五人

專任書記官三人

民事局長刑事局長會計局長各一人

屬官百六十人候補五人以上共百七十四人

學校沿革摘要

按日本自明治五年改定學校之制雖邊隅僻壤小民皆使之入學同年立大學中學小學三校凡臣民子弟皆使肄業若小學優則入中學中學優則入大學大學優則授之以官循序有級自是添設師範學校女學校查全國學校迄今凡二萬七千四百八十教員凡六萬二千三百七十有二生徒凡二百八十二萬八千六百六十有三其他有盲啞學校華族女學校陸軍有士官學校大學校礮兵射的學校軍醫學校海軍有兵學校機器學校至於法律農商電報皆有學校以上各學校章程均附譯於各屬省章程之後肄業之趣各不相侔茲將文部省所屬諸學校章程逐譯於左

文部省

屬諸學校章程選譯於左
詳各編植章議之後以上各學校章程附譯業之源各不相侔茲將文部直轄
校海軍育英學校機器學校至於法律農商遞報諸省有學校
族女學校陸軍有士官學校大學校礮兵射的學校軍醫學
凡二百八十二萬八千六百六十有三其地有盲啞學校華
三萬七千四百八十教員凡六萬二千三百七十有二生徒
循序有級自是添設師範學校女學校查全國學校迄今凡
若小學優則入中學中學優則入大學大學優則授以官
之入學同年立大學中學小學三校凡臣民子弟皆使肄業
按日本自明治五年改定學校之制雖邊隔僻壤小民皆使
學校沿革編要

文部省章程明治十九年勅定
第一條 文部大臣掌理教育學問事務
第二條 文部大臣官房内設秘書官二人
第三條 文部省總務局内設書記官七人照定章外尚應
設文書課其所掌之事如左
一繙譯外國文字事項
二管理教育暨在外國遊學之生徒以及博覽會事項
第四條 文部省參事官以七人為限
第五條 文部省應設視學官專司稽查學習之事其視學
官以五人為限應由奏派
第六條 文部省應設諸局如左

專門學務局專門云者專學一科之事也

普通學務局普通云者尋常應學之事也

編緝局

會計局

第七條專門學務局内設第一課第二課第三課分掌其事

第八條第一課管理帝國大學高等師範學校高等中學校高等專門學校以及會議學術等事

第九條第二課掌理技藝學校之事

第十條第三課掌理美術學校美術云者繪畫彫刻刺繡琢磨等事也音樂學校之事

第十一條普通學務局内設五課其課長以視學官任之玆

將全國分為五部一課專管一部所轄之學校事務其學校名目列如左

尋常師範學校　尋常中學校　高等女學校

小學校　幼穉園（幼童五歲至七歲游學之地）　圖書館　博物館

教育會

第十二條　編緝局設第一課第二課第三課分掌其事

第十三條　第一課掌理教導生徒之書以及著述編譯校訂等事

第十四條　第二課掌理印刷圖書事務

第十五條　第三課掌檢查教導各生徒之書籍圖畫等事

第十六條　會計局掌理本省及本省所屬之各學校一切經

費出入事務
第……計局掌理本省及本省所屬之各學校一切經
第十五條書籍局第三課掌檢查教導各生徒之書籍圖畫等事
第十四條局第二課掌理印刷圖書事務
訂書事局
第十三條第一課掌理教導生徒之書數及著述翻譯教
第十二條編輯局設第一課第二課第三課分掌其事
教育會……學術等事
小學校知能國凡學齡幼童五歲至七地圖書館博物館
男書師範學校男書中學校高等女學校
各目列如左
將全國分爲五部一課專管一部所轄之學校事務其學校

文部省沿革摘要

明治四年七月廢大學設文部省八月設文部卿定各官之制是月設編輯寮於文部省旋又設大監中監少監三官十一月以各府縣之學校歸文部省管轄五年正月改定文部省各官制九月廢大博士中博士少博士以下諸教官改稱大學中小學教官為學士是月廢編輯寮設大中少督學三官十月合文部教部為一省六年八月廢大中少監三官設大視學少視學號曰學位八年五月廢文部省諸教員設官立學校教官隨定其等次六月改定督學局各官品位是月定文部省章程九年二月以文部省編纂之事歸内務省採緝十年正月廢督學局八月廢官立學校各教員之等次設東京大學暨諸學校教員

十三年七月改東京書籍館為圖書館十一月改定文部省章程十二月改定文部省官制十四年正月東京大學內設幹事隨定其俸三月文部省設內記局六月定官立學校教員等次復定圖書館博物館各職員等級十八年十二月改文部卿為文部大臣勷理內閣事務十九年二月頒文部省官制三月頒大學各員之職四月定高等師範學校高等中學校東京商業學校各教員之職二十年十月改定文部省官制二十二年三月定東京圖書館官制三十三年六月改定文部省官制

大學校章程 明治十九年三月勅定 光緒十二年二月

第一條 大學校者乃講求學術技藝之地培養國家人材之所也

第二條 大學校内分曰大學院曰分科大學大學院者考究學術技藝之蘊奥者也分科大學者教授學術技藝之精理以及應用之事者也

第三條 分科大學卒業之後（卒業云者滿學習之年限也）經考試取中者則授以卒業證書

第四條 分科大學卒業之生徒或學力相等者均准其入大學院考究學術技藝之蘊奥若考究精熟經考試取中者則授以學位其學位有五種曰法學博士曰醫學博士曰工學

博士曰文學博士曰理學博士由此可轉升大博士但轉升大博士時必須果能於學問上有異常功績經諸博士與文部大臣會商後始交閣議授與

第五條　大學校諸職員設如左

總長一人欽派　評議官九人奏派　書記官一人奏派　書記十六人判任

第六條　總長應聽文部大臣之命統轄大學其所掌之事如左

一　保持大學之秩序

二　監視大學諸務若有欲更改之處須其禀文部大臣

三　評議官會議之時該總長應整理一切若議决後須将

所議顛末具稟文部大臣

四法科教長職務應該總長任之

第七條 評議官欲會議事務時或在大學校或在文部省均可其應評議之事定如左

一凡關課程科目事項

二凡關大學院及分科大學之利害消長事項

第八條 評議官應由文部大臣於分科大學教授內各選二人任之

第九條 評議官任期以五年為限若任滿之後視其情形可以聯任者由文部大臣具奏

第十條 分科大學共計五種曰法科大學醫科大學工科大

學文科大學理科大學
法科大學分為二科曰法律科曰政治科
工科大學分為六科曰土木科曰機器科曰造船科曰造
軍器科曰造房屋科曰應用化學科
文科大學分為四科曰哲學科曰本國文學科曰史學科曰
博言學科
理科大學分為六科曰數學科曰物理學科曰化學科曰
動物學科曰植物學科曰地質學科
第十一條　各分科大學職員設如左
曰長曰教頭曰教授曰助教授曰舍監均由奏派曰書記
由札委

第十二條　分科大學長應由教授中選擇兼任但該長須聽總長命令管理本科一切事務

第十三條　各分科大學教頭應由教授中選擇兼任須監督本科教授以及助教之職務并本科内之秩序

第十四條　各分科大學之教授以及助教諸員其本學科之輕重以及生徒之人數應遵文部大臣所定者

稅內支給但每府縣只能設一中學校其生徒學習年限以五
年為限
第七條　中學校之科目課程應遵文部大臣所定者
第八條　中學校內各等之級所讀之書應遵文部大臣限定者
第九條　尋常中學校不能以區町村費設立

之課書以及其擬定之人數應遵文部大臣所定者
第十四條　國各分科大學之教授以及助教諸員其本學科
指本科教授以及助教之職務并本科內之教授
第十三條　各分科大學教頭應由教授中選擇兼任須照
總長命令管理本科一切事務
第十二條　各分科大學長應由教授中選擇兼任但該長須

中學校章程明治十九年四月勅定
光緒十二年三月

第一條　中學校者係教育欲入大學生徒之所也

第二條　中學校分爲二等曰高等曰尋常其高等中學校隸文部省屬

第三條　高等中學校内應分設七科曰法科曰醫科曰工科曰文科曰理科曰農業科曰商務科

第四條　茲將全國分爲五區每區設一高等中學校其區域應遵文部大臣所定者其生徒學習年限以二年爲限

第五條　高等中學校經費一半由國庫支給一半由該學校所在之府縣地方税内支給

第六條　尋常中學校由各府縣便宜設立其經費應由地方

稅內支給但每府縣只能設一學校其生徒學習年限以五
年為限
第七條 中學校之科目課程應遵文部大臣所定者
第八條 中學校內各生徒所讀之書應遵文部大臣限定者
第九條 尋常中學校不准以區町村費設立
高等中學校科目課程定如左
第一項 國語漢文
第二項 英國文字語言
第三項 德國或法國文字語言
第四項 英法德美羅馬諸國之歷史
第五項 數學以及動物植物地質鑛學

第六項　天文化學物理
第七項　理財學哲學圖畫學
第八項　測量力學（力學云者運動鍊力也）　体操
尋常中學校科目課程如左
第一項　人倫道德以及國語漢文
第二項　英國文字語言
第三項　德國或法國文字語言
第四項　農業以及地理
第五項　歷史（日本史外國史）數學
第六項　動物植物化學物理
第七項　寫字畫圖

第八項　唱謌體操

第六項　動物植物化學物理

第五項　歷史（日本史外國史）數學

第四項　農業及地理

第三項　漢國文法國文字語言

第二項　英國文字語言

第一項　人倫道德及國語漢文

　尋常中學校科目課程如左

第八項　測量力學（論練力之力學音運）体操

第七項　理財學哲學圖畫學

第六項　天文化學物理

小學校章程 明治十九年四月 光緒十二年三月 勅定

第一條 小學校分為二種曰高等曰尋常高等小學校教員一人准教生徒六十人以下尋常小學校教員一人准教生徒八十人以下

第二條 設立小學校之地方應遵府縣知事所定之地

第三條 兒童自六歲至十四歲時為之父母叔伯者應使其入學肄業

第四條 如兒童不能卒小學校業時為之父母叔伯者應使其就學其就學章程須遵文部大臣所定之例

第五條 兒童中苟有家計困窮或身罹疾病不能就學者應稟明府縣知事展限

第六條　免童入學肄業之經費應照府縣知事所定之章程由該免童之父母叔伯繳出

第七條　地方中有捐入小學校之欵項應行收入至於支出之時須照府縣知事所定之章程辦理

第八條　小學校之經費苟地方中所捐之欵不敷用時則應由區町村費中提出銀兩以補不足

第九條　小學校中之教員薪俸應照府縣知事所定之章程支給

第十條　小學校各經費收入支出之事應由管理者每個三月造冊一分稟報府縣知事

第十一條　凡屬小學校之財産其管理之法應遵府縣知事

一所定章程承辦

第十二條　小學校之科目課程應遵文部大臣所定之例

第十三條　教授各生徒之書籍應遵文部大臣所閱定者

第十四條　民間私設之小學校其科目課程書籍應與公設之小學校相同其設立之時必須禀准本府縣知事

第十五條　凡設立小學校須視地方景况准其設小學簡易科目教導生徒其經費由區町村費中支用

第十六條　小學簡易科教員薪俸准由本地方税銀内提出補助

三小學校科目章程　明治十九年五月定

第一項　生徒每日授業時刻以五點鐘為度

第二項　每七日内授業功課并學習時刻如左
第三項　修身一點半鐘
第四項　讀書作文習字高等十尋常十四點鐘
第五項　算術六點鐘
第六項　地理四點鐘
第七項　歷史理科兩點鐘
第八項　圖畫兩點鐘
第九項　唱歌体操高等五尋常六點鐘
第十項　女兒學習裁縫時刻兩點鐘至六點鐘
附教授法
一修身教員以今古良善人士之品行用淺近俗語告諸幼

童使其易於解釋該教員并自應端正言行以爲諸生徒模範

二 讀書教員應以本國字與漢字相雜之書教之其字句須擇其短簡者使幼童易於記誦

三 作文教員應以本國字與漢字相雜之文擇其簡短者使兒童易於學習并應教以日用記載信賬等事

四 習字教員應以日用之楷書行書草書教之

五 算術尋常小學校生徒則教以乘除加減暗算之法高等小學校生徒則教以筆算并乘除加減諸法

六 地理教員應先將本學校近傍土地形勢教之漸次及本鄉本府縣本國以及各外國之形狀晝夜四季之異同并人

洋大洲之名目等項教之

七 歷史教員應先以本國建國之体制并神武天皇即位後各將軍專權顛末以及今皇政績并與各外國通商情形暨風俗之變遷人情之厚薄古忠臣義士之事蹟等事教之

八 理科教員應以草木鳥獸鱗介五金并人身体等事教之其次則以日月星霜風雲雷雨寒暖以及山崩地震之原由并響音返音秤稱電報凡小兒易於知解之各機器教之

九 唱歌畫圖唱歌只單音複音二種畫圖則以器其品物之圖式教之

十 体操教員應以運動之法教之若幼童年稍長者則以兵式操練之法教之

農商務省沿革摘要

明治十四年四月設農商務省是月定農商務省官制章程十五年四月改正農商務省官制五月定農商務省所轄之農學校各職員等級八月設驛遞官於農商務省九月定農商務省所轄之各學校章程并定各教員之俸十八年十二月改農商務卿為大臣勷理內閣事務十九年正月廢北海道管理事業局是月以農商務省所轄之三池佐渡生野三鑛山事務歸大藏省管理三月頒農商務省官制四月定農學校山林學校各教員官制是月定三田製造農具局綱場織錦局富岡製絲局千住製絨局各員官制是月定下總牧場各員官制二十年十二月廢農商務省內特許專賣局設特許局隨定其官制二十

二年三月廢綱場織綿局各官二十三年六月改定農商務省

官制

製放局各員官制是月定下總牧場各員官制二十五年十設員官制是月定三田製造農具局綱場織綿局博覽會樂局藏省管理三月頒農商務省官制四月定東京農林學校山林學校各局是月以農商務省所轄之三池佐渡生野三鑛山事務歸大務卿為大臣親理內閣事務十九年正月廢北海道管理事業所轄之各學校章程并定各教員之俸十八年十二月改農商校各職員等級八月設驛遞官於農商務省九月定農商務省五年四月改正農商務省官制五月定農商務省所轄之農學明治十四年四月設農商務省是月定農商務省官制章程十

農商務省沿革摘要

農商務省章程明治十九年光緒十二年敕定

第一條 農商務大臣管理農業商業工藝技術漁獵山林原野鑛山地質以及人民各公司事務

第二條 農商務大臣官房内設秘書官二人專管大臣機密文書之事

第三條 農商務省總務局設書記官七人照定章外設文書課掌理左開事項

一 褒賞事項

二 各府縣農工商諮問會以及各府縣勸業委員等事

三 繙譯外國文字事項

第四條 總務局内尚應設分析課博覽會課分掌其事

第五條　分析課所掌之事如左

一　分析有用之物料并實驗其適當與否事項

二　編緝分析試驗書籍事項

第六條　博覽會課所掌之事如左

一　本國外國博覽會關涉事項

二　本國外國共進會關涉事項　共進云者各將所産所造之物聚集一處較其優劣發賣

第七條　農商務省參事官以四人為限

第八條　農商務省應設諸局如左

農務局

一　商務局

工務局

三 水產局

山林局

地質局

鑛山局

特許專賣局 特許專賣者如人民獨出新裁造出一物稟知該局批准後只許造者一人發賣也

第九條 農務局内設樹藝課蠶茶課畜產課獸醫課編纂係

課分掌其事

第十條 樹藝課所掌之事如左

一 穀菜菓蓏其他有用之植物事項

二 棉麻其他可供織綿材料之植物事項

三 甘蔗蔘菜蘆粟其他可供造糖材料之植物事項

四 植物若有病害等事應當設法除救事項
五 各種糞料以及一切農具事項
六 開墾事項
七 田圃若有災害應當設法培救至於蜜蜂以及一切有用之蟲須仔細收養事項
八 整理農學校内之一切事項
九 農業公司以及在股之人有關涉事項
十 會議農事事項
第十一條 蠶茶課所掌之事如左
一 養蠶以及培植桑樹事項
二 製絲以及選擇蠶種事項

三 製茶以及栽培茶樹事項

四 如蠶子有病須醫治事項

第十二條 畜産課所掌之事如左

一 飼養家畜家禽事項

二 清查獵户以及野禽野獸之蕃殖利害事項

三 如有用鎗獵多殺鳥獸者須清查禁止事項

第十三條 獸醫課所掌之事如左

一 家畜家禽苟有疾病須即療治事項

二 考試獸醫并發給證據事項

第十四條 編纂課須隨時採摘農政農業上之要件編纂成書以備查考事項

第十五條 商務局內設商事課權度課分掌其事
第十六條 商事課所掌之事如左
一 凡關中外通商事項
二 凡公司股分事項
三 米穀公司以及發賣股票事項
四 凡關商業公司事項
五 凡於賣買之鎮市有關涉事項
六 外國輪船減價攬載客人事項
第十七條 權度課所掌之事如左
一 撿查度量權衡事項
二 比較中外度量權衡事項

三 清查製造并發賣度量權衡商人事項
四 擔保度量權衡并各種器械事項
第十八條 工務局設勸工課試驗課分掌其事
第十九條 勸工課所掌之事如左
一 工業改良事項
二 蒐集樣式仿造事項
三 工業公司及在股之人有關涉事項
四 會議工業事項
第二十條 試驗課所掌之事如左
一 製造之法度以及執業者之條規應行試驗事項
二 製造之物須試驗其良否事項

第二十一條　水産局内設漁務課製造課試驗課分掌其事

第二十二條　漁務課所掌之事如左

一　清查打漁採藻以及水族之蕃殖事項

二　更改漁其漁船以及漁法事項

三　水産公司以及在股之人有關涉事項

四　會議水産事項

第二十三條　製造課所掌之事如左

一　製造魚介苔藻以及乾燥鹽晒事項

二　製造魚油魚蠟以及海産之肥料事項

三　製造食鹽事項

第二十四條　試驗課所掌之事如左

一 試驗採收養殖水族事項
二 蒐集水産之樣子格式事項
第二十五條 山林局內設第一課第二課第三課分掌其事
第二十六條 第一課所掌之事如左
一 凡關樹林之經濟事項
二 區別山林原野官有民有事項
三 清查樹林之制度事項
四 會議山林事項
第五十 整理山林學校內之一切事項
第二十七條 第二課所掌之事如左
一 清查樹林砍伐栽培事項

二 清理官有之樹林原野事項

三 監督民有之樹林原野事項

第二十八條 第三課所掌之事如左

一 統算山林原野總數事項

二 收集材料事項

三 收支樹木事項

第二十九條 地質局内設地質課土性課地形課分掌其事

第三十條 地質課所掌之事如左

一 凡關係地質以及構造事項

二 清查有用之金石并鑛石事項

三 編纂地質圖并解釋事項

第三十一條　土性課所掌之事如左
一　查驗農業上各土性事項
二　試驗各産物植物之土性事項
三　編纂土性圖并解釋事項
第三十二條　地形課所掌之事如左
一　測量地形事項
二　編纂地形圖事項
第三十三條　鑛山局設鑛山課試驗課分掌其事
第三十四條　鑛山課所掌之事如左
一　清查人民所借之鑛山幅員事項
二　查驗所借之鑛山幅員圖并鑛苗事項

三　收存測量器具并圖様事項
四　計算鑛税事項
第三十五條　試驗課所掌之事如左
一　試驗採鑛并分析鑛質事項
二　蒐集鑛物事項
第三十六條　特許專賣局所掌之事如左
一　管理稟請特許專賣事項
二　發給專賣證據事項
三　管理專賣仿單并登記於簿事項
四　編纂專賣人之姓名簿并仿單事項
五　編纂批准之語并判詞事項

六管理告白事項

第三十七條 特許專賣局內設商標課分掌其事商標云者如人民創造一物立一記號不准他人假冒

第三十八條 會計局管理本省以及本省所屬之諸學校一切經費并應稽查本省所屬之各工作有無損益之事

日本國事集覽十卷終

日本國事集覽目録

日本國事集覽目錄

遞信省沿革摘要

明治十八年十二月廢工部省設遞信省是月改遞信卿爲遞信大臣勸理内閣事務十九年三月頒遞信省章程四月定商船學校電報學校官制二十年三月改定遞信省章程是月定建築電報各員等級五月設電報學校於東京二十三年六月改定遞信省官制

遞信省章程 明治二十年勅定 光緒十三年

第一條 遞信大臣掌理全國郵傳電報、以及燈台、浮標、船舶、并操海船為業人等事項、

第二條 遞信大臣官房内、設秘書官二人、

第三條 遞信省總務局内、設書記官五人、

第四條 遞信省總務局内、不必設報告課、其應報告之事、歸記錄課管理、

第五條 總務局内、設審查課、若官民有違犯郵傳電報之事、應該課查辦

第六條 遞信省會計局内、設收支課倉庫課、收管信札電報、以及電報應用之一切器具事項、

第七條　遞信省、設參事官二人、參謀大小事件、

第八條　遞信省、奏派監督會計官三人、歸會計局屬、隨時稽查各課之一切事務

第九條　遞信省奏派司檢官十人、設候補司檢官若干員、隸管船局屬、掌理考試操海船者、引水者、并應隨時清查各船、以及測量修造等事、

候補司檢官、應由遞信大臣札委、

第十條　遞信省內所設之諸局如左、

內信局

外信局

工務局

為替貯金局　為替云者匯兌銀錢也　貯金云者存放銀錢也

燈台局

管船局

第十一條 内信局掌理本國郵傳電報事務應設第一課第二課第三課分司其事

第十二條 外信局掌理各外國来往信件電報以及滙兑銀兩事務并應設第一課第二課分司其事

第十三條 工務局掌理電報做工事務應設第一課第二課分司其事

第十四條 為替貯金局掌理滙兑存放銀兩之事應設第一課第二課分司其事

第十五條 燈台局掌理燈台浮標以及各種船舶航海事務

應設第一課第二課分司其事

第十六條　管船局掌理各商船以及操船引水人等并海運公司事務應設第一課第二課分司其事

第十七條　各局課分掌章程其未載者須經内閣議定

警視廳沿革摘要

明治十四年正月東京府下設警視廳隨定其官制年俸是月定警視廳章程三月改定消防少司月俸七月定警視廳警查副使之月俸十五年六月改定警視廳官制是月改正警視廳各官之俸十八年七月改定警視廳章程十九年三月定警視廳内各局課長之官五月復改警視廳官制二十二年三月改定各警查官等級

局設第一課第二課分司其事

第十六條管轄警察署分所面勸以及條約引水人等并論憲

以司事務處設第一課第二課分司其事

第十七條各局長等級依其本省官制經內閣議定

定各警查官等級

廳內務省所隸之官五月復改警視廳官制二十二年三月改

各官之俸十八年七月改定警視廳章程十九年三月定警視

廳技之月俸十五年六月改定警視廳官制是月改正警視廳

定警視廳章程三月改定消防少司月俸七月定警視廳警查

明治十四年正月東京府下設警視廳隨定其官制并俸給月

警視廳沿革備考

警視廳章程 明治十九年勅定 光緒十二年

第一條 警視廳總監一人係欽派之員統理東京全府警查事務其應設之員如左

警視總監 副總監 一等警視 二等警視 三等警視 四等警視 五等警視 屬 警部 警部補

第二條 警視廳醫官定員如左

警查醫長 副醫長 警查醫

第三條 警視廳消防官定員如左 消防云者消火防水之謂也

消防司令長 副長 消防司令 候補消防司令 消防機器士

第四條 警視廳監獄官定員如左

典獄　副典獄　書記　看守長　副長

第五條　總監應聽內務大臣之命掌理東京府下警查消防監獄事務

第六條　若內務大臣與各省大臣有警衛行查之事該總查應聽其指揮承辦

第七條　東京一府內該總監應隨時派員巡查苟各省大臣若有格外委托之事仍照法律在範圍之內者該總監應派員承辦至於與東京府有交涉事件須與該知事妥商會衛辦理

第八條　總監應節制所屬之各官但各官中有奏派者其升降之事應上詳內務大臣核辦至於未經奏明之員則聽該

總監升黜

第九條凡應歸總管執行之事該總監可命郡長區長户長
承辦

第十條凡警視廳所屬之各局各部苟有分合之事以及奏
派之員照定額外有應添人員之事須稟明內務大臣轉奏
恭候聖裁不能聽該總監之使

第十一條警視廳內若照定額人員之外尚欲添用屬員須
豫算經費有餘款時始准添用

第十二條總監如欲格外僱員使用須將各員之薪俸計算
若有餘時始准其格外僱員差使

第十三條每年終報銷時總監須將各屬員之情形附稟至

於格外僱員差使一節該總監須將僱用之日數員數以及所給之銀數詳細分款造冊呈諸内務大臣

第十四條 每年終報銷之時除定額外有餘者准該總監提出給與諸員中供職勤慎之人以示鼓勵并須一面詳稟内務大臣

第十五條 總監所屬之各官苟有乖謬事件准其按律懲罰但若係奏派之員須稟明内務大臣核辦

第十六條 警視廳所屬各局各部之條規須經内務大臣核定後始能施行

第十七條 副總監一人係一等奏派之官應輔理總監所掌之事若總監有事故之時准其稟明内務大臣護理

第十八條　警視係由奏派應聽總監指揮掌理各局各署之事

第十九條　屬員自一等至十等應聽上官命令掌理書記計算等事

第二十條　警部係判任（判任云者係由總監札委非奏派之員也）應聽警視節制隨時指揮候補警部以及巡查等員從事警查事務

第二十一條　醫長係由奏派應聽總監命令專司醫務

第二十二條　副醫長由奏派應輔佐醫長所掌之事若醫長有他故時准其禀明總監代理

第二十三條　醫生係判任官自一等至十等應聽醫長命令掌理診視分析解剖等事

第二十四條　消防司令長消防司令者指示消火防水之官也係由奏派應聽總監命令統率所屬諸員專司消防水火事務

第二十五條　副消防司令官亦由奏派應輔佐司令長所掌之事若司令長有事故特准其稟明總管代理之

第二十六條　消防司令係判任應聽司令長命令監督消防人等

一候補消防司令應輔佐消防司令所掌之事

一消防機器士管理運用水龍鍋炉等事

第二十七條　典獄係一等二等判任官應聽總監命令管理已決未決各囚犯并應指揮書記以及看守人等事務

第二十八條　副典獄輔理典獄所掌之事若典獄有事故特

准其禀明總監代理

第二十九條　書記係自六等至十等判任官應聽典獄之命專司書記計算事項

第三十條　看守長應聽典獄之命專司看守監獄事務

第三十一條　警部以下各官之月俸應視其所掌之事繁簡由總監酌定若有增俸之事須照各判任官月俸章程增之

第三十二條　至於巡查與看守所掌之事另有章程

第三十三條　警視廳内應設書記局會計局第一局第二局第三局以及警查本部醫務部消防本署監獄本署分掌其事

第三十四條　則各局設局長一人或副長一人均以警視任之但

有局長者則不必設副長有副長者則不必設局長
各局尚應設各課每課設課長一人以警部任之此外設課
寮若干名
第三十五條　局長次長均應聽總監之命隨時指揮各局課
員分司其事
第三十六條　各本署設長一人或副長一人以警視官消防
官或典獄官任之但有長者則不必設副長有副長者則不
必設
第三十七條　各部應設長一人或副長一人以醫務官任之
但有長者不必設副長有副長者則不必設長
第三十八條　各局各署各部若欲格外添設人員須照本局

本署本部之情形酌定

第三十九條　書記局内設職員課文書課往復課記錄課分掌其事

一　職員課管理本廳各職員之身分以及升降賞罰等事

二　文書課管理起稿以及審查等事

三　往復課管理公文書籍以及收發電信件等事

四　記錄課管理編纂公文書籍以及統算造圖并看守書籍等事

第四十條　書記局設叅事官五人以警視任之若總監有諮問之事應述其本已意見并應掌理審議立案之事

第四十一條　第一局内設第一第二第三第四第五課分掌

行政之事

一第一課管理貿易鎮市、貿易公司、度量權衡、以及製造物具地方、并說教講社、教會、以及禮拜等事、

二第二課管理演藝、以及遊戲之地、遊覽之地、遊憇之地、并徽章、祭典葬儀、賭博、凡於風俗有關等事、

三第三課管理船舶堤防河岸道路橋梁過渡地方以及鐵路電報公園車馬田野漁獵採藻建築等事

四第四課管理人命傷痍羣集喧閙以及鎗砲刀劍彈藥爆裂發火之物并破船水災火災器皿遺失沉没埋藏等事

五第五課管理消毒檢疫種痘傳染之瘟症以及葯材飲

食之酒水五穀蔬菜并家禽屠宰六畜之地方地方暨墓地火葬凡於人身体有關等事

第四十二條第二局內設第一課第二課分掌司法之事

一第一課管理搜索捕拏各種犯罪之人以及拾集證據物件即應繳諸檢查官等事

二第二課管理瘋癲之人逃亡不知行衛之人犯罪應行約束之人以及棄諸路途之幼孩迷失路途之幼孩等事

第四十三條第三局管理凡人民結社集會於政治有關以及各新聞雜誌圖畫其他出版之書籍等事

第四十四條會計局內設出納課檢查課用度課分掌本廳以及本廳所轄之部署經費等事

一出納課管理本省暨本省所轄之各部署經費報銷應行登簿造表等事

二檢查課管理銀錢出入并各證據等事

三用度課管理本省所轄之地方内應行建築以及一切需用之物等事

第四十五條 警查本署應統督各警查署分司巡邏訪查警衛等事

第四十六條 東京一府地面應分為六方每方内設一警查署以便警查一切事件

第四十七條 各方設監督一人以警視任之

第四十八條 監督應聽總監或本署長之命令不時巡閲本

方事務
第四十九條　各警查署所轄之地面應隨時警查其於每署應設長一人以三等警視任之
第五十條　警查署長應聽總監或警查本署長之命令專司警查之事若署長有事故時准其禀明總監以警部代理
第五十一條　醫務部專司警查署内診治分析解剖之事
第五十二條　消防本署專司消防水火之事一派在各地之消防分署應歸本署節制其分署亦須設長一人以消防司令任之
第五十三條　監獄本署專管監獄之事各地方尚應設分署每分署設長一人以典獄或副典獄任之

簿分署設若干人以與獄丞副典獄任之
第五十三條　監獄本署專管監獄之事各地方尚應設分署
人以消防司令任之
派在各地之消防分署總消防本署節制其分署名稱設於下
第五十二條　消防本署專司消防水火之事
第五十一條　警務部專司警查署內諸務分科辦理之事
警查之事若署長有要故時准其稟明總監以警部代理
第五十條　警查署長承總監之意督查本署長及分署官
總監設署長一人以三等警視任之
第四十九條　各警查署所轄之地面應隨時警查其於境界
東方事務

府縣沿革摘要

明治元年即同治七年閏四月廢將軍舊制始設府縣知事判事隨定其職二年七月頒府縣官制以府藩縣知事參事官為同等官是月定府縣章程十二月於各府內設典事權典事兩官三年九月各府縣設廳掌之官十一月定府藩縣詞訟交涉事件章程四年正月各縣設中權大參事兩官七月廢藩存縣十一月改稱縣知事為縣令是月以各府縣所屬之學校隸文部省管轄是月頒縣治條例十二月奉上諭凡有通商碼頭之府縣其知事改為欽派五年正月改定各府縣諸官等級六年七月定府縣辦事章程八月廢各府縣正權典事之官七年三月定各府縣區長戶長之等級八年正月定府縣來往章程是月廢

府縣所屬之五等六等吏員七月定各府縣賑濟貧民之條規十月各府縣設警部隨定其章程是月改稱各府縣邏卒為巡查九年正月於府縣內設七等警部是月改定各府縣辦事章程五月奉上諭凡前所定通商各口欽派之府縣知事照舊制仍歸奏派與他府縣知事同等是月定各縣官任期條例九月以各府縣第四課所掌之事隸警部管理是月定各府縣支廳權限十年正月定府縣知事月俸并奏定警部之等級十一年七月頒郡區村町制度每郡設一長每區設一長每村町設一戶長清查人戶賦稅之事是月發各府縣辦事章程定府縣官制八月改定府縣官任期條例十月凡東京之區長均改為七等官是月定各府縣內郡書記之條例十一月凡欽派之府知

事并縣令皆定為三等官十二年四月廢琉球藩國為冲繩縣十二月於各府縣署內設衛生課隨定其章程十三年九月司法卿通飭各府縣凡警查之事原應檢事官管理今准各府縣警兼任檢事官之職十四年三月於各府縣內添設典獄看守長等吏隨定其月俸十一月各府縣設警部長隨定其俸十五年十二月定各户長清查人民身家之則十六年凡看守皇陵之吏負隷宮內省節制毋庸府縣屬十七年五月各府縣內設收稅長收稅屬吏隨定其級俸是月定選舉户長之制十八年正月刪除府縣官任期條例七月於鹿兒島縣內金久村設分廳置分廳長一人總理地方事務十九年正月於北海道設箱館札幌根室三縣七月定各地方官官制十月於東京府管內

小笠原島設島司一人總理全島事務二十一年於島根縣內隱岐國設島司一人總理地方事務二十二年正月削除鹿兒島縣內島司所轄之各地二十三年三月飭各府縣知事選舉國會議員是月廢箱館縣令其一切事務歸區役長管理

府縣官章程 明治十九年 光緒十二年 勅定

第一條 府縣知事乃與民相接之官宜慎其職

第二條 知事一人係二等欽命或一等奏派之員掌理行政暨警查事務隸内務大臣節制若各省大臣有委任之事須遵行之

第三條 知事有行政及警查之權若上憲有委辦事件苟照法律在範圍之内者該知事可派員辦理

第四條 凡府縣告示須照章辦理

第五條 凡府縣所出之告示苟有違成規或有害衆利或有犯權限一經内務大臣查出之後須速毀棄或即停止

第六條 知事所屬之奏派等官若有過失須上詳内務大臣

核辦至於判任等官之升降則聽該知事便宜行事

第七條　知事所屬之各官倘有違犯事件該知事可照法律所定者懲誡至於奏派之官則須上詳內務大臣酌辦

第八條　知事如遇非常急變之事必須兵力始能彈壓護衛者准其移文鎮臺或分營司令官派兵前往聽用

第九條　各郡各區內之警查分署准該知事位置

第十條　各府縣署內辦事詳細條規准該知事酌定

第十一條　知事若欲格外僱員差使如不出各員薪俸定額之外准其僱用

第十二條　知事當年終須將各經費造冊報銷如有餘款准其提出給予諸員中勤慎者以示鼓勵

第十三條 知事知務算經費有餘准其稟明内務大臣僱精於技術之官製造物件若欲將地方稅銀僱用人員時亦必須將事項稟明内務大臣

第十四條 書記官二人乃三等奏派之員應聽知事命令兼任一部之長若知事有事故時准其代理知事之職

第十五條 收稅長一人乃四等奏派之員應聽知事命令掌理租稅事務

第十六條 屬官乃判任之官應聽上官指揮專司書記計算之事

第十七條 收稅屬員以判任官任之應聽收稅長指揮承辦第一切稅務

第十八條　典獄以一等判任或二等判任官任之應聽知事部長命令專管監獄事務并應隨時指揮書記監守長以下各員人等

第十九條　副典獄乃三等至五等判任官佐理典獄所掌之事若典獄有事故之時准其代理

第二十條　書記乃六等以下之判任官應聽典獄命令從事庶務

第二十一條　看守長乃五等至七等之判任官應聽典獄之命掌理看守監獄之事并應隨時稽查看守人等之勤惰

第二十二條　副看守長乃八等判任官應佐理看守長所掌之事

第二十三條　看守之事別有章程

第二十四條　各府縣内應設第一部第二部分司其事若事太繁之府縣准其於部中再添設課以便分理其事其部長以本署之書記官任之

第一部所掌之事如左

一　管理府縣會議水利土功會議各街市郡村會議事項

二　管理地方税課以及各街市郡村經費并備荒儲蓄米糧事項

三　凡於外國人有關涉事項

四　管理來往文書以及看守官印事項

五　凡於農工商有關礙事項

十七

六　他部未管之事亦應辦事項

第二部所掌之事如左

一　管理土木事項

二　凡於兵務有關事項

三　凡於學務有關事項

四　管理監獄事項

五　凡於衛生有關事項

六　管理報銷以及公債之約據事項

第二十五條　各府縣署內尚應設收稅部掌理徵收租稅之

一切事務若事太繁時准其於部中再添設一課以便分司

其事

第二十六條　前二條所載各項之外若臨時再有事務之時
准該知事便宜酌辦

警查官

第二十七條　各府縣應設警查官以便管理地方事務

第二十八條　警部長一人乃四等奏派之官應聽知事指揮
管理左開事項

一　凡管轄地方之內苟有盜賊欺騙鬭毆等事應行管理
至於各新聞各書籍各黨派如於政治風俗有關碍者應
行管理事項

二　警查署之經費報銷應行清理事項

三　凡本部所屬之各警查官應隨時指揮監督苟地方中

有非常急變之事則應統率各警查官會同合辦事項

四凡所屬之各警查署以及各分署應當分派警查官駐劄其署以便就近辦理事務

第二十九條警部以判任一等至判任七等官任之候補警部以八等判任官任之均應聽警部長之命令各司所掌之事至於部下之巡查人等則應不時指揮監督

第三十條各府縣內應設一總警查署府縣署內應設一部其部長則以警部長任之掌理前第二十八條中所載之各事務

第三十一條各府縣內每郡每區應設一警查署長若地面稍寬之處則應設分署其署長以警部任之分署長以候補

警部任之各掌理警衛巡查捕拏等事茲定如左

一管理貿易鎮市貿易公司以及製造物件各廠局并度量權衡及一切講經說教禮拜等事

二管理演藝賭博以及遊覽戲玩之各地方并徽章祭典葬儀於風俗有關事項

三管理船舶堤防河岸道路橋梁公園以及鐵路電報車馬漁獵採藻并建築田野等事

四管理人命傷痍以及聚衆喧噪并鎗礮刀劍彈藥火災水災破船流失遺物埋藏等事

五管理豫防瘟症消毒檢疫種痘以及藥材所飲所食之物并墓地火葬地宰殺六畜地凡於衛生有關事項

六管理捜索捕拏各種犯罪之人并應收獲各犯證據繳
諸撿查官查辦等事
七管理瘋癲之人不知行衛之人以及遺棄路傍之幼孩
迷失路途之幼孩并應行看管之犯人等事
八管理凡人民結社聚會以及各新聞襍誌圖畫書籍於
政治有關等事
第三十二條　警查官凡分所應為之事若上官有命令須即
導照承辦
第三十三條　警查官凡遇地方官於行政司法上有委派查
辦之件須即遵命辦理
第三十四條　如別府縣内警查署有照會幫辦事件之時其

照會須呈諸本府縣知事閱後始照辦理如係緊急之事其照會准其該警部長閱後即可辦理照覆

第三十五條　各巡查應行之事另有章程

第三十六條　東京府內之警查及監獄事項應照警視廳章程中第四十二條所載辦理

第四郡區

第三十七條　每一郡或數郡設立郡長一人每一區或數區設立區長一人此外設立書記若干人

第三十八條　郡長區長皆四等奏派之官其書記則以三等判任官充之

第三十九條　郡長區長應聽知事指揮各掌理行政事務

第四十條　郡長區長應行之事若照法律在範圍之內者准其便宜行事但辦理之後須稟明知事

第四十一條　郡長凡於行政事務應指揮各村各町之戶長辦理

第四十二條　郡長區長之書記其用舍之事須稟明知事

第四十三條　郡長區長凡於法律命令之件以及知事委派之事准其出示曉諭所管之各色人等

第四十四條　郡長區長苟於行政之事必須警查官始能辦理者准其請警查官辦理

第四十五條　郡長區長之書記應各聽長官命令分掌庶務

島地

第四十六條　長崎縣鹿兒島縣其他府縣內今後凡設有島司者其該地方之政事應歸該島司掌理若府縣知事有委派之件准該島司便宜行事

第四十七條　島司以三等奏派官任之

第四十條 [illegible]

[illegible]

第四十一條 [illegible]

[illegible]

第四十二條 [illegible]

第四十三條 [illegible]

[illegible]人事

第四十四條 [illegible]

[illegible]

第四十五條 [illegible]

[illegible]

第四十六條 [illegible]

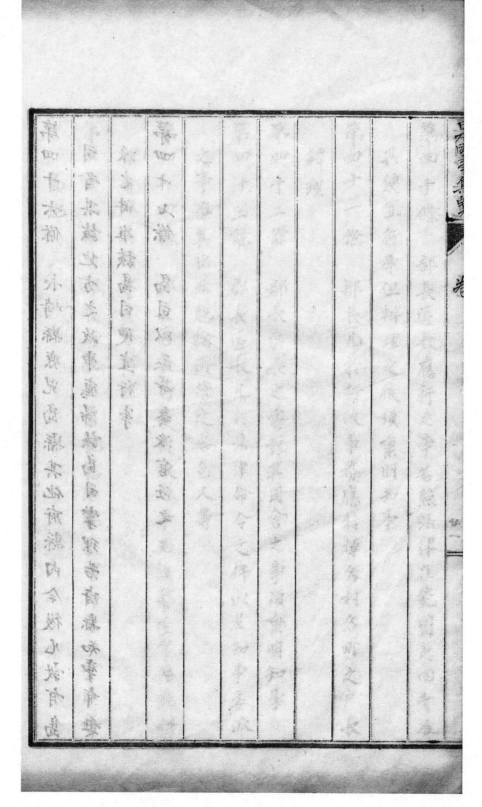

租稅摘要

按日本租稅年重一年幾於無人不稅無物不稅其稅分爲二曰國稅曰地方稅國稅云者地租銀行烟酒醬油電報郵便契據娼婦海關并進項諸稅詳註後納之於國庫者也地方稅云者戶口地稅車船牛馬漁獵妓女以及雜業各稅納之於各府縣者也若各府縣所收之稅不敷其用則發國帑助之其諸稅之中以烟酒爲最重蓋明治十八年擴張海軍增其稅以補軍需之不足也其次則進項稅蓋歷年經費入不敷出是以於明治二十年頒進項稅章程凡民人財產以及貿易作宦年能入銀三百元者則百中抽一以備國用之不足民間雖咸怨其苛然莫敢告語茲將各租稅大要摘譯如左

國稅歷年出入總數備考

	歲入	歲出
十七年	七千六百六十六萬九千六百二十四元	七千六百六十六萬三千百八元
十八年	六千二百十五萬六千五百六十九元	六千百十二萬千四百七元
十九年	七千四百六十九萬五千四百十五元	七千四百六十八萬九千十四元
二十年	七千九百九十三萬六千八百七十元	七千九百九十三萬五千五百五十三元
二十一年	八千七十五萬千九百二十三元	八千七十四萬七千八百五十四元
二十二年	七千六百六十萬百八十五元	七千六百五十九萬六千二百十三元

國稅徵收章程如左

地租

一凡地價值銀百元者每歲應納稅銀二元五角只北海道地

租許其百分納一
一進項稅無論財產利息薪俸每年能入銀至三百元者則應照章完納
一所入之銀數三萬元以上者　百分內納三分
一同前二萬元以上者　百分內納二分半
一同前一萬元以上者　百分內納二分
一同前千元以上者　百分內納一分半
一同前三百元以上者　百分內納一分
但同居之伯叔兄弟其每年所入之銀數應歸家長一人名下合算若其數不滿三百元者則不稅至於軍人之俸銀以及旅費并傷痍疾病領得之恩俸孤兒寡婦領得之扶助銀兩均不稅茲將明治二十年二十一年納稅人數摘譯如左

	人數	所入銀數	稅銀數
二十年	十一萬九千二百九十六人	八千四十八萬千七百元	百五萬六千五百八十二元
二十一年	十一萬九千八百九十七人	八千九十四萬五千八百五十八元	百六萬八千七百七十九元

造酒稅

一向政府請領造酒憑票一張　納費銀八角

一同造酒房一間每年　納房稅銀三十元

一釀造清濁酒每一石　納稅銀四元

一釀造燒酒并酒精每一石　納稅銀五元

一釀造白酒甘酒每一石　納稅銀六元

一領釀造甘酒白酒并酒精憑票一張　納費銀八角

一沖繩縣酒類出港時每石　納稅銀三元

一製造醬麴稅

一製造發賣醬麴者每一名每年　納稅銀五十元

製造絲煙稅

一向政府請領賣煙憑票一張　納稅銀二角

一製造絲烟房一間每年　納房稅銀十五元

一販賣絲烟店一間每年　納房稅銀十五元

一零賣絲烟店一間每年　納房稅銀五元

一凡烟造成之後應於定價十分之內抽二分　如烟可賣銀十元則抽稅二元也

一向政府買印紙貼用　如原價一元則包烟紙上貼二角銀之印紙不貼者加倍懲罰

契據印紙稅

一凡契據如繕畢後其上貼政府印紙者始能作為證據左開

列之各契不論價值多寡均須貼一分印紙印紙本政府所造者人民欲用之時以錢購之則作為納稅也

一租房屋契據　租土地契據　租田土耕種契據

一買賣合同約據　僱人契據　讓與契據

一存放銀錢契據　寄存器具契據　股分票契據

一保險約據　滙票憑據

一至於銀錢賬簿一冊每年應貼二角銀印紙

一除右載十一項外以下各項應照銀數多寡如左貼用印紙

一買賣房屋田土契據

一借用銀錢契據

一同貨物契據

一同存寄銀錢契據

一同買賣貨物契據

右各據銀數如一元以上者　一分　二十元以上者　二分

五十元以上者　四分　百元以上者　六分

百五十元以上者　八分　二百元以上者　一角二分

三百元以上者　一角四分　四百元以上者　二角

六百元以上者　二角六分　八百元以上者　三角二分

千百元以上者　三角八分　千四百元以上者　四角四分

千七百元以上者　五角　二千元以上者　六角

二千五百元以上者　七角　三千元以上者　八角

三千五百元以上者　九角　四千元以上者　一元

醬油稅

一製造醬油房一間每年　納稅銀五元

一製造醬油每一石　納稅銀一元

糖食稅

一向政府請領製造糖食憑票一張　納費銀二角

一製造糖食僱用人至十人以上者　一年納稅銀二十元

一同前僱用人六人以上者　一年納稅銀十五元

一同前僱用人三人以上者　一年納稅銀十元

一同前僱用人二人以上者　一年納稅銀五元

一同前僱人一人者　一年納稅銀三元

一同前未僱人用者　一年納稅銀一元

發賣糖食稅

一發賣糖食僱用人三人以上者　一年納稅銀七元

一同前僱用人二人者　一年納稅銀三元

一同前僱人一人者　一年納稅銀二元

一同前未僱用人者　一年納稅銀一元

一發賣糖食凡得銀百元其內應抽稅銀五元

以上兩項其稅均應照定章完納若漏報者一經查出加倍

懲罰至於露店以及沿街吁賣者則免納稅

一凡賣藥稅

一藥鋪間每年　納房稅銀三元

廿六

一向政府請領憑票一張　納費銀二角

一凡藥賣銀一分則應納稅銀一厘賣金一錢則應納銀一分

蓋十取其一也

郵便稅

一信札一封重自一分至二錢者本國內納稅銀二分

一信札凡一封重自一分至四錢者外國納稅銀五分

一書籍賬簿入照相片書畫　各種印刷物　各物樣式

一以上各物由郵便局寄特凡重自二分至八錢者應納稅銀

一二分

電報稅

一用日本字凡廿字自十字起至二十字至三十字每十字納稅銀一角納稅銀一角五分

一用英文凡語五句（住址姓名在内）納稅銀二角五分

以上兩項乃本國内來往電報去外國者另有章程

詞訟狀紙印紙稅

一凡民人控訴錢債等案其狀紙上須照所控之銀數多寡遵

左章程貼用印紙

一五元者 二角 十元者 三角

一二十元者 六角 五十元者 一元五角

一七十五元者 二元二角 百元者 三元

一七百五十元者 十三元 五百元者 十元

一二十五百元者 二十元 千元者 十五元

一北海道各水產稅

一魚蝦海參帶皮等物每價銀百元應納稅銀五元

一海關出口稅

一凡出口物重至百斤者應照左章完納

一絲百斤　稅二十二元六角二分五厘　茶　稅銀一元一角　三分

一蜜蠟百斤　稅銀七角八分八厘　木蠟　稅銀四角七分三厘

一乾蝦百斤　稅銀五角六分七厘　樟腦　稅銀五角六分七厘

一鉛銅每百斤　稅銀二角八分四厘　帶皮　稅銀一角八分九厘

一乾魚百斤　稅銀二角三分六厘　海參　稅銀九角四分五厘

日本國事集覽卷十一終

日本國事集覽卷十二

鑄造貨幣總數表

	總數	金	銀	銅
	一億四千九百六十七萬元	五千八百八十五万元	七千八百六十四萬元	千二百十八萬元
自三年十一月創始至十四年六月	九千七百六十五萬元	五千三百五十一萬元	三千七百二十五萬元	六百八十八萬元
十四年度	五百二十二萬元	八十萬元	三百二十九萬元	百十三萬元
十五年度	六百八萬元	四十三萬元	四百四十八萬元	百十七萬元
十六年度	五百三十九萬元	四十九萬元	三百八十三萬元	百七萬元
十七年度	七百四十七萬元	八十四萬元	五百八十七萬元	七十六萬元
十八年度九箇月	五百六萬元	六十五萬元	四百十萬元	三十一萬元
十九年度	千百十五萬元	百十五萬元	九百六十萬元	四十萬元
二十年度	千百六十五萬元	九十七萬元	千二十二萬元	四十六萬元

發出金銀銅洋錢總數表

	總數	金	銀	銅
	一億四千九百五十五萬元	五千八百八十萬元	七千八百六十一萬元	千二百十四萬元
自三年十一月創業至十四年六月	九千七百四十六萬元	五千三百四十六萬元	三千七百十三萬元	六百八十七萬元
十四年度	五百二十九萬元	八十萬元	三百四十萬元	百九萬元
十五年度	六百萬元	四十一萬元	四百三十九萬元	百二十萬元
十六年度	五百二十一萬元	五十萬元	三百六十四萬元	百七萬元
十七年度	七百四十五萬元	八十二萬元	五百八十六萬元	七十七萬元
十八年度九箇月	四百九十一萬元	六十二萬元	四百二萬元	二十七萬元
十九年度	千百五十八萬元	百二十二萬元	九百九十五萬元	四十一萬元
二十年度	千百六十五萬元	九十七萬元	千二十二萬元	四十六萬元

發出紙幣總數表

	流通數目	紙幣	銀行紙幣
十六年	一億三千三百六十二萬元	九千八百二十九萬元	三千四百三十三萬元
十七年	一億二千四百八十四萬元	九千三百四十三萬元	三千百四十一萬元
十八年	一億二千四十七萬元	八千九百八十八萬元	三千五十九萬元
十九年	一億八百六十四萬元	七千八百六十三萬元	三千一萬元
二十年	九千五百六十八萬元	六千六百四十萬元	二千九百二十八萬元

發出金銀與洋錢比較表

總數　金　銀

[illegible]

[illegible]

二十年　九千五百六十八萬元　六千六百四十萬元　二千九百二十八萬元

十九年　一億八百六十四萬元　五千八百五十三萬元　[illegible]

十八年　一億一千四百七十萬元　六千九百八十八萬元　三千四百七十九萬元

十七年　一億一千四百八十四萬元　[illegible]　[illegible]

十六年　一億一千三百五十一萬元　[illegible]　[illegible]

十五年　流通數日萬元　[illegible]紙幣[illegible]　發行紙幣一萬元

發出紙幣總數表　[illegible]

國債歷年總數表 照內務省查檢者

	總數	內國債	外國債
十二年	三億六千三百三十三萬圓	三億五千百五十万圓	千百八十三万圓
十三年	三億五千八百四万圓	三億四千七百三万圓	千百一万圓
十四年	三億五千二百四十三万圓	三億四千二百二十六万圓	千十七万圓
十五年	三億四千九百七十七万圓	三億四千四十六万圓	九百三十一万圓
十六年	三億三千五百三十七万圓	三億二千六百四十六万圓	八百九十一万圓
十七年	三億二千四百七十一万圓	三億千六百二十三万圓	八百四十八万圓
十八年	三億二千八百九十六万圓	三億二千九十五万圓	八百一万圓
十九年	三億二千二百三十六万圓	三億千四百八十四万圓	七百五十二万圓
二十年	三億八百七十五万圓	三億百二十三万圓	七百五十二万圓

國債歷年總數表 照內務省查編者

	總數	內國債	外國債
廿一年	三億百十八万圓	二億九千四百十九圓	六百九十九万圓
廿二年	二億九千四百八十九万元	二億八千八百四十六万元	六百四十三万元
十八年	三億二千八百九十六万圓	三億二千九十五万圓	八百一万圓
十七年	三億二千四百七十一万圓	三億一千六百二十三万圓	八百四十八万圓
十六年	三億三千五百三十六万圓	三億二千六百四十五万圓	八百九十二万圓
十五年	三億四千九百三十四万圓	三億四千四百六十六万圓	九百三十一万圓
十四年	三億五千二百五十四万圓	三億四千二百三十六万圓	千十八万圓
十三年	三億五千八百四万圓	三億四千七百三万圓	千百一万圓
十二年	三億六千三百三十三万圓	三億五千百五十万圓	千百八十三万圓

日本皇宮及各省每歲出入各項照譯如左

歲入項下明治二十三年內務省豫算者

經常部 每年照定額應收入之款也

第一款租稅銀兩共 六千六百三十二萬七千五百七圓一角九分四厘

第一項 地租 三千九百五十三万三百七十八圓

第二項 進項稅 詳前註 百五万二千六百三十一圓

第三項 酒造稅 千五百十五万八千九百五十三圓

第四項 麯麴營業稅 二萬六千五百八十四圓

第五項 烟草稅 百八十二万五千百八十三圓

第六項 證券印稅 六十一万五千六百八十圓

第七項 醬油稅 百二十七万二千四百十三圓

第八項 菓子稅 五十九万五千四百一圓

第九項 沖繩縣酒類出港稅 二萬二千九百五十圓

第十項 米商公司稅 六万八千五百二十七圓

第十一項 股分發賣稅銀 十一万千七百九十二圓

第十二項 國立銀行稅 二十二万千八百五十圓

第十三項 賣藥稅 四十三万五千七百十圓

第十四項 船稅 二十六万四千二百九圓

第十五項 車稅 五十八万九千三百四十一圓

第十六項 秤稱稅 二千三百九十二圓

第十七項 北海道氷產稅 二十二万百七十四圓

第十八項 銃獵免狀稅 六万六千六百七十四圓

第十九項　牛馬賣買免狀稅　七萬四百九十三圓

第二十項　海關稅銀　四百十七萬五千五百四十一圓一角九分四厘

第二款　免狀及辨理費共　百五十八萬三千四百九十一圓六分四厘

第一項　免狀費　五萬九千六百三十五圓三分九厘

第二項　辨理費　百五十二萬三千八百五十六圓二分五厘

第三款　官業及官有財産收入銀兩共　八百十七萬八千百八十一圓三角一分八厘

第一項　官報收入銀兩　十五萬七千七百二十二圓

第二項　稅關雜收入銀兩　十萬四百五十三圓六角九分二厘

第三項　官業收入銀兩　千百圓

第四項　樹林收入銀兩　七十萬九千五百九十三圓八角五分三厘

第五項　郵便電信收銀兩　四百三十五萬九千四百六十六圓

第六項　藥用阿片賣出銀兩　一萬圓

第七項　囚徒工錢收入銀兩　十六萬六千九十七圓九角三分八厘

第八項　造幣局所賺銀兩　二十八萬四千九百八十圓

第九項　鑛山所賺銀兩　四千四百十九圓

第十項　造船所賺銀兩　九萬七千二百十五圓

第十一項　唐津煤炭所賺銀兩　一萬千九百八十一圓

第十二項　千住製絨所賺銀兩　一萬二千百四十六圓

第十三項　鐵道所賺銀兩　二百八萬三千百三十一圓

第十四項　官有物租銀　十七萬九千七百七十五圓八角三分五厘

第四款　雜收入銀兩共　六十四萬四千二百三十九圓六角三厘

第一項　懲罰及充公銀兩　四十萬九千八十二圓四角九厘

第二項 用壞官物賠償銀兩 三萬一千九百二十六圓七角三厘
第三項 雜入銀兩 七萬九千六十圓七角九分
第四項 北海道地方收入銀兩 十一萬五千二十三圓
第五項 沖繩縣地方收入 九千百四十六圓七角
第三 經常部合計七千六百七十三万三千四百十九圓一角七分八厘
臨時部未定之額也
第一款 獻納金人民所捐也 七萬五千三百三十一圓
第一項 郵便電信費獻納金 七萬五千三百三十一圓
第二款 官有物賣出銀兩共 五十萬九千四十七圓八角七分八厘
第一項 鑛山同上 二十五萬三千九百二十八圓
第二項 地所同上 八萬二千二百九十五圓一角三分九厘

財政

第三項　建物同上　三萬千百十二圓二分

第四項　物品同上　九萬四千八百十六圓六角一分九厘

第五項　馬匹同上　一萬二千六百十六圓二角

第六項　家畜同上　千圓

第七項　紋鼈製糖公司股分賣出銀兩　四千五百圓

第八項　幌內炭山屬物件及幌內郁春別鐵道賣出銀兩　二萬八千七百七十九圓九角

第三款　雜收入　二十一萬二千二百八十三圓三角六分五厘

第一項　辦償金將交涉用壞賠償之銀也　六百十八圓四角四分二厘

第二項　雜入　二十一万一千六百六十四圓九角二分三厘

第四款　存款銀兩　四十萬圓

第一項　海防捐輸銀兩　四十萬圓

第五款　公款開除外存款七十萬圓
第一項　同上　七十萬圓
第六款　海軍同上　三百十五萬圓
第一項　海軍同上　三百十五萬圓
第七款　樹林賣出入款　二十萬圓
第一項　樹林賣出入款　二十萬圓
臨時部合計銀五百二十四萬六千六百六十二圓二角四分三厘
歲入總計銀八千百九十八萬八千一圓四角二分一厘
歲出項下
經常部每年照章應付之款也
第一款　皇室費　三百萬圓

國庫支出各費

第一項皇室費　三百萬圓

外務省所管

第一款外務本省經費共　十五萬四千百八圓二角

第一項各薪俸　十萬五千四百二十九圓

第二項修繕費　四千五百六十圓

第三項旅費　四千三百九十七圓

第四項雜給　一萬三千七百三十三圓

第五項廳費　二萬二千四百八十九圓二角

第六項宴會費　三千五百圓

第二款在外使館　六十九萬五百二十八圓一角一分九厘

第一項各薪俸　四十四萬四千五百七十圓

第二項 修繕費 八千九百四十七圓一角一分九厘

第三項 裁判及囚徒費 千六百八十八圓

第四項 朝鮮國居留地保護經費銀兩 一萬九千二百七十四圓

第五項 地所家屋借料 四萬千六百七十五圓

第六項 旅費 三萬四千八百二十九圓

第七項 雜用 一萬三千四百三圓

第八項 廳費 五萬五千十四圓

第九項 宴會費 一萬圓

第十項 外國遊學生徒費 一萬二千八百七十八圓

第十一項 借與在外國之日本難民銀兩 千圓

第十二項 電信費 七千圓

第十三項　管理墓地費　二百五十圓

第十四項　機密費　四萬圓

外務省所管合計銀八十四萬四千六百三十六圓三角一分九厘

内務省所管

第一款　内務本省　三十七萬七千七百三十四圓九角八分八厘

第一項　各薪俸　二十五萬千五百九十四圓九角八分八厘

第二項　阿片費　一萬圓

第三項　修繕費　五千九百五十二圓

第四項　訴訟入費　二十圓

第五項　旅費　二萬六百六圓五角三分

第六項　雜給　二萬二千五百二十四圓四角二分五厘

第七項 廳費 五萬四千九百三十六圓三角五分七厘
第八項 古社寺保存費 一萬圓
第九項 學生費 二千百圓
第二款 土木監督區署經費共 十三萬九千六百五十四圓九角八分二厘
第一項 各俸銀 九萬九百二十圓三角三分三厘
第二項 修繕費 千二十四圓五角八分二厘
第三項 旅費 三萬七百二十一圓一角五分
第四項 雜給 五千三百三十三圓五角五分
第五項 廳費 一萬四百五十五圓三角六分七厘
第六項 測量費 千二百圓
第三款 集治監經費銀兩共 四十萬四千四百四十七圓八角六分

第一項　薪俸　十萬七千百三十三圓五角二分六厘
第二項　修繕費　一萬二千五百六十七圓四角七分二厘
第三項　囚徒費　十八萬七千八百八圓三角三厘
第四項　在府縣獄囚徒費　四萬五千四百二十三圓
第五項　旅費　一萬三千二百九十八圓八角一分
第六項　雜給　三千八百十六圓四角
第七項　廳費　三萬四千四百圓三角四分九厘
第四款　警視廳經費共銀　二十七萬九千百四十四圓
第一項　薪俸　二十八萬九千七百九十四圓四角八分四厘
第二項　修繕費　三千七十五圓
第三項　恩賞費　二百圓

第四項　東京府下外國人居留地保護費三千三百九十一圓

第五項　訴訟入費　五圓

第六項　旅費　七千四百五十圓

第七項　雜給　一萬八千二百一圓八厘

第八項　廳費　三萬九千二十七圓五角八厘

第九項　機密費　一萬八千圓

第五款　伊豆七島地方警察費共　銀千五百八十圓

第一項　俸銀　四百九十六圓

第二項　修繕費　二十圓

第三項　旅費　六百八圓

第四項　雜給　九十五圓

第五項　廳費　三百六十圓

第六款　府縣經費共銀　四百九十四萬八千二百五十六圓四分九厘

第一項　薪俸　二百六十七萬千百七十一圓九分七厘

第二項　徵兵費　十八萬八千三十九圓

第三項　恩賞及救助費　八萬七千六百五十八圓二角八分七厘

第四項　難破船費　九百六十一圓

第五項　外國人居留地保護費　八萬千五百三十二圓二分

第六項　外國人居留地修繕費　三萬三千六圓七角六分五厘

第七項　横濱公園保存費　千八百八十六圓

第八項　横濱爆惮發物倉庫修繕費　三千百十圓

第九項　長崎外國人墓地諸費　二百七十九圓八角五分

第十項 警察費 八十四萬三千二百七十八圓六角一分四厘
第十一項 訴訟入費 千百八十六圓
第十二項 旅費 四十七萬四千六十三圓二角二分四厘
第十三項 雜給 十二萬八千八百八十八圓九角七分九厘
第十四項 廳費 二十八萬四千二百三十四圓二角一分三厘
第十五項 保存消毒所及避病院費 二千四百六十七圓
第十六項 營繕土木費 三萬千九百九十二圓六角四分
第十七項 機密費 十一萬四千五百圓
第七款 小笠原島地方費共銀 八千百二十四圓
第一項 薪俸 九百三十四圓
第二項 囚徒費 百三十圓

第三項　修繕費　七百二十圓
第四項　難破船費　二十七圓
第五項　旅費　八八十七圓
第六項　雜給　百四十四圓
第七項　廳費　五百二十四圓
第八項　教育費　六百九十二圓
第九項　勸業費　二千二百九十五圓
第十項　土木費　千二百七十一圓
第十一項　豫備米費　三百圓
第八款　沖繩地方經費共銀　十五萬四千五十二圓
第一項　薪俸　二萬五千五百七十九圓二角

第二項　修繕費　二千四百八十四圓

第三項　囚徒費　一萬三千六百二十二圓

第四項　難破船費　三十四圓

第五項　旅費　三千百八十圓四角

第六項　雜給　五千八百十六圓

第七項　廳費　九千二百九十一圓八角

第八項　土木費　六千二百五十九圓

第九項　衛生及病院費　一萬三千九百四十五圓

第十項　教育費　二萬二千百百二十八圓

第十一項　各衙門公所費　一萬九千三百四十圓

第十二項　救育費　九圓

第十三項　諸告示及揭示諸費　千九百十八圓
第十四項　勸業費　四十三百十一圓六角
第十五項　本地官俸　二萬六千百二十四圓
第九款　對馬地方警察費共銀　八千百四十九圓
第一項　薪俸　五千百三圓
第二項　修繕費　二十七圓
第三項　旅費　七百二十圓
第四項　雜給　三百五十七圓
第五項　廳費　千九百四十二圓
第十款　大島地方警察費共銀　六千七百五圓
第一項　俸給及諸給　四千八十圓九角八分三厘

第二項 修繕費 銀二十圓
第三項 旅費 六百四十四圓一角五分
第四項 雜給 三百九十三圓四角七分
第五項 廳費 千五百六十六圓三角九分七釐
第十一款 神社費 銀二十萬六千八百三十一圓二角五分
第一項 神社費 二十萬六千八百三十一圓二角五分
内務省所管合計銀六百六十三萬四千六百七十八圓四角四分一釐
大藏省所管
第一款 大藏本省 銀百二十四萬八千三百二十九圓八角一釐
第一項 各項薪俸 四十萬三千三百七十一圓九角四釐
第二項 修繕費 銀七千六百五十圓

第三項　兑换洋銀費　銀五十七萬五千六百十七圓四角七分一厘
第四項　證據上所貼之印紙并信錢　銀八萬千九百四十七圓三角三分八厘
第五項　利行萬國關税春同盟費　銀八百六十四圓
第六項　旅費　銀三萬五千四百七十六圓四角四分五厘
第七項　雜用　銀三萬四千九百五十圓三角一分二厘
第八項　廳費　銀十萬八千四百五十二圓三角三分一厘
第二款　國債　銀二千萬圓
第一項　償還公債　銀二百二萬六千五百六十九圓六角六分七厘
第二項　公債利息　銀千六百八十七萬六千六百八圓四角三分五厘
第三項　支發公債本利辦理人之經費　銀八萬六千八百二十一圓八角九分八厘
第四項　補助銷焚紙幣費　銀百萬圓

第三款 恩賞諸祿 銀七十一萬六千二百三十五圓四角五分二厘

第一項 賞勲恩俸 銀十三萬八千九百八十四圓

第二項 文官恩俸 銀八萬六千六百九十五圓九分五厘

第三項 陸軍恩俸 銀二十七萬七千八百九十九圓二角二分五厘

第四項 海軍恩俸 銀五萬八千百五十圓二角八分

第五項 沖繩縣諸祿 銀五萬四千五百六圓八角五分二厘

第四款 内閣 銀三十五萬七千八百十五圓一角

第一項 各薪俸 銀二十萬九千八十一圓

第二項 修繕費 銀四千二百九十五圓

第三項 褒賞費 銀一萬八千二百六十六圓

第四項 旅費 銀八千五百三十七圓

第五項　雜給　銀一萬八千二百六十一圓
第六項　廳費　銀三萬九千三百七十五圓一角
第七項　機密費　銀六萬圓
第五款　樞密院　銀十四萬七千六百八十一圓
第一項　各薪俸　銀十二萬四千四百六十圓
第二項　修繕費　銀三千圓
第三項　旅費　銀三千圓
第四項　雜給　銀五千百七十五圓
第五項　廳費　銀一萬二千四十六圓
第六款　貴族院　銀三十六萬八千七百四十七圓
第一項　各薪俸　銀二十七萬二千七百二十圓

第二項	修繕費	銀一萬千圓
第三項	旅費	一萬七千二百二十二圓
第四項	雜給	八千八百六十六圓
第五項	廳費	五萬八千九百二十九圓
第七款	衆議院	四十二萬二千四百八十四圓
第一項	各薪俸	三十一萬千九百三十圓
第二項	修繕費	一萬圓
第三項	旅費	三萬四千五百十五圓
第四項	雜給	八千八百六十六圓
第五項	廳費	五萬七千百七十三圓
第八款	元老院	二十萬千八百八十八圓三角二分三厘

第一項　各薪俸　十九萬五千五百九十一圓六角五分

第二項　修繕費　九十圓二角九分

第三項　旅費　五十圓四角

第四項　雜給　千七百十一圓

第五項　廳費　四千四百四十四圓八角九分三厘

第九款　會計檢查院　十三萬八千八百四十一圓一角三分八厘

第一項　各薪俸　十二萬二千六百七十三圓六角二分六厘

第二項　修繕費　七百三十三圓九角二分四厘

第三項　旅費　二千五百七十五圓七分七厘

第四項　雜給　二千八百四十二圓四角七分二厘

第五項　廳費　九千十六圓三分九厘

第十款 官報局 十六萬二千二百十圓
第一項 各薪俸 二萬八圓
第二項 修繕費 千圓
第三項 旅費 三千五百圓
第四項 雜給 三萬千二百二十五圓八角
第五項 廳費 一萬三千五百十七圓一角九分八厘
第六項 學生費 四百三十八圓
第七項 作工地方費 九萬二千五百二十一圓二厘
第十一款 稅關 二十二萬三千九百四十六圓八角六分四厘
第一項 各薪俸 十一萬七千六百圓
第二項 修繕費 一萬四千三百十二圓八角四分四厘

十六

第三項 人民應稅之物如稅關評價太大人民願賣而收買者也 四千八百七十圓

第四項 旅費 六千五百三十一圓一分

第五項 雜給 四萬四千三百四十一圓九角九分

第六項 廳費 三萬六千二百九十一圓二分

第十二款 徵收內國稅費 二百三萬八千二百六十一圓

第一項 各薪俸 百十五萬八千三百七十圓九角二分

第二項 修繕費 千五百圓

第三項 交付市町村銀 十四萬七千七百七十九圓九角二分

第四項 滯納處分費 七千二百六十六圓一分六厘

第五項 製造招牌費 三千七十一圓一角五分九厘

第六項 買箱櫃銀兩 二千圓

第七項　訴訟入費　六百圓
第八項　旅費　二千五萬七千八百九十圓
第九項　雜給　七萬六百三十八圓
第十項　廳費　二十九萬四十四圓九角八分五厘
第十三款　鐵道局　一萬六千八百七十八圓二分八厘
第一項　各薪俸　一萬三千三百圓
第二項　修繕費　三百十三圓七角七分三厘
第三項　旅費　千七百九十二圓三角
第四項　雜給　五百七圓八角五分
第五項　廳費　九百六十四圓一角五分
第十四款　北海道本廳　百十一萬三千九百五十八圓一角七分

第一項	各薪俸	二十一萬八千八百二圓八角九厘
第二項	營繕土木費	千四百七十六圓
第三項	難破船費	三百四十三圓三角二分四厘
第四項	恩賞及救助費	三千三百五圓七角四分八厘
第五項	買回土地銀兩	三千圓
第六項	屯田兵費	四十四萬二千二百七圓八角七分六厘
第七項	訴訟入費	三十八圓三角二分
第八項	旅費	五萬二千四百二十九圓一角四分
第九項	雜給	二萬七千百九圓九角九分五厘
第十項	廳費	四萬千八百五十五圓五分七厘
第十一項	清查海貞費	二百四十圓

第十二項 北海道開墾等費 三十二萬二千五百四十九圓九角一厘

第十三項 函館消毒所及避病院存款費六百圓

第十五款 札幌農學校費 五萬五百一圓

第一項 各薪俸 二萬二千九百七十二圓八分五厘

第二項 修繕費 五百十圓五角一分

第三項 旅費 千九百七十圓二角

第四項 雜給 三千二百六圓九角五分

第五項 廳費 一萬七千三百四十二圓六角六分六厘

第六項 學生費 四千四百九十七圓八角二分四厘

第十六款 北海道監獄 五十萬五千七十圓二角九分五厘

第一項 各薪俸 十七萬二千八百三十四圓五角三分六厘

第二項　囚徒費　二十四萬六千三百八十三圓四角四釐
第三項　修繕費　四千六百四十八圓九角七釐
第四項　旅費　一萬九千九十四圓四角五分七釐
第五項　雜給　五千六百三十五圓六角五分二釐
第六項　廳費　五萬六千四百八十圓三角三分九釐
第十七款　北海道地方費　五十四萬八千二十一圓六分一釐
第一項　俸給及諸給　十八萬七千四百六圓一角四分七釐
第二項　廳費　八萬六千六百三圓六角八分五釐
第三項　旅費　二萬九千六百五十二圓一角七分
第四項　營繕土木費　五萬九千二百三十二圓五角八分二釐
第五項　衛生及病院費　五萬七千九百十七圓九分五釐

第六項 教育費 一萬七千八百五十六圓
第七項 救育費 千八百五十圓
第八項 難破船費 百五十圓
第九項 諸告示 二千八百十一圓三角九分
第十項 勸業費 七千四百八十一圓四角八分
第十一項 監獄費 五萬六千百六十九圓
第十二項 補助費 四萬八百九十二圓五角一分一厘
第十八款 各来往及補填缺損金 十九萬九千七百四十九圓八角五分
第一項 各来往 十八萬千三百二十九圓八角五分
第二項 補填缺損銀兩 一萬八千四百二十圓
第十九款 革職俸銀 十五萬三千四百十六圓四角九厘

第一項　廿一年以前革職者俸銀　十五萬三千四百十六圓四角九厘

第二十款　存國庫銀兩　二百萬圓

第一項　第一儲蓄　百萬圓

第二項　第二儲蓄　百萬圓

大藏省所管合計銀三千六十一萬四千四十一圓五角一厘

陸軍省所管

第一款　陸軍本省　二十三萬六千三十三圓八角六分五厘

第一項　各薪俸　十四萬九千五百七十五圓一角一分六厘

第二項　修繕費　千九百七十一圓五分九厘

第三項　軍裝　千八百二十四圓三角七分二厘

第四項　馬匹費　三百八十圓

第五項 旅費 三萬千七百六十三圓二角八厘

第六項 雜給 一萬三千二百十六圓六角五分

第七項 廳費 三萬七千二百九十三圓四角六分

第二款 軍事費 千二十八萬七千八百九十圓七角四分一厘

第一項 各薪俸 四百八萬五千七百五十六圓三角九分七厘

第二項 修繕費 二十二萬五千六百三十二圓八角六厘

第三項 兵器彈藥費 九十九萬二千八百九十二圓九角八分一厘

第四項 糧食費 百五十七萬五千八百二十四圓一角八分一厘

第五項 軍裝 百七十八萬千二百八十二圓二角九分五厘

第六項 馬匹費 五十六萬七千九百七十三圓五角七分三厘

第七項 療病費銀 三萬七千十三圓七角二分一厘

第八項　測量費　二十萬二千八百五圓八角七分四厘

第九項　演習及再學習費　三十九萬六千四百三十圓四角九分三厘

第十項　罷役賞銀　七十圓

第十一項　囚徒費　二萬七千三百七十三圓

第十二項　廳費　六十七萬六千七十四圓七角二分二厘

第十三項　旅費　三十三萬五千八百五十二圓九角一分七厘

第十四項　雜給　三十七萬七千百四十四圓二角六分一厘

第十五項　供奉費　千二百十五圓

第十六項　機密費　四千五百四十八圓五角二分

第三款　憲兵費　三十萬千七百九十一圓

第一項　各薪俸　十八萬九千六百九十一圓四角一分八厘

第二項　修繕費　四十九百七十四圓八角五分一厘

第三項　軍裝銀　一萬二千七百四十九圓七角七分二厘

第四項　馬匹費　五千三百二十五圓一分

第五項　囚徒費　九百三十六圓

第六項　廳費　四萬四千三百七圓八角九分八厘

第七項　旅費　二萬三千三百三十九圓七角八分八厘

第八項　雜用　一萬千六十六圓五角五分二厘

第九項　機密費　九千四百圓

第四款　助靖國神社金七千五百五十圓

第一項　助靖國神社　七千五百五十圓

陸軍省所管合計銀千百八十三萬三千二百六十五圓六角六厘

海軍省所管
第一款 海軍本省 十七萬八千七百十四圓三角五分
第一項 各薪俸 十萬二千四百四十一圓七分六厘
第二項 修繕費 三千圓
第三項 租地面房屋 四百四十三圓八角三分二厘
第四項 訴訟入費 五十圓
第五項 旅費 一萬一千三百二十五圓
第六項 雜給 二萬四千五十九圓五角一分
第七項 廳費 三萬六千三百九十四圓九角三分二厘
第二款 軍事費 五百八十七萬四千三百三十一圓五角六分二厘
第一項 各薪俸 百九十六萬四千四百八十七圓一角七分三厘

第二項	修繕費	十萬百四十五圓二角一分
第三項	糧食費	六十六萬五千六百六十九圓四角六分
第四項	軍裝	三十一萬二百五十三圓五角六分八厘
第五項	艦營需品費	五十七萬三百十二圓一角二分九厘
第六項	演習費	四萬圓
第七項	兵器彈藥及水雷費	七十六萬五千三百九十八圓
第八項	造船及修理費	五十九萬十二圓
第九項	療治費	一萬九千六百十三圓
第十項	囚徒費	二千三百六十九圓二角一分
第十一項	扶助金	十萬八千九百二十一圓八角四分
第十二項	廳費	二十六萬四千五十九圓一角五分

第十三項 旅費 十六萬七千九百八十七圓九角七分

第十四項 雜給 二十三萬四百七十五圓六角三分

第十五項 學生費 六萬二千四百二十七圓二角二分

第十六項 機密費 一萬二千二百圓

海軍省所管合計銀六百五萬三千四百五圓九角一分

司法省所管

第一款 司法本省 二十二萬八千五百二十三圓六角

第一項 各薪俸 十五萬二千五百八十三圓三角二分九厘

第二項 修繕費 三千七百五十一圓

第三項 旅費 三千三百三十三圓

第四項 雜給 一萬二千五百八十九圓八角四分

第五項 廳費 四萬三千百九十八圓九角六分七厘

第六項 學生費 一萬四千六十七圓四角六分四厘

第二款 裁判所 三百五十八萬八千五百三十八圓四角一分四厘

第一項 各薪俸 二百四十七萬五千四十圓六角六分六厘

第二項 修繕費 五萬三千五百七十五圓

第三項 刑事裁判費 四萬六千五百六十五圓

第四項 訴訟入費 三十一圓

第五項 旅本費 十八萬八千四百二十三圓一角一分

第六項 雜用 二十二萬八百二十六圓二分

第七項 廳費 五十六萬五千八百四十七圓六角參分八厘

第八項 郡役所戸長役場登記所費定額 四千四百六十五圓

第九項　機密費　二千七百六十五圓

司法省所管合計銀三百七十八萬七千六十二圓一分四厘

文部省所管

第一款文部本省　十九萬二千七十圓四角

第一項　各薪俸　十一萬三千七百八十五圓三角

第二項　修繕費　三千圓

第三項　旅費　一萬八百圓

第四項　雜給　一萬四千五百四十圓

第五項　廳費　二萬五千二百九十圓一角

第六項　學生費　二萬五千五十五圓

第七項　萬國測地學協會費　六百圓

第二款 帝國大學 三十三萬千六百五十六圓
第一項 各薪俸 二十二萬五千七百十二圓七角三分六厘
第二項 修繕費 七千四百九十五圓
第三項 旅費 四千七百二十五圓
第四項 襍用 二萬八千九百十九圓四角六分四厘
第五項 廳費 五萬九千二百三十九圓三角
第六項 學生費 五千五百六十四圓五角
第三款 高等中學校 二十九萬千五百五十八圓八角五分五厘
第一項 各薪俸 二十萬九百八十九圓二角七分七厘
第二項 修繕費 三千五百六十圓九角二分八厘
第三項 旅費 五千二百八十九圓九角九分

第四項　雜給　二萬五千九十一圓八角九分

第五項　廳費　五萬六千二百四十七圓五角五分

第六項　學生費　三百七十九圓二角二分

第四款　諸學校及圖書館　十七萬七百九十二圓

第一項　各薪俸　十萬三千七百三十四圓

第二項　修繕費　四千二百五十圓

第三項　旅費　千百八十圓四角四分

第四項　旅費　一萬七千八百八十六圓四角一分

第五項　廳費　二萬八千百三十五圓一角五分

第六項　學生費　一萬五千六百六圓

第二　文部省所管合計銀九十八萬七千七十七圓二角五分五厘

農商務省所管

第一款 農商務本省 四十一萬千三百十一圓六角一分一厘

第一項 各薪俸 二十六萬九千二圓三角三分三厘

第二項 修繕費 六千九百十圓

第三項 萬國度量權衡會費 九百九十七圓六角

第四項 訴訟入費 二十圓

第五項 旅費 三萬四千四百三十圓七角

第六項 雜給 二萬五千六百九圓九角

第七項 廳費 七萬四千三百四十一圓七分八厘

第二款 林區署費 五十三萬八十圓七角

第一項 各薪俸 二十七萬七圓九角九分八厘

第二項　修繕費　四千八百三十一圓六角一分八厘

第三項　訴訟入費　五百三十三圓二角三分

第四項　旅費　八萬二千三百八十三圓六角四分

第五項　雜給　一萬五千九十七圓四角二分六厘

第六項　廳費　五萬七千五百五圓一角二分三厘

第七項　培植林木産物銀兩　九萬八千七百二十一圓六角六分五厘

第三款　農林學校費　七萬千九百九十圓

第一項　各薪俸　四萬五千五十六圓四角五分二厘

第二項　修繕費　二千四圓五角四分八厘

第三項　旅費　千百十七圓

第四項　雜給　一萬千百四十九圓

第五項　廳費　一萬二千六百六十三圓

農商務省所管合計銀百一萬三千三百八十三圓三角一分一厘

遞信省所管

第一款　遞信本省　三十九萬八千九百六十九圓九角五分

第一項　各薪俸　二十五萬千四百十圓

第二項　修繕費　五千五百二十七圓

第三項　設航海浮標銀两　四萬四千五百八十八圓

第四項　訴訟入費　二十圓

第五項　旅費　二萬三千七百五十二圓

第六項　雜給　三萬二千五百四十九圓四角

第七項　廳費　四萬千七十二圓五角五分

第二款 商船學校費 三萬九百九十二圓
第一項 各薪俸 一萬四千五百二十二圓
第二項 修繕費 六百八十圓
第三項 旅費 五百四十圓
第四項 雜給 二千二百圓
第五項 廳費 四千五百二十六圓
第六項 學生費 八千五百二十四圓
第三款 遞信費 三百九十五萬七千九百六十七圓七角一分三厘
第一項 各薪俸 八十六萬五十三圓
第二項 修繕費 一萬六千二百八圓
第三項 遞信事業費 二百八十萬二千八百二十八圓

第四項 訴訟入費 五十五圓

第五項 旅費 六萬六千五百十圓

第六項 雜給 二萬九千七百三十四圓

第七項 廳費 十八萬二千五百七十九圓七角一分三厘

第四款 電信學校費 二萬四千三圓

第一項 各薪俸 一萬八百二十八圓

第二項 修繕費 六百八十七圓

第三項 旅費 五百二十圓

第四項 雜給 千二百七十圓

第五項 廳費 六千三百八十四圓

第六項 學生費 四千三百十四圓

遞信省所管合計銀四百四十一萬千八百九十二圓六角六分三厘

經常部合計銀六千九百十七萬九千八十二圓二分

臨特部

外務省所管

第一款　補助費（定額之外幫款也）　五百九十圓

第一項　補助在朝鮮國居留地病院　五百九十圓

第二款　營繕費　四百四十圓

第一項　新營費　四百四十圓

外務省所管合計銀千三十圓

內務省所管

第一款　補助費　二萬五千圓

第一項 補助沖繩縣航海費 五千圓

第二項 補助改築東京府監獄費 二萬圓

第二款 神社費補助 二萬六千八百圓

第一項 補助神社費 二萬六千八百圓

第三款 補助土木費 四十二萬三千圓七角一分二厘

第一項 補助河港及水道費 八萬五千六百三圓

第二項 補助河港及水道費 六萬五千六百三十四圓

第三項 補助道路費 一萬八千六百三十七圓二角一分五厘

第四項 補助道路費 二十五萬三千百二十六圓三角八分七厘

第四款 河身修築費 七十九萬五千圓

第一項 修築利根川費 七萬五千圓

第二項　修築富士川費　五萬九千三百五十圓
第三項　修築天龍川費　五萬四千五百圓
第四項　修築大井川費　四百圓
第五項　修築北上川費　四萬二千五百圓
第六項　修築最上川費　二萬圓
第七項　修築阿武川費　四百圓
第八項　修築信濃川費　十二萬七千三百五十圓
第九項　修築阿賀野川費　四百圓
第十項　修築庄川費　四百圓
第十一項　修築木曾川費　三十二萬四千三百圓
第十二項　修築吉野川費　四百圓

第十三項 修築筑後川費 六萬三千七百五十圓

第十四項 澱川修築工修繕及砂防費 二萬六千二百五十圓

第五款 府縣 七萬八百八十五圓二角八分八厘

第一項 開鑿對馬國嚴原道路費 二萬六千九百九十九圓二角八分八厘

第二項 設府縣官舍費 二萬圓

第三項 獸疫費 八百五十圓

第四項 調查沖繩縣户籍費 八千三十六圓

第五項 監督和歌山縣水害土功費 一萬五千圓

第六款 横濱築港費 七十萬圓

第一項 各薪俸 四萬七千四百九十四圓八角七分

第二項 廳費 一萬六千九百七十八圓

第三項　旅費　千八百五十二圓

第四項　營繕費　九千三百六十圓

第五項　工業費　六十二萬四千三百十五圓一角三分

第七款　造神宮使廳　一萬四千三百圓四角六分六厘

第一項　神宮營造費　一萬四千三百圓四角六分六厘

第八款　臨時建築局　三十五萬四千十四圓四角一分五厘

第一項　建築諸官衙及議院費　三十五萬四千十四圓四角一分五厘

第九款　營繕神社費　二萬五千圓

第一項　改築熱田神宮費　二萬五千圓

第十款　營繕費　八萬六千六百五十八圓二角四分四厘

第一項　新營費　八萬六千二十二圓二角四分四厘

第二項　修繕費　六百三十六圓
内務省所管合計銀二百五十三萬六百五十九圓一角二分五厘
大藏省所管
第一款　補助費　百萬二十二百三十二圓六角三分九厘
第一項　補助日本鐵道公司　六十二萬七千二百四十九圓三角六厘
第二項　補助九州鐵道公司　十六萬二千五百圓
第三項　補助北海道製麻公司　四萬圓
第四項　補助北海道紋鼈製糖公司　二千二百圓
第五項　補助北海道札幌製糖公司　二萬圓
第六項　補助北海道興產　二千圓
第七項　補助北海道炭礦鐵道　十萬七千八十三圓三角三分三厘

第八項　補助北海道函館自來水工程費二萬五千圓

第九項　補助北海道航海　四千五百圓

第十項　補助北海道興蠶社　千七百圓

第十一項　補助北海道北越殖民社　一萬圓

第二款　清理土地帳費二十二萬千三百五十八圓

第一項　清理土地帳費　二十二萬千三百五十八圓

第三款　營繕費　二十一萬六千五百六十四圓二角六分五厘

第一項　新營費　二十一萬六千五百六十四圓二角六分五厘

第四款　臨時帝國會議事務局二萬五千七百二十五圓

第一項　各薪俸　一萬八千二百二十五圓

第二項　廳費　六千七百圓

第三項 旅費 八百圓
第五款 臨時去外國諸費 一萬三千六百三十五圓一角五分
第一項 臨時去外國諸費 一萬三千六百三十五圓一角五分
第六款 刊行法規分類大全費 四萬圓
第一項 刊行法規分類大全費 四萬圓
第七款 移住十津川鄉民費 九萬二千百四十八圓
第一項 移住十津川鄉民費 九萬二千百四十八圓
大藏省所管合計銀百六十一萬千六百六十三圓五分四厘
陸軍省所管
第一款 臨時建築砲臺部費 三十五萬九千二百七十三圓八角一分九厘
第一項 各薪俸 三萬八千三百十一圓三角一分八厘

第二項　廳費　六千三百二十七圓

第三項　旅費　三千七百六十圓

第四項　營繕費　四百圓

第五項　軍裝　三百七十五圓六角一厘

第六項　馬匹費　百圓

第七項　建築東京灣砲臺費　七萬二十圓

第八項　建築下ノ關砲臺費　十萬五千圓

第九項　建築紀淡海峽砲臺費　十三萬三千圓

第二款　製砲費　四十萬圓

第一項　鑄造大砲費　四十萬圓

第三款　兵器彈藥及事務費　二十七萬八千百二十七圓六角八分六厘

第一項　各薪俸　一萬四千百五十圓四角六分一厘

第二項　廳費　六萬八千百五十六圓六角四分

第三項　旅費　四千九百十一圓五角二分八厘

第四項　軍裝　百五十圓

第五項　兵器彈藥費　十九萬七百五十九圓五分七厘

第四款　營繕費　八十九萬二千三百八十九圓四角一分七厘

第一項　新營費　八十六萬四千百七十六圓九角四分三厘

第二項　修繕費　二萬八千二百十二圓四角七分四厘

陸軍省所管合計銀百九十二萬九千七百九十圓九角二分二厘

海軍省所管

第一款　製造軍艦費　三十五萬八百八十四圓二角五分

第一項　製造軍艦費　三十五萬八百八十四圓二角五分
第二款　兵器水雷費　二十三萬三千五百五十八圓七角五分
第一項　兵器水雷費　二十三萬三千五百五十八圓七角五分
第三款　土木費　八十一萬三千七百七十三圓八角四分三厘
第一項　建築橫須賀鎮守府費　七萬五千六百三十六圓
第二項　建築吳鎮守府費　四十五萬七千八百三十八圓六角四分三厘
第三項　建築佐世保鎮守府費　二十萬二百九十九圓二角
第四項　建築兵器製造所費　五萬圓
第五項　開築前石炭山費　三萬圓
第四款　特別費　三百十五萬圓
第一項　造船費　二百六萬八千七百五圓四角七分四厘

第二項 建築火藥製造所費 八萬千二百九十四圓五角二分六厘

第五款 營繕費 十萬七千四百二十七圓二角九分

第一項 新營費 十萬四千三百二十七圓二角九分

第二項 修繕費 三千百圓

海軍省所管合計銀四百六十五萬五千六百四十四圓一角三分三厘

司法省所管

第一款 清查法律費 三萬四千五百六十八圓

第一項 清查法律費 三萬四千五百六十八圓

第二款 補助費 三萬圓

第一項 補助法律學校 三萬圓

第三款 營繕費 十九萬八千九百七圓五角八分六厘

第一項　新營費　十九萬八千九百七圓五角八分六厘

司法省所管合計銀二十六萬三千四百七十五圓五角八分六厘

文部省所管

第一款　補助費　一萬圓

第一項　補助東京盲啞學校　三千圓

第二項　補助獨逸學協會學校　七千圓

第二款　營繕費　四萬四千六百九十九圓一角四分五厘

第一項　新營費　四萬四千六百九十九圓一角四分五厘

第二項　修繕費　千圓

第三款　臨時去外國諸費六千二百六十一圓六角

第一項　臨時去外國諸費　六千二百六十一圓六角

第二文部省所管合計銀六萬九百六十圓七角四分五厘

農商務省所管

第一款第三回國内勸業博覽會事務局九萬三千九百二十圓五角六分五厘

第一項各薪俸四萬五百九十六圓四角二分

第二項廳費五萬七百六十四圓六角四分五厘

第三項營繕費二千百二十八圓

第四項旅費四百三十一圓五分

第二款清查山林原野費十六萬二千百八十七圓二角八分六厘

第一項各薪俸五萬九千九百四十八圓五角

第二項廳費三萬二千二百九十二圓四角七分六厘

第三項旅費六萬九千九百四十六圓三角一分

第三款　營繕土木費　八萬百十九圓七角五分六厘

第一項　營繕費　七萬九千八百十九圓七角五分六厘

第二項　土木費　三百圓

農商務省所管合計銀三十三萬六千二百二十七圓六角七厘

遞信省所管

第一款　補助費　九十五萬八千圓

第一項　補助日本郵船公司　八十八萬圓

第二項　補助大阪商船會社　五萬圓

第三項　補助神户那覇間航海　一萬三千圓

第四項　補助長崎仁川芝罘天津間航海一萬五千圓

第二款　臨時去外國諸費一萬八千百二圓五角

第一項　會議萬國海事參會費二千三百六十一圓五角
第二項　聯合萬國電信會議參會費一萬四千七百四十一圓
第三款　營繕費　四十三萬三千九百四十三圓
第一項　新營費　四十三萬二千九百四十三圓
第二項　修繕費　千圓
遞信省所管合計銀百四十一萬四十五圓五角
臨時部合計銀千二百七十九萬九千四百九十六圓六角七分二厘
歲出總計銀八千百九十七萬八千五百七十八圓六角九分二厘

三十五

日本國事集覽　卷[illegible]　二十五

第三款　營繕[illegible]費　[illegible]萬[illegible]百十九圓七[illegible]

第一項　[illegible]

第二項　[illegible]

歲出總計銀八千七百九十五萬八千六百六十八圓六角五分六厘

臨時部合計銀千二百七十九萬乙千四百九十七圓六角七分二厘

第一款　遞信省所管合計銀百四十一萬四十五圓五角

第一項　修繕費　[illegible]千圓

第二項　營繕費　四[illegible]　四十三萬二千九百四十二圓

第三款　[illegible]營[illegible]資[illegible]　[illegible]二萬三千[illegible]百[illegible]三圓

第二項　[illegible]會費　[illegible]萬四千[illegible]百四十一圓

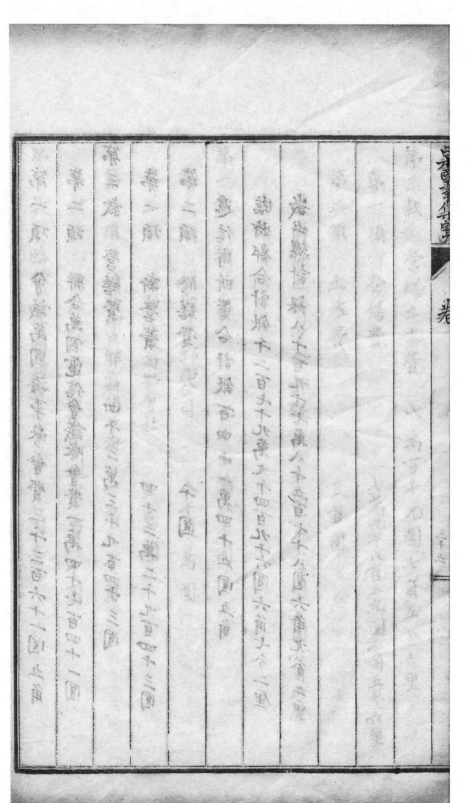

第一項　[illegible]會[illegible]　[illegible]會費三千三百六十一圓五角

各府縣歷年收入稅銀總數備考

十七年 千九百三十八萬六百五十三元

十八年 千六百四十八萬六千四十六元

十九年 二千百八十八萬六千六百五十九元

二十年 二千六十萬六十九元

二十一年 千九百五十三萬六千六百十七元

一 貢地稅

一 地租每年三分內（其稅素無定額應每年視本地方公費多寡臨時分派） 稅銀一分

一 戶口稅

一 東京府 大坂府 橫濱 神戶 廣島 名古屋

右所載六處其地面應分上中下三等完納屋稅

車税

一繫兩疋馬以上之車一輛每年　　　税銀三元
一繫一疋馬之車一輛每年　　　税銀一元
一搭載貨物馬車一輛每年　　　税銀二元
一載兩人之小車一輛每年　　　税銀二元
一載一人之小車一輛每年　　　税銀一元
一載貨物之大車一輛每年　　　税銀一元
一載貨物之小車一輛每年　　　税銀五角

船税

一火輪船每百噸每一年　　　税銀十五元
一風帆船每百噸每一年　　　税銀十元

一小船每百石每一年　　稅銀二元
一貨船長一丈八尺者每一年　　稅銀三角
一遊玩之船長一丈八尺者每一年　　稅銀五角
一妓女稅
一妓女分爲上中下三等每人每月　　稅銀三元至一元
一樵業稅
一酒館　茶店　飯店　澡堂　剃頭舖　戲館　漁獵
一以上各店分上中下三等應照大小納稅
一茲將明治二十二年各府縣一年中出入經費摘譯如左
一歲入項下
一地租　　九百二十九萬六千三百四十六元

一雜業稅　百五十萬二千六百三十四元
一買賣稅　三百四十七千九百六十三元
一房屋稅　三百八十萬千九百八十七元
一雜項稅　百萬八千六十八元
存款項下　共六十九萬八千六百六十五元
歲出項下
一警查署費　三百十三萬九千二百二十七元
一土木及工程費　三百六十八萬千六百五十七元
一各府縣會議諸費　三十三萬五千四百九十二元
一病院費　二十六萬九千九百三十五元
一教育費　百三十九萬八千五百九十一元

一修理建築各鄉公署費　四萬八千八百七十元
一各郡區官吏薪俸　二百五十五萬七千二百五十元
一教育費　五萬八千八百元
一扶助諸破船費　七百十三元
一告示費　九萬二百三十二元
一戶長薪俸　四百十五萬千百九十三元
一勸業費　二十三萬千七百十四元

按日本各府縣經費均由本地方稅銀項下支付不足者由國庫發銀補助茲將各府縣費經并國庫補助銀兩以及本地方稅銀各數目照內務省核定者摘譯於左

經費總數　國庫補助銀數　地方稅銀數

東京府	百六十五萬八千四百三十九圓	二十五萬五千七百五十三圓	百四十萬二千六百八十六圓
京都府	七十四萬六千二百六十圓	十八萬六千八百二十二圓	五十五萬九千五百三十八圓
大阪府	百八萬三千五十八圓	十八萬六千六百五十一圓	八十九萬六千四百七圓
神奈川縣	九十三萬六千四百六圓	五十二萬五千六百十五圓	四十一萬七百九十一圓
兵庫縣	八十九萬九千七百四十七圓	二十四萬五千三百三十三圓	六十五萬四千四百十五圓
長崎縣	六十三萬四千七百六十五圓	十八萬七千七百三十六圓	四十四萬七千二十九圓
新潟縣	九十九萬七千六百四十七圓	十六萬五千百八十九圓	八十三萬二千四百五十八圓
埼玉縣	六十五萬三百六十一圓	十一萬千百九十五圓	五十三萬九千百六十六圓
千葉縣	六十一萬九千九百六十圓	十二萬七千八百八十九圓	四十九萬二千七十一圓
茨城縣	六十六萬三千七百二十三圓	十四萬四千三百八十四圓	五十一萬九千三百三十九圓
群馬縣	五十四萬三千九十五圓	九萬四千七百十二圓	四十四萬八千三百八十三圓
栃木縣	四十萬千七百二十一圓	九萬二千九百八十四圓	三十萬八千七百三十七圓
奈良縣	三十萬千三百十七圓	七萬六千二百二十三圓	二十二萬五千九十四圓
三重縣	五十五萬五千八百三圓	十一萬六百七十二圓	四十四萬五千百三十一圓
愛知縣	七十二萬七千六百五十六圓	十四萬八百八十七圓	五十八萬六千七百六十九圓
静岡縣	六十七萬二千二百十九圓	十三萬千五百五十二圓	五十四萬六百六十七圓
山梨縣	三十九萬六百六十三圓	七萬三千三百三十五圓	三十一萬七千三百二十八圓
滋賀縣	五十八萬六千二百八十九圓	九萬六千九百四十六圓	四十八萬九千三百四十三圓
岐阜縣	五十五萬四千七百十圓	十一萬三十圓	四十四萬四千六百八十圓
長野縣	七十八萬九千三百七十六圓	十四萬三千九百八十九圓	六十四萬五千三百八十七圓
宮城縣	六十萬六千四百七十一圓	十一萬千八十九圓	四十九萬五千三百八十二圓
福島縣	七十一萬七千二百九十二圓	十四萬七千四百六十六圓	五十六萬九千八百二十六圓

岩手縣	三十八萬五千八百八十一圓	十萬八千四百七十八圓	二十七萬七千四百三圓
青森縣	三十九萬二千四百八十二圓	九萬九千六百八十六圓	二十九萬二千七百九十六圓
山形縣	五十一萬二千百八十三圓	十二萬百圓	三十九萬二千八十三圓
秋田縣	四十五萬八千四百四十五圓	九萬七千九百五十六圓	二十六萬四百八十九圓
福井縣	三十九萬千六十四圓	十萬百九十二圓	二十九萬八百七十二圓
石川縣	四十九萬六千四十二圓	十萬三千五百八圓	三十九萬二千五百三十四圓
富山縣	四十八萬五百七十八圓	九萬九千二百五十四圓	三十八萬千二百二十四圓
鳥取縣	三十一萬七千七百二十二圓	八萬四千八百七十七圓	二十三萬二千八百四十五圓
島根縣	五十五萬千二百二十七圓	十二萬九千四百八十七圓	四十二萬千七百四十圓
岡山縣	七十七萬三千八百五十八圓	十五萬千二十四圓	六十二萬二千八百三十四圓
廣島縣	七十一萬五千八百十五圓	十三萬七千五百五十八圓	五十七萬八千二百五十七圓
山口縣	五十三萬二千三百四十八圓	十一萬三千四百二十三圓	四十一萬八千九百二十五圓
和歌山縣	三十八萬九千四百四十七圓	八萬四千百八十六圓	三十萬五千二百六十一圓
德島縣	四十五萬七千七百五圓	九萬千四百六十六圓	三十六萬六千二百三十九圓
香川縣	八十九萬千七百四十二圓	二萬千三百七十三圓	七十一萬四千六百二十六圓
愛媛縣		十五萬五千七百四十三圓	
高知縣	四十八萬七千八百五十圓	十二萬四千八百三十三圓	三十六萬二千十七圓
福岡縣	七十四萬四千六百九十四圓	十六萬五千八百二十圓	五十七萬八千八百七十三圓
大分縣	四十七萬七百圓	十一萬六千五百三十圓	三十五萬四千百七十圓
佐賀縣	四十三萬九千二百三十二圓	八萬千百三十六圓	三十五萬八千九十七圓
熊本縣	五十六萬五千五百十八圓	十二萬九千百九十一圓	四十三萬六千三百二十七圓
宮崎縣	三十三萬六千七十一圓	九萬二千六百九十三圓	二十四萬三千三百七十八圓

鹿児島縣	六十五萬八千二百二十四圓	十七萬五千二百二圓	四十八萬三千二十二圓
沖繩縣	二十五萬八千百三十四圓	二十五萬八千百三十四圓	無

日本土地幅員摘要

日本全國	二万四千七百九十四方里	一方里人口 千五百五十三人
中部	一万四千五百七十一方里	仝 二千七人
北海道本地	五千八十三方里	仝 四十四人
九州	二千六百十七方里	仝 二千九十八人
四國	千百八十方里	仝 二千三百四十六人
千島 三十一島	千十一方里	仝 一人
琉球 五十五島	百五十六方里	仝 二千四百十九人
佐渡	五十六方里	仝 千九百四十人
對馬	四十四方里	仝 六百九十二人
淡路	三十六方里	仝 五千二百七人

隠岐	二十一方里	全	千五百六十五人
壹岐	八方里	全	四千三百十三人
小笠原島十七島	四方里	全	百二人

日本官民所有土地尺數

官有地 公地也

總數 千八百六十六万七千九百三十四町步 按六尺曰間三十六間為一町

第一種 四万五千五百六十九町步

第二種 七万四千二町步

第三種 千八百五十四万八千町步

第四種 三百六十三町步

民有地

民有地每年須按地面廣狹完納租稅

總數 千三百十六万五千九百三十八町步 十六億四千六百九十二万四百圓 百二十五圓

田 二百六十八万五千六百六十六町步 十二億一千四百二十六万三千四百圓 四百五十二圓

土	百九十二万四千八百五十八町歩	二億六千六百三十二万二千八百圓	百三十八圓
郡村宅地	三十三万五千百七十町歩	一億五百四十万五千五百圓	三百十四圓
市街宅地	一万九千六百二十一町歩	三千二百三十万八千九百圓	千六百四十七圓
鹽田	七千五百六十三町歩	百三十四万七千三百圓	百七十八圓
鑛泉	二町歩	五万三千八三百圓	二万六千六百五十圓
池沼	八千八十九町歩	八万六千百圓	十一圓
山林原野	八百十七万六千九百八町歩	二千六百五十万四千四百圓	三圓
雜種	八千六十一町歩	六十二万八千七百圓	七十八圓

雜種云者晒網所晒魚所海岸碼頭起貨所造船所堆積木牌所晒布所堆貨物所起土所晒稻所海岸沙地取泥土所等也

日本六千尺以上諸山記略

富士山	静岡縣駿河 山梨縣甲斐	一万二千三百七十尺
赤石山	長野縣信濃	一万二百十四尺
白根山	山梨縣甲斐	一万二百十二尺
駒嶽	山梨縣甲斐	九千九百五尺
大蓮華山	富山縣越中	九千八百七十一尺
蓮華山	長野縣信濃 富山縣越中	九千六百八十三尺
錫杖嶽	長野縣信濃	九千二百四十尺
八嶽	山梨縣甲斐	九千百十六尺
乘鞍嶽	岐阜縣飛彈 長野縣信濃	九千百九尺
前嶽	長野縣信濃	九千百八尺
白山	石川縣加賀	八千九百四十七尺
四阿山	長野縣信濃	八千九百七尺
地藏嶽	山梨縣甲斐	八千八百五十七尺
國師嶽	山梨縣甲斐 長野縣信濃 埼玉縣武藏	八千五百五十三尺
金峯山	山梨縣甲斐	八千五百四十九尺
立科山	長野縣信濃	八千三百四十九尺
寶永山	静岡縣駿河	八千二百三十三尺
淺間山	長野縣信濃	八千二百三十尺
男體山	橡木縣下野	八千百九十六尺
横手山	長野縣信濃	七千九百五十四尺

馬布西嶽	長野縣信濃	七千八百四十五尺
駒ヶ嶽	長野縣信濃	七千八百八尺
吾妻山	長野縣信濃	七千七百八十八尺
大無間山	静岡縣駿河 遠江	七千六百九十三尺
岩菅山	長野縣信濃	七千五百七十二尺
慧那山	岐阜縣美濃	七千三百九十三尺
駒ヶ嶽	福島縣岩代	七千三百三十一尺
小嶽	長野縣信濃	七千二百六十四尺
御月山	新潟縣越後	七千百十二尺
苗場山	新潟縣越後	七千百十二尺
赤薙山	栃木縣下野	七千九十五尺
笠嶽	長野縣信濃	七千八十八尺
白根山	長野縣信濃 群馬縣上野	七千六十九尺
十文字嶺	埼玉縣武藏 長野縣信濃	七千五十五尺
黑姬山	長野縣信濃	六千九百十四尺
雁坂嶺	山梨縣甲斐	六千八百六十九尺
金勢嶺	栃木縣下野 群馬縣上野	六千八百二十二尺
經嶽	長野縣信濃	六千六百六十三尺
雲取山	埼玉縣武藏	六千六百五十六尺
雨乞嶽	長野縣信濃	六千五百四十七尺
燧ヶ山	福島縣岩代	六千五百三十四尺
大烏帽子山	新潟縣越後	六千四百六十四尺

鳥居嶺 長野縣信濃 群馬縣上野 六千四百五十九尺

赤安山 福島縣岩代 六千四百二十尺

西吾妻山 福島縣岩代 山形縣羽前 六千四百十八尺

大菩薩山 山梨縣甲斐 六千三百八十八尺

割引山 新潟縣越後 六千三百五十六尺

大洞山 埼玉縣武藏 六千三百十五尺

那須嶽 櫔木縣下野 六千二百十尺

柄澤山 新潟縣越後 六千二百八十一尺

壊山 長野縣信濃 六千二百七十尺

大峯山上嶽 奈良縣大和 六千二百十尺

飯豐山 福島縣岩代 山形縣羽前 新潟縣越後 六千百六十七尺

朝日山 新潟縣越後 六千百尺

中吾妻山 福島縣岩代 山形縣羽前 六千六十八尺

入道山 新潟縣越後 六千二十一尺

[illegible]

[illegible]

[illegible]

[illegible]

中宮寺山　六百三十八丈　大倉山　六百二十一丈

飯豐山　六百三十六丈　朝日山　六百十丈

藏王山　六百三十丈　室生嶽　六百二十三丈

那須嶽　六百三十二丈　柏澤山　六百二十三丈

朝日山　六百三十二丈　大河山　六百二十五丈

西吾妻山　六百三十四丈　大吉藏山　六百二十八丈

烏居嶽　六百四十三丈　赤安山　六百十四丈

日本長十五里以上諸川記畧

石狩川	北海道 廳石狩	百六十七里	北上川	宮城縣陸前 岩手縣陸中	七十六里九町
利根川	群馬縣上野 埼玉縣武藏 千葉縣下總 茨城縣常陸	七十一里十一町	信濃川	長野縣信濃 新潟縣越後	六十三里二町
天龍川	長野縣信濃 靜岡縣遠江	五十六里七町	木曾川	長野縣信濃 岐阜縣飛彈 同美濃 愛知縣尾張 三重縣伊勢	五十五里四町
最上川	山形縣羽前 秋田縣羽後	五十四里	阿賀野川	福島縣岩代 新潟縣越後	四十五里二十町
渡川	高知縣土佐	三十七里三十三町	吉野川	高知縣土佐 德島縣阿波	三十七里十五町
新宮川	奈良縣大和 和歌山縣紀伊	三十七里十二町	雄物川	秋田縣羽後	三十五里三十三町
阿武隈川	福島縣岩代 同磐城	三十五里十八町	紀之川	奈良縣大和 和歌山縣紀伊	三十二里三十四町
荒川	東京府武藏 埼玉縣	三十二里十八町	日高川	和歌山縣紀伊	三十一里八町
富士川	長野縣信濃 山梨縣甲斐 靜岡縣駿河	廿九里十四町	筑後川	大分縣豐後 福岡縣筑後	二十七里二十九町
米代川	岩手縣陸中	二十六里二十一町	桂川	京都府山城 同丹波	二十六里

日本國事集覽　卷十二

大井川	靜岡縣駿河	二十五里二十八町	吉井川	岡山縣美作 同備前	二十五里
大淀川	宮崎縣日向	二十五里	鬼怒川	櫪木縣下野 茨城縣常陸	二十四里二十九町
九頭龍川	福井縣越前	二十四里十町	那珂川	櫪木縣下野 茨城縣常陸	二十三里二十六町
玉造川	宮城縣陸前	二十三里二十六町	旭川	岡山縣美作 同備前	二十三里
櫛田川	三重縣伊勢	二十二里二十三町	郷川	廣島縣安藝 島根縣石見	二十二里二十二町
鶴沼川	福島縣岩代	二十二里一町	斐伊川	島根縣出雲	二十一里二十四町
矢作川	長野縣信濃 愛知縣三河	二十一里十町	北山川	奈良縣大和 和歌山縣紀伊	二十一里八町
犀川	長野縣信濃	二十里三十一町	加古川	京都府丹波 兵庫縣播磨	二十里二十三町
球磨川	熊本縣肥後	二十里十五町	太田川	廣島縣安藝	二十里十四町
高梁川	岡山縣備中 同備後	二十里	岩木川	宮城縣陸奥	二十里
高津川	島根縣石見	十九里三十一町	多摩川	東京府武藏	十八里十六町

只見川	福島縣岩代	十八里十三町
大野川	大分縣豐後	十八里十一町
川内川	宮崎縣日向 鹿兒島縣薩摩	十八里九町
鳴瀨川	宮城縣陸前	十八里四町
仁淀川	愛媛縣伊豫 高知縣土佐	十七里三十四町
迫川	宮城縣陸前	十七里三十町
長良川	岐阜縣美濃	十七里十八町
由良川	京都府丹波 同丹後	十六里四町
那賀川	德島縣阿波	十六里
圓山川	兵庫縣但馬	十五里二十四町
揖保川	兵庫縣播磨	十五里二十三町
錦川	山口縣周防	十五里十四町
宮川	三重縣伊勢	十五里十二町
澱川	京都府山城 大阪府攝津	十五里十町
馬淵川	宮城縣陸奧	十五里

大井川	[illegible]	二十五里三十六町	吉井川 [illegible] 二十五里
[illegible]川	[illegible]	[illegible]	[illegible]川 [illegible] 二十四里二十九町
[illegible]川	[illegible]	[illegible]	[illegible]川 [illegible] 二十三里[illegible]
[illegible]	[illegible]	[illegible]	[illegible]川 [illegible] [illegible]
高瀬川	[illegible]	[illegible]	[illegible]川 [illegible]
宮川	[illegible]	十六里十二町	厳川 [illegible] 十五里十町
揖保川	[illegible]	十七里二十三町	錦川 [illegible] 十五里十四町
那賀川	[illegible]	十七里	園山川 [illegible] 十五里[illegible]町
長良川	[illegible]	十七里十八町	由良川 [illegible] 十六里四町
仁淀川	[illegible]	十七里三十[illegible]町	遠[illegible]川 [illegible] 十六里[illegible]町
川内川	[illegible]	十八里九町	鳴瀬川 [illegible] 十八里四町
[illegible]川	[illegible]	十八里十三町	大野川 [illegible] 十八里十七町

日本寬至三里以上諸湖記畧

琵琶湖	滋賀縣 近江	七十三里三十一町	霞浦 茨城縣 常陸 三十六里
猪苗代湖	福島縣 岩代	十六里二十一町	中海 島根縣 出雲 十六里十一町
八郎瀉	秋田縣 羽後	十五里	小河原沼 宮城縣 陸奥 十三里二十四町
宍道湖	島根縣 出雲	十三里二町	印旛沼 千葉縣 下總 十二里
十輪田湖	宮城縣 陸前	十里	中禪寺湖 櫔木縣 下野 八里
涸沼	茨城縣 常陸	七里	鷹架沼 宮城縣 陸奥 六里二十三町
河北沼	石川縣 加賀	六里二十町	十三瀉 宮城縣 陸奥 六里十八町
牛久沼	茨城縣 常陸	六里六町	品井沼 宮城縣 陸前 五里二十四町
北潟入江	福井縣 越前	五里二十二町	箱根蘆湖 神奈川縣 相模 四里二十町
池田湖	鹿兒島縣 薩摩	四里二十九町	加茂湖 新潟縣 佐渡 四里二十三町

諏訪湖	長野縣 信濃	四里二十町	川口湖	山梨縣 甲斐	四里十八町
巨椋池	京都府 山城	四里十一町	赤間沼	橡木縣 下野	四里
大沼	宮城縣 陸前	三里三十三町	板倉湖	群馬縣 上野	三里三十二町
福島潟	新潟縣 越後	三里三十一町	野尻湖	長野縣 信濃	三里三十町
湖山池	鳥取縣 因幡	三里二十六町	柴山潟	石川縣 加賀	三里二十二町
山中湖	山梨縣 甲斐	三里十八町	大寶沼	茨城縣 常陸	三里九町
長沼	宮城縣 陸前	三里五町	鴨生田池	福岡縣 筑前	三里二町
本栖湖	山梨縣 甲斐	三里	大沼	岐阜縣 飛驒	三里
尾瀨湖	群馬縣 上野	三里	尾瀨湖	福島縣 岩代	三里
田澤潟	秋田縣 羽後	三里	常磐湖	山口縣 長門	三里
入鹿湖	愛知縣 尾張	三里			

日本郡區村町總數如左

郡數八百五　區數三十七　町數一万二千三百五十三

村數五萬九千二十一

郡役所五百二十七　區役所三十七　户長役場一萬千四百二

諏訪湖 信濃諏訪郡 四里二十町　川口湖 甲斐山梨郡 四里十八町

巨椋池 山城久世郡 四里十二町　赤関沼 下野梅木郡 四里

大沼 陸前宮城郡 三里二十町　牧管沼 三里二十二町

福島潟 越後新潟郡 三里三十町　野尻湖 信濃 三里三十町

河山池 三里二十町　柴山潟 加賀 三里二十二町

山中湖 甲斐都留郡 三里十町　大寶沼 常陸 三里九町

長湯 三里五町　鶴子田池 筑前 三里三町

郡役所五百三十七　區役所三十六　總戶數一萬千四百三

村數七萬九千十二　尾瀬湖 三里

驛數八百五　三驛　區數三十七　町數一萬二千五百五十三

日本郡區村町總數如左

日本人口總數表

華族	三千四百三十人	戶主	五百三十三人
		家族	二千八百九十七人
士族	百九十四萬二百七十一人	戶主	四十二萬四千三百二十六人
		家族	百五十一萬五千九百四十五人
平民	三千六百五十六萬二千百三十一人	戶主	七百四十九萬三千百二十三人
		家族	二千九百六萬四千二百七人
		棄兒	四千八百一人
總計	三千八百五十萬五千八百三十二人		

總計 三千八百五十萬五千八百三十二人

棄兒 四千八百一人

平民 三千六百五十六萬三千六百三十八人

家族 二千九百六萬四千二百七人

戶主 六百四十九萬三千百三十三人

士族 百九十四萬三百七十一人

家族 百五十一萬五千九百四十五人

戶主 四十二萬四千三百二十六人

華族 三千四百三十人

家族 二千八百九十七人

戶主 五百三十三人

日本人口總數表

日本戶數人口逐年數目比較表

戶數

十八年 七百七十一萬二百七戶 十八年一月查數 每一戶 四人九分一厘

十九年 七百七十二萬七千六百十戶 十九年一月查數 同 四人九分四厘
七百七十四萬七千百十五戶 同十二月卅一日查數 四人九分九厘

二十年 七百七十七萬一千三百九十五戶 二十年十二月查數

人口

十八年 三千七百八十六萬八千九百四十九人

十九年 三千八百十五萬千二百十七人 十九年一月查數
三千八百五十萬七千百七十七人 同十二月卅一日查數

二十年 三千九百六萬九千六百九十一人 二十年十二月查數

內

十九年 男 千九百四十五萬千四百九十一人

日本國事集覽 卷十二

年十九 女 千九百五萬五千六百八十六人

二十 內 三千九百六萬九千六百九十一人 二十年十二月查數

二十年 男 千九百七十三萬一千七百三十二人 二十年十二月卅一日查數 二十九年十月查數

十 女年 千九百三十三萬七千九百五十九人

人口

二十年 七百七十七萬一千三百九十五戶 二十年十二月查數

十九年 七百七十四萬七千十百十五戶 同五月卅一日查數 四人九分九釐

七百七十二萬七千十六百十戶 十九年一月查數 四人九分四釐

十八年 七百七十萬二千百七十戶 十八年一月查數 一戶 四人九分一釐

戶數

日本戶數人口逐年數目以較表

日本男女自五歲至百歲以上

	總數	男	女
五年以下	三百六十三万五千二百三人	百八十三万七千五百八十九人	百七十九万七千六百十四人
五年以上	四百三十四万三千四百六十九人	二百十九万七千二百一人	二百十四万六千百六十八人
十年以上	四百七万七千五百九十三人	二百六万五千四百六十九人	二百一万二千百二十四人
十五年以上	三百三十一万五千四百二十九人	百六十八万百七十二人	百六十三万五千二百六十七人
廿年以上	三百二十五万五千五百九十四人	百六十四万七千九百六十二人	百六十万七千六百三十二人
廿五年以上	二百七十八万千六百四十五人	百四十一万五百七十六人	百三十七万千六十九人
三十年以上	二百九十三万九千四百五十人	百五十万七百三十二人	百四十三万八千七百十八人
卅五年以上	二百七十二万七千六百三十一人	百四十万四千四十三人	百三十二万三千五百八十八人
四十年以上	二百四十三万三千百三十人	百二十六万二千九百四十四人	百十七万百八十六人

四十五年以上	百九十八万八千三百六十九人	百二万九千三百四十七人	九十五万九千二十二人
五十年以上	百六十六万五千五百七十六人	八十四万九千七百三十二人	八十一万五千八百四十四人
五十五年以上	百六十三万四百二十二人	八十二万千四百二十一人	八十万九千一人
六十年以上	百三十三万七千九百八十一人	六十五万九千九百七十六人	六十七万八千五人
六十五年以上	百二万四十八人	四十九万百十八人	五十二万九千九百三十人
七十年以上	六十七万四千二百十四人	三十万七千七百七十六人	三十六万六千四百三十八人
七十五年以上	四十一万千七百八十七人	十七万八千百十二人	二十三万三千六百七十五人
八十年以上	十九万七千九百三十八人	八万四百九十七人	十一万七千四百四十一人
八十五年以上	四万九千百十七人	一万八千二百五十一人	三万八百六十六人
九十年以上	一万四百五十人	三千五百人	六千九百五十人
九十五年以上	千七百七十人	五百三十七人	千二百三十三人

百年以上	九十七人	二十四人	七十三人
年齡未詳	一万二百五十四人	五千四百二十人	四千八百三十四人
合計	三千八百五十万七千百七十七人	千九百四十五万一千四百九十六人	千九百五万五千六百八十一人

四十五年以上	[illegible]	[illegible]	[illegible]
五十年以上	[illegible]	[illegible]	[illegible]
五十五年以上	[illegible]	[illegible]	[illegible]
六十年以上	[illegible]	[illegible]	[illegible]
六十五年以上	[illegible]	[illegible]	[illegible]
七十年以上	[illegible]	[illegible]	[illegible]
七十五年以上	[illegible]	[illegible]	[illegible]
八十年以上	[illegible]	[illegible]	[illegible]
合計	[illegible]	[illegible]	[illegible]
年齡未詳	一万三百五十四人	六千四百三十人	三千九百二十四人
百歲以上	九十七人	三十四人	六十三人

日本人口二萬以上諸地表

東京	百十二万千八百八十三人	大阪	三十六万千六百九十四人
京都	二十四万五千六百七十五人	名古屋	十三万千四百九十二人
金澤	九万七千六百五十三人	横濱	八万九千五百四十五人
廣島	八万千九百十四人	神戸	八万四百四十六人
仙臺	六万千七百九人	徳島	五万七千四百五十六人
和歌山	五万四千八百六十八人	富山	五万三千五百五十六人
鹿兒島	四万五千九十七人	函館	四万五千四百七十七人
熊本	四万四千三百八十四人	堺	四万四千十五人
福岡	四万二千六百十七人	新潟	四万七百七十八人
長崎	三万八千二百二十九人	高松	三万七千六百九十八人

福井　三万七千三百七十六人　静岡　三万六千八百二十八人
松江　三万三千三百八十一人　岡山　三万二千九百八十九人
高知　三万九百八十七人　赤間關　三万八百二十五人
盛岡　三万百六十六人　松山　二万九千四百八十七人
秋田　二万九千二百二十五人　米澤　二万九千二百二人
鳥取　二万八千二百七十五人　弘前　二万八千百七十人
那覇　二万七千百九十二人　山形　二万六千九百七十一人
銚子　二万五千七百六十六人　首里　二万五千五百八十七人
佐賀　二万四千六百五十七人　高田　二万四千五百七十一人
岐阜　二万三千三百七十七人　大津　二万三千百六十六人
姫路　二万二千六百七十七人　奈良　二万二千六百六十六人

山田 二万千二百二十三人　萩 二万千二百六人

酒田 二万千四人　久留米 二万九百七人

宇都宮 二万四百七十五人　高崎 二万三百十二人

日本國事集覽十二卷終

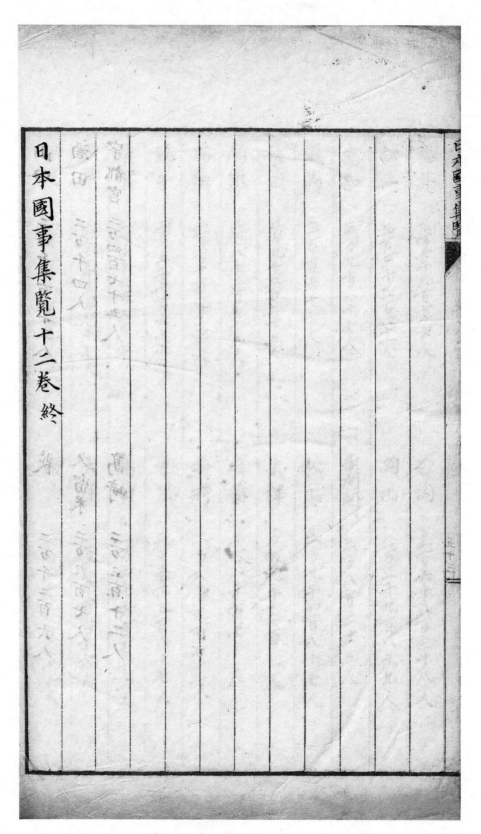

中華古籍保護計劃

ZHONG HUA GU JI BAO HU JI HUA CHENG GUO

·成果·

日本國事集覽

（清）劉慶汾 集譯

上

國家圖書館出版社

圖書在版編目(CIP)數據

日本國事集覽:全二册 / (清)劉慶汾集譯. —北京:國家圖書館出版社,2023.8(2024.4重印)

ISBN 978-7-5013-7794-7

Ⅰ.①日… Ⅱ.①劉… Ⅲ.①日本—國情—近代 Ⅳ.①K931.3

中國國家版本館CIP數據核字(2023)第019465號

書　　名	日本國事集覽(全二册)
著　　者	(清)劉慶汾　集譯
責任編輯	黄　静
封面設計	翁　涌
出版發行	國家圖書館出版社(北京市西城區文津街7號　100034) (原書目文獻出版社　北京圖書館出版社) 010-66114536　63802249　nlcpress@nlc.cn(郵購)
網　　址	http://www.nlcpress.com
排　　版	中睿智成(北京)科技有限公司
印　　裝	北京華藝齋古籍印務有限公司
版次印次	2023年8月第1版　2024年4月第2次印刷
開　　本	787×1092　1/16
印　　張	62.75
書　　號	ISBN 978-7-5013-7794-7
定　　價	980.00圓

前言

《日本國事集覽》十二卷，清劉慶汾集譯，國家圖書館藏清光緒抄本，分裝爲六册。劉慶汾（一八五四—一九二九），字子貞，貴州遵義縣三岔周家田人。清末佾生。畢業於日本士官學校。清光緒十一年（1885）至十八年任中國駐日本使館翻譯。回國後任蘇州知府，福建興泉永兵備道、厦門道、川東道道臺。光緒二十四年，與康有爲等人同被清廷特旨任命爲總理衙門章京，推行新政，爲戊戌變法活躍分子。曾創建厦門中學堂、毓英中學，舉辦中國最早之商品展銷會『厦門商品交易會』。曾奉旨辦天津製幣廠，督修京漢鐵路。著有詩詞集，譯著有《日本國事集覽》《日本海陸軍制》《日本維新政治彙編》等。

此書首葉署『使署翻譯兼箱館新瀉夷港副理事官劉慶汾集譯』。書前有兩篇序文，一爲日本友人岡田義雄於明治二十三年（1890）所作，謂此書作者歷四年之久，輯録明治維新以來政教制度，沿革顛末，山川、人口情况；另一爲作者自序，謂此書爲利用公餘之暇，『收譯彼國海陸兩軍暨各省行政章程，上起皇室，下終府縣』，『聊以助輶軒之一便而已』。

全書列出二十二項日本國情及各種章程，包括：皇室典範，内閣章程，鐵路章程，憲法章程，樞密院章程，元老院章程，宫内省章程，各省總章程，外務省章程，内務省章程，大藏省章程，陸軍省章程，海軍省章程，司法省章程，文部省章程，農商務省章程，遞信省章程，警視廳章程，府縣章程，財政租税章程，以及地理（含地理幅員、官民土地、山川、湖泊）、户口（含户數人口逐年總表、男女歲數表、各地人數）等。特别對海陸軍、教育、財政情况記述詳盡。其『兵制』内容即占全書十二章之半，計六章。包括各軍兵種及軍事學校之管理章程、條例、官制、定制、刑法等。還有『海軍歷年人數比較表』『守府將士員數』『守府圖』等。財政部分細分有國税出入總數、鑄造貨幣總數表、發出紙幣總數表（明治十四年至二十年）、發出金銀鋼洋錢總數表、國債總數（明治十二年至二十二年）、每歲出入經費、各府縣收入税項等。

清廷自光緒三年與日本正式『遣使通商』，十四年『派員游歷』日本之風土人情、政治疆域。劉慶汾之前，采輯日本國情有著述者，除英法人士外，中國人士先後有王之春《談瀛録》、黄遵憲《日本雜事詩》、陳家麟《東槎聞見録》、傅雲龍《游歷日本圖經》、顧厚焜《日本新政考》等，對國人認識鄰邦各有作用。而其中也有走馬觀花式之報告，有限於個人眼光之論述，有一鱗半爪之采擷資料，均與劉慶汾原汁原味翻譯之全面、系統而具權威性之原件『各异其趣』。

《日本國事集覽》爲劉慶汾任職中國駐日使館時所收集之日本國情、軍情及各行政部門相關管理制度，當時正是日本『明治維新』取得成效時期。日本天皇睦仁於公元一八六八年十月改元明治，在『富國强兵，殖産興業，文明開化』口號下，日本加速走上資本主義道路，同時伴有濃厚之封建性與侵略擴張性。在劉慶汾回國兩年後，即一八九四年，日本即發動甲午戰争，侵占中國臺灣。劉慶汾收集并翻譯此部文獻，意在『助輶軒之一便』，即提供使臣參閲，可見其敬業精神。其本人亦曾參考日本金融幣制情况，直接向清廷上書，提出金融幣制改革建議，并得到采納，受命試行（見《清實録·德宗實録》）。而此部集譯文獻，今日看來，仍具有重要史料與學術研究價值。

謝尊修

二〇二三年六月

總目録

上册

下册

日本國事集覽十二卷（卷七至十二）（清）劉慶汾 集譯 清光緒抄本

上册目録

日本國事集覽十二卷（卷一至六）（清）劉慶汾 集譯 清光緒抄本

（清）劉慶汾 集譯

日本國事集覽十二卷

（卷一至六）

清光緒抄本

日本國事集覽序

夫著書有裨於時世斯不失古人立言之旨若僅專騁詞藻徒務淵博不過供文人謳吟塗抹之具耳雖千萬言亦奚取焉吾友劉君於丙戌春與余識於崎陽一見如故每值禮拜暇日君徹過余往往詢及我國風土人情疆域形勢事有所關雖遠道其必致意有所屬雖蔀屋其必詳博訪周諮日久無少怠余暗服君之留心時務今年夏七月余自崎之江户訪君於霞關大清使館君以所譯之日本國事集覽一書相示乃我邦明治維新以來政敎制度沿革顛末山川人口財政瑣事備載其中如網在綱有條不紊此書之成乃歷四年之久其力誠强而其心誠專且恆也義雄展讀畢後自愧身為和國臣民轉不若君如

斯詳悉惶恐甚矣夫近年他國人之採輯我邦事實者不下十餘家如英人魁茵著有日本海陸軍誌法人司課陀著有日本記至於清人之採訪我國事者尤指不勝屈如王君之談瀛錄黄君之雜事詩陳君之東槎聞見錄游歷官傅顧二君之日本圖經日本新政考其搜羅可稱極富考求可謂極詳然皆與是書各異旨趣閱此篇者雖身不入日本國境而日本政治瞭如指掌是書之有裨於時世者豈淺鮮哉然由此并可見劉君用意之深矣明治二十三年七月望日崎陽山樵岡田義雄譔於江户旅次

日本國事集覽序

古今大勢合久必分分久必合三皇五帝以降一變而至春秋再變而至戰國廢封建置郡縣此分合自然之勢也今天下五洲互市聘使往還其時事與春秋戰國雖異其大致則略同是各國之政教海疆其勢有不可不周知詳考者況日本與我共處亞洲素號同文其閒僅隔一水慶應以前（同治六年前）一切制度取法乎唐自廢將軍而後力尚泰西創海軍設學校百工之事農商之業上下一心勵精圖治其富強正未可諒也光緒三年我國遣使通商十四年派員游歷其彼國之風土人情政治疆域或筆之於詩文或誌之以圖說收括幾至無遺汾忝居譯職自愧才疏學陋建樹毫無每當公餘之暇則收譯彼國海陸兩軍

暨各省行政章程上起皇室下終府縣迄今積四年凡得十六卷內有前經人採輯者放失之外尚存十二卷皆近時政治頗曰日本國事集覽亦聊以助輶軒之一便而已

光緒十六年夏六月劉慶汾自序於扶桑節署

日本國事集覽總目

右二十二項凡十二卷

日本國事[illegible] 卷一

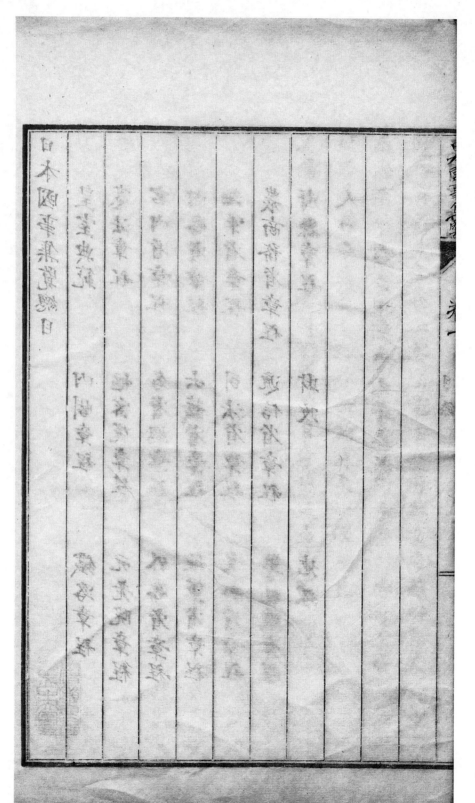

日本國事集覽目錄

主殿寮　内匠寮　諸陵寮　侍醫局
圖書寮　主馬寮　東宮職　調度局
主獵局　爵位局　皇宮警查署　皇族職員
博物館　取查制度局　御歌所
會計檢查局　取查寶物局　學習院

各省總章程

外務省章程

附公使領事章程

日本國事集覽卷一

使署繙譯兼箱館新潟夷港副理事官劉慶汾集譯

日本國事沿革摘要

按日本自神武天皇開國以來一姓相傳迄今百二十一世統計二千五百四十九年紀自神武越千八百四十三年傳八十二世至後鳥羽天皇建久三年源頼朝為將軍越三十三年傳八十八世至順德天皇嘉祿二年藤原頼經為將軍越百八年傳九十六世至後醍醐天皇元弘三年護良親王為將軍越十七年至光明天皇歷應元年足利尊氏為將軍越二百五十一年傳百六世至後陽成天皇慶長八年德川家康為將軍自有將軍以來其政不出於天皇皆將軍宰之越二百七十九年傳

百二十一世至今皇慶應三年同治六年丁卯正月四方興勤王之師起東征之役閏九月亂平將軍始廢天皇收復大權自是崇尚泰西設總裁、議定、參與、三職、總裁以親王任之、議定以公卿諸侯任之、參與以公卿諸侯及藩士任之、藩士作朝廷股肱、門閥毋任世襲、此七百餘年以來之大改革也、慶應四年春、正月、設神祇、內國、外國、海軍、陸軍、會計、刑法、制度、七科、以參與官分掌其事、以議定官督之、二月、改三職為總裁局、改七科為七局、曰內國局、外國局、神祇局、軍防局、會計局、刑法局、制度局、閏四月、定其官制、以太政官所屬之事、分為七官、曰議政官、行政官、神祇官、會計官、軍務官、外國官、刑法官、復置立法、行法、司法、三權、分掌其事、議政分為上下局、上局之官、曰議政、曰議定、曰參與、下局之官、曰議長、曰議官、勷理朝政、各地方則設府縣知事、分司政教、其朝廷政治、是時雖以議政行政兩官任之、寔頗有難分之勢、至九月、以議定參與等官、商行國政、改元為明治元年、明治二年、四月、設民部官、總管各府縣事務、是月、廢議定參與等官行政之權、不旬日、諸事叢脞、又復之、五月、開上下議局、廢議政官、仍以議定參與為行政官、嗣是凡三等以上之官、須民間投票公舉、是月、新設彈正臺、并尹弼忠疏等之職、七月、改定各官之制、以太政官次於神祇官、并設民部省、大藏省、兵部省、宮內省、外務省、待詔院、大學校、彈正臺、皇太后宮職、皇后宮職、東宮坊、宣教使、開拓使、等官、各司其事、三年閏十月、設工部省、四年七月、廢彈正臺刑部省、設司法省、自是刑法之事、大加更易民、頒琉法、是月、十四日廢列藩為縣、廢大學為文部省、復廢民部省、改太政官之官制、新設正院、左右院、置議長議官於左院右院、以為各省長官次官會議國政之所、八月改神祇官為神祇省、五年二月、廢兵部省、設陸軍省、海軍省、始講求武事、自此揣摩泰西、不遺餘力、三月廢神祇省為教部省、管寺觀及教義之事、六年十一月、設內務省、按自明治維新以來、管理國內政治之官、興廢不知凡幾、明治二年、改置各官省、以民部大藏合而為一、明年七月、復分為二、再明年七月、遂廢民部省、以國內政治、專屬於大藏省、後又復立內務省、總理全國政事、因是時征韓之議寢、而力圖內治者也、八年、夏四月、廢左院、設元老院、十一年正月、廢教部省、按該省當維新之初、乃掌神祇之官太政官復位其次、後改為神祇省、又改為教部省、繼竟廢之、蓋該省所掌之事、統歸內務省屬也、十四年、四月、始設農商務省、先是農商之事、各有所屬、民部省有通商司、大藏省有勸農寮、工部省有勸工寮、三省施之數年、不得其宜、職是特立一省、專司其事、以期實效、十月、置太政官於參事院、十五年二月、因民間物議紛起、始廢開拓使、設三縣、十八年、十二月、廢太政大臣、左右大臣、及參議各官、設內閣總理大臣、并以各省大臣勸理內閣、是月廢工部省為遞信省、廿一年四月、設樞密院、定顧問等官、以供諮詢國務、查明治改元以來、洗革舊制、官署更迭不一、今撮內官、曰內閣、曰元老院、曰樞密院、曰宮內、曰外務、曰內務、曰大藏、曰陸軍、曰海軍、曰文部、曰農商務、曰遞信、曰司

法、十省外官、曰府、曰縣、曰控訴院、曰裁判所、曰郵便局、曰警查署、此維新後沿革大要也、茲將各署章程、逐譯於後、

附改元詔書 明治元年九月初八日佈告

詔曰朕太乙而登位膺景命以改元洵聖代之典型乃萬世之標準也朕雖否德幸賴祖宗之靈祗承鴻緒躬親萬機之政乃改元欲與海内億兆更始一新其改慶應四年為明治元年自今以後革易舊制一世一元以為永式主者施行

頒行皇室典範詔書

詔曰我日本承天之祐享有此國萬世一系相承以至朕躬此皆我祖宗肇國之初定法良美昭如日星當今之時宜徵遺訓立皇家之成典固永遠之丕基是以朕兹定皇室典範望後嗣子孫遵守毋違

皇室典範 明治廿二年二月十一日勅定 劉慶汾集譯

第一章 承繼皇位

第一條 日本國皇位本祖宗之皇統系、世以男子相承、

第二條 皇位、應傳皇長子、

第三條 若皇長子薨、即傳於皇長孫、若皇長子、皇長孫、均薨、即傳於皇次子及其子孫、自此以下、皆照此例、

第四條 皇子孫相承皇位、須以嫡出為先、若皇嫡子孫均薨時、始以皇庶子孫相繼、

第五條 皇子孫皆薨時、即傳於皇兄弟及其子孫、

第六條 皇兄弟及其子孫皆薨時、即以皇伯叔父及其子孫相承、

第七條　皇伯叔父、及其子孫皆薨時、應傳於最近皇族、
第八條　同等皇兄弟內、應以嫡先以庶後、以長先以幼後、
第九條　皇嗣子、若患不治之症、或有重大事件之時、則應詔皇族會議并諮詢樞密顧問等官、遵前數條循序承繼、

第二章　踐祚即位

第十條　天皇崩時、皇太子即踐祚、承祖宗之神器、
第十一條　即位之禮、及大嘗祭須在西京行之、
第十二條　踐祚之後、即建元號、一世均不得再改、須從明治元年之定制、

第三章　成年立后立太子

第十三條　天皇及皇太子皇太孫、均以滿十八歲為成年、

第十四條　皇族以滿二十歲為成年
第十五條　以備嗣皇子為皇太子若皇太子薨以備嗣皇孫
為皇太孫
第十六條　立皇后皇太子皇太孫時須以詔書佈告臣民
第四章　稱謂
第十七條　天皇太上皇太后皇太后皇后皆尊稱之曰陛下
第十八條　皇太子皇太子妃皇太孫皇太孫妃親王親王妃
內親王王王妃女王皆尊稱之曰殿下
第五章　攝政
第十九條　天皇若未成年須設攝政之人
天皇若久因大故不能親政經皇族及樞密院會議之後則

設攝政之人

第二十條　攝政應以成年之皇太子或皇太孫任之

第二十一條　若無皇太子皇太孫或皇太子皇太孫尚未成年應遵左之次序任攝政之職

第一親王及王

第二皇后

第三皇太后

第四太皇太后

第五内親王及女王

第二十二條　皇族男子任攝政之職應遵繼承皇位之次序

女子攝政亦應遵此

第二十三條　皇族女子攝政須要無配偶者
第二十四條　最親之皇族如尚未成年或因佗故以致疏遠之皇族任攝政之職後來最親之皇族至於成年并將佗故理清除對皇太子皇太孫外其任不能讓與別人
第二十五條　攝政者苟身患重病或有重大之事故應經皇族樞密院議定後遵次序任之

第六章　太傅

第二十六條　天皇尚未成年應設太傅掌保育之事
第二十七條　若先皇遺命太傅不能相任之時須照皇族樞密院所議者選任之
第二十八條　太傅攝政其子孫不能承繼其任

第二十九條　攝政非經皇族樞密院會議諮詢後太傅不能退其職

第七章　皇族

第三十條　稱之皇族者太皇太后皇太后皇后皇太子皇太子妃皇太孫皇太孫妃親王親王妃內親王王王妃女王等之謂也

第三十一條　由皇子至皇玄孫男為親王女為內親王五世以下男為王女為女王

第三十二條　由天皇支系入承大統其兄弟姊妹曰王曰女王者均應賜以親王內親王之號

第三十三條　皇族誕生命名婚喪等事宮內大臣應公佈於

衆、

第三十四條　皇室譜系、暨前條所載各節、應藏於圖書寮、

第三十五條　皇族應由天皇統率、

第三十六條　攝政在任之時、應照前各條之事行之、

第三十七條　皇族中男女、有幼年失父者、應命宮內官寮保育、然後天皇查其景况、再勅任人以輔之、

第三十八條　相輔者、須選皇族內成年以上之人充之、

第三十九條　皇族之婚嫁、須在同族之內、或與華族諸侯聯姻亦可、但此必須降旨欽定、

第四十條　皇族婚嫁、必須奉旨、

第四十一條　皇族婚嫁之勅書、宮內大臣須署名捺印、

第四十二條　皇族不能收養他人之子為己子

第四十三條　皇族欲出國外遊歷必須請旨遵行

第四十四條　皇族女子嫁與臣籍則不能謂之皇族若係特旨欽定者仍得有内親王女王之稱

第八章　承授土地物件

第四十五條　歷代相傳之土地物件不能分割讓與他人

第四十六條　世傳之土地物件經編入勅書後宮内大臣須將此公佈於衆

第九章　皇室經費

第四十七條　皇室一切經費、定出常額、由國庫供給、

第四十八條　皇室經費之預算結算、檢查等之事、以及一切

章程、應照皇室會計所定之法、

第十章　皇族詞訟及懲誡

第四十九條　皇族内有互相訴訟之案、須由天皇降旨、派員在宮内省審判、審判後、再經聖裁、始能施行、

第五十條　人民有與皇族訴訟之事、則在東京控訴院審判、但皇族須有人代、不得本身親到公庭、

第五十一條　若皇族有罪、地方官未經奉旨、不能押解傳喚、

第五十二條　皇族若有污辱職位之事、或對皇室有不忠順之舉、應降旨申飭、重者削去王位一等、再重者則全削去王位、

第五十三條　皇族若有蕩業等事之時、應降旨禁止、并責任

之負

第五十四條　前二條係經皇族會議後請旨欽定者

第十一章　皇族會議

第五十五條　皇族會議必須皇族内成年以上之男子方能入會其會議之特内大臣樞密院議長宮内大臣司法大臣大審院長同列會席

第五十六條　皇族會議之特天皇應親臨會席并於皇族内勅任一人以充議長

第十二章　補遺

第五十七條　現在之皇族五世以下曾賜以親王之號者仍依舊

第五十八條　繼承皇位之次序、須依親支、如現在之皇養子、皇猶子、佗嗣不能混之、

第五十九條　親王、內親王、王、女王之品級、令廢之、

第六十條　親王之資格、以及佗、若有牴觸此典範者、廢之、

第六十一條　皇族之財產歲費、以及一切章程、另行核定、

第六十二條　將來若有更改增補此典範條項之事、必須皇族會議、樞密院諮詢後、仍請旨欽定、

第五十八條　繼承皇位之次序須永依親支而現在之皇養子
皇猶子從嗣不准混之

第五十九條　親王內親王王女王之品級今[illegible]之

第六十條　親王之家格及其他名有抵觸此典範者皆廢之

第六十一條　皇族之財產歲費及一切章程另行核定

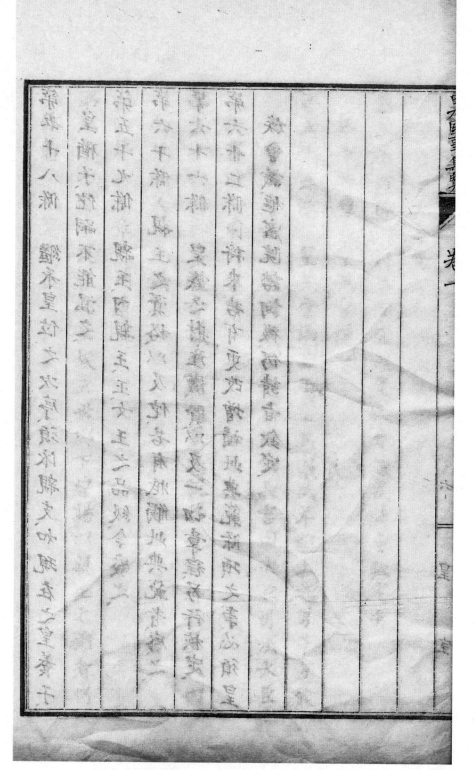

第六十二條　將來若有更改增補此典範條項之事必須皇
族會議樞密院諮詢而請旨欽定

内閣沿革摘要

慶應三年十二月十四日廢德川將軍所設之内府太政等官設總裁參議參贊三職以總理國政明治元年五月十三日以九條官弟為太政官之公署二十七日移太政官於二條城二月五日於三職八局中定徵士貢士之制閏四月廿七日改定官制分大政官為七官設司法行政立法三權分掌其事十月遷都東京降旨萬機親裁二年正月十八日定議政官行政官規則七月改定官制以行政官為太政官八月定太政官規則二十日降旨更定官位十二月更定太政官規則三年十一月於太政官署内設舍人小舍人雅樂局廢侍從之官十一月廿八日改大舍人以下之官位於雅樂局内設中伶人廢伶生十

二月二日、以舍人為雅樂局之幫辦、四年七月十四日、廢辨官、二十九日、廢左右大臣、納言等官、設正院、左院右院、定太政官之職、并三院之章程、以式部、舍人、雅樂、三局歸正院統轄、八月十日、以太政官為本官、以諸省為分官、廢式部、雅樂舍人、設式部寮、掌舍人及雅樂之事、廿二日、定伶官之等級、五年正月、太政官署中、設博覽會事務局、二月、式部寮中設大舍人番長、十月廿七日、博覽會事務局中、設正副總裁、書記等官、六年、十二月、廿七日、設内閣顧問官、七年四月、於正院設台灣番地事務局、八年正月、廢番地事務局、三月改稱博覽會事務局為博物館、歸内務省屬、四月改定、式部寮中伶人品級、是月、廢左右院、擬式部寮歸宮内省屬、是月、改歷史課為修史局、七月三日、設法制局廢法制課八月設地方官會議事務局設議則課九月廢內外史設正權大少史是月撥印書局歸大藏省屬是月撥內務省地誌課歸正院屬附於修史局是月定法制局職員品位同月廢正院所屬之諸課十月廢正權大舍人設大舍人十二月撥宮內省屬之式部寮歸正院屬九年六月法制局設立主事官十月正院內設賞勳事務局定其官十二月改稱賞勳事務局為賞勳局十年正月廢正院之稱廢修史局設稽查局是月設修史館定其官位歸太政官屬二月稽查局始設立長官九月又以式部寮歸宮內省屬十月修史館中設監事定其等級十二月復於修史館中設編輯地誌事務課十一年三月廢賞勳局長官設總裁副總裁法制局又復設長官十二年三

月定内閣書記官長等級十三年三月廢法制清查局設法制
會計軍事内務司法外務六部是月於太政官署内設會計檢
查院廢大藏省檢查局是月始定會計檢查院長官等位是月
定法制部以下六部之事派員分掌十四年二月於太政官署
内設審理局定辦理事務條規是月定修史館掌理以下等官
之俸四月更定會計檢查院之章程五月太政官署内設統計
院隨定其官位章程十月太政官署中設參事院是月廢法制
部以下六部是月定參事院官制章程廢審理局十二月改定
修史館官制薪俸是月廢大舍人十五年正月改定會計檢查
院官制章程三月改定統計院官制十六年十二月設修史館
副總裁增定官制十七年正月於太政官署中設恩給局隨定

其官制、四月改定參事院章程、十二月、改書記官長為欽命官、
十八年、五月、改定恩給局制度、十二月、廢太政大臣、左右大臣、
以及參議并各省卿之職、設各省大臣、以勷助內閣、是月須改
內閣官制之詔書、是月廢工部省、以鑛山工作等事、歸農商務
省屬、以電信燈臺等事、歸遞信省屬、以工部大學歸文部省屬、
鐵路事務、歸內閣屬、廢參事院、及制度清查局、是月以從前太
政官所屬之事務、歸內閣管理、設法制局、隨定其官制、改內閣
書記官之官制、是月廢文書恩給二局、設記錄、會計、官報、三局、
隨定其官制、是月定鐵路局之官制、廢賞勳局主事秘書記等
官、是月廢統計院、改設統計局、隨定其官制、十九年、正月、廢修
史館、改設臨時修史局、隨定其官制、三月頒佈賞勳局職員、并

年俸等事、四月頒會計檢查院官制、二十年七月、定文官考試委員之官制、二十一年、十月、廢内閣臨時修史局、廿三年三月廿六日、改文官試驗局章程、

内閣章程 明治十八年十二月二十日勅定

一奉詔内閣設總理太臣一人以各省大臣勷助
二太政大臣三條奏請改内閣之制并自行陳請開太政官缺
着照所請
三内閣書記官長令改爲欽命
四内閣書記官以四人爲限應由奏派屬官以二十二人爲限
官位分以等自一等以至九等
一書記官應聽内閣總理大臣之命掌出入公文以及起稿
并奏派官以上之奏薦叙位等事
一屬官應聽上官之命掌書記及計算等事、
五賞勳局掌酌量功勲嘉賞之事其員數定如左、

一總裁一人係欽派一等
一副總裁一人係欽派二等
一議定官十二人以各親王大臣兼任
一書記官二人改為奏派自一等以至四等歸長官屬掌公文之事
一屬官十五人自一等至九等

六法制局歸總理大臣管轄局中設立三部
一長官一人係欽派
一參事官二十人係奏派
一試補參事二人
一屬官二十八人自一等至九等

行政部

行政部掌外交内務勸業教育軍制財務遞信等事若有關以上各項欲降上諭時應歸該部起稿

法制部

法制部掌民法訴訟法商法刑法治罪法等事若有關以上各項欲降上諭時應歸該部起稿

司法部

司法部掌恩赦特典以及諸裁判所之官制等事

一長官應聽大臣之命統督各參事官

一各部應以參事官一人充當部長

一部長應聽長官指揮掌理各部事務

一參事官分屬於各部應掌上諭起稿之事
一部長與參事官准由總理大臣派往元老院荅辯内閣交
一下之議案
七文官試驗局掌考試之事附考試官條規
第一條總稱之曰考試官者、合試驗局考試委員、中央尋
常考試委員及各地方尋常考試委員而言也、
第二條高等考試、若欲考試高等文官之時、須設立文官
試驗局、設考試官、歸内閣總理大臣管轄、其應設之官如
左、
長官一人、勅任、
考試委員、十人、奏任

書記官 二人奏任

屬官 五人自一等至九等

第三條 長官一人應由勅任掌文官考試暨試補以及學習規則等事并兼任高等考試委員之長

第四條 長官應監督考試委員凡有關考試之事准其訓令一切

第五條 凡有關帝國大學以及諸學校之考試規矩章程等事准其長官於内閣總理大臣前述其意見

第六條 長官於每年底應將禀請考試者當選者暨試補學習以及已考取之文官身分年齒籍貫詳細造册呈請總理大臣

第八條　考試委員應於內閣中勅任奏任等官以及官立學校之教官等內選擇任之

第九條　考試委員應歸長官監督掌考試之事并徵召之事項

第十條　書記官限二人應由奏任整理文書之事須聽長官指揮

第十一條　屬官以六人爲限承上官之命掌書記計算之事項

第十二條　尋常試驗之時應在中央官廳每廳設一考試委員若在外府縣應於每府縣設一考試委員

第十三條　中央尋常考試委員應由各官廳長官於局長
參事官書記官內選員充之
第十四條　各府縣之考試委員應由各府縣長官於各廳
官吏及各學校教官內擇員充之
第十五條　欲考試之時應由各廳長官於考試委員內擇
員充當考試委員長
第十六條　考試委員長經各廳長官擇定之時應將該長
之官銜姓名通知文官試驗局長
第十七條　考試委員長應監督考試委員掌文官考試暨
試補以及學習規則等事
第十八條　有關公立學校考試章程規則等事考試長可

將本己意見具禀試驗局長官

第十九條　尋常考試委員長應於每年底將禀請考試者

當選者學習事務者以及已考取之文官身分年齒籍貫

報告試驗局長官

第二十條　尋常考試委員考試之後應將考試情形規則

詳細報告試驗局長

第二十一條　凡尋常考試有關書記計算等事應歸各官

廳之屬官管理

附新章明治二十三年三月二十六日更定

第一條　當考試高等文官之時應設考試長官以及委員

歸總理大臣管轄

第二條　考試長官以及委員應由總理大臣於勅任奏任各官暨官立學校之教官内選定請旨分派

第三條　考試長官以及考試委員之經費照事之繁簡發給但不得過二百元

第四條　考試長官應監督考試委員凡關考試之事總歸考試長官管理

第五條　考試委員掌招考以及考試之事應聽長官監督

第六條　凡關高等考試之事其書記計算等項應於内閣判任官内選員管理

第七條　當尋常考試之時應於中央官廳以及各地方官廳内設尋常考試長以及考試委員人等

第八條　尋常考試委員長以及委員應由長官於各官廳高等官内選充

一各府縣尋常考試其考試長以及考試委員應由各府縣長官於所屬各官吏内暨府縣所設立之學校教官内擇員充當

第九條　尋常考試長掌考試一切事務監督考試委員

第十條　考試委員掌招考以及考試等事

第十一條　凡關尋常考試事務書記計算等員應於各官廳判任官内擇員充當

八記錄會計官報三局附章程

第一條　各局設長一人次長一人由奏任

第二條　記錄局設屬官二十四人會計局設屬官二十七
人官報局設屬官二十八人
第三條　各局長所掌之事應由内閣總理大臣分派其所
屬之官應由該各局長統督各勝一部之任
第四條　次長應勷理局長整理全局事務
第五條　屬官應聽上官指揮掌書記計算等事

記錄局
第六條　記錄局内應設記錄課圖書課掌文書之記錄編
纂以及類集圖書等事
一　記錄課掌編纂内閣一切文書以供各科查閲至於
一文書出入等事亦應該課執掌

一圖書課掌内閣所有之書籍應隨時將目錄類清以備各官查閱至於書籍出入等事亦應歸該課執掌
會計局
第七條　會計局内應設恩給課會計課掌朝廷恩賜及内閣用度等事
一恩給課掌海陸軍以及文官等蒙恩賞之事
一會計課掌内閣書記官及各局經費豫算結算之事至於内閣有建築修繕等務亦應歸該課執掌
官報局
第八條　官報局内應設編輯課繙譯課掌編輯刷印官報之事

一編輯課掌編輯書類以及官報登載刷印等事

一繙譯課掌繙譯外國文字以及配送官報等事

九統計局

第一條 統計局掌編輯一切統計之事應設局長一人次長一人均由奏派屬官二十人自一等至九等

第二條 局長所掌之事應由內閣總理大臣分派其所屬之官該局長應行統督各勝一部之任

第三條 次長應勷理局長整理局務

第四條 屬官應聽上官指揮掌書記計算等事

十會計檢查院

第一條 會計檢查院應檢查政府經費會計茲所設之官

如左
院長一人　欽派
副院長一人　欽派
書記官二人　奏派
撿查官十人　奏派
撿查官補以及屬員人數不詳
第二條　院長歸內閣總理大臣管轄掌國庫以及各廳金銀品物之會計至於官家財產增減每年出入賬項等冊該院長應詳細　對閱查其當否
第三條　院長所屬之官應隨時統督至於奏派官員之外除應具禀總理大臣屬官以下者聽該院長自行差撤

第四條 院長欲撿查會計准其於所屬各官廳內委員辦
理清查
第五條 院長撿查各冊若有必須認真之處應行記出命
經手之官辯明
第六條 院長於撿查金庫倉庫以及他事准其派員與經
手之官會同查辦
第七條 撿查各會計若無錯誤者應給憑據與經手之官
若有錯誤者直通知該部長官按例懲辦并視其事之情
形直稟請總理大臣懲辦亦可
第八條 院長應於年底前五月將所查之情形并應用之
欵項呈報總理大臣

第九條　副院長應佐理院長若院長有事故之時可代辦理一切

第十條　書記官掌文書會計之事

第十一條　檢查官應聽院長之命分掌檢查會計事務

第十二條　檢查官補分屬於檢查官佐理一切事務

第十三條　屬官歸書記官屬幫辦書記會計事務

十一　鐵道局

鐵道局掌修造鐵路暨運輸等事其長官掌理本局事務統督所屬之官其判任以下之官准該局長奉行差撤該局管事官員茲定如左

一　長官一人　欽派

一事務官十二人奏派應承長官之命各司其事

一屬官一百五十二人承上官指揮掌書記計算等事

一技師頭二十五人奏派視其技藝優劣分為五等

一技人四十八人係長官札委視其技藝優劣分為九等

一　技手四十八人判任官承總其技藝修方分掌事

一　技師三十五人奏任總其技藝修方令從事

一　屬官一百五十二人承上官指揮掌書記計算諸事

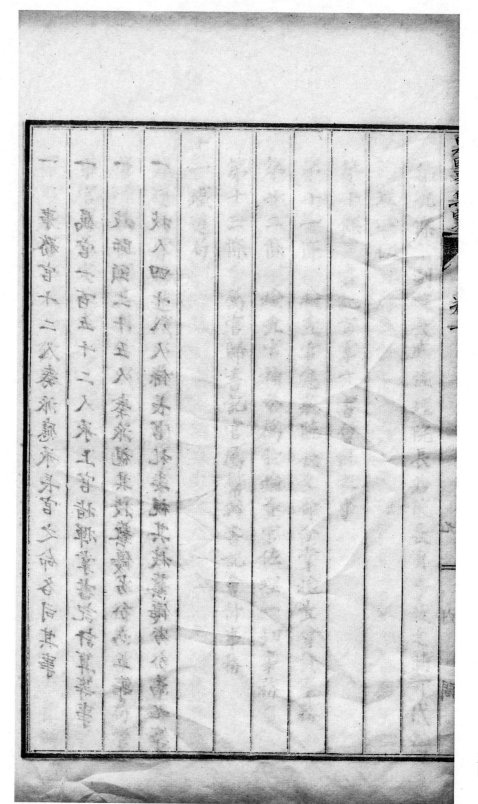

一　事務官十二人奏任承長官之命分司其事

鐵路

日本維新以來初無鐵路明治五年即同治十一年始聘泰西人於東京橫濱閒創設試行是時物議紛起逾數月功成人民咸知其便各地稟求修設議集公司商辦迄今閱十八年東海道鐵路延至姬路計程三百餘里英里北海道鐵路左至塩灶右至直江津計程均二百餘里英里其東海道鐵路神戶至東京者官有之也北海道鐵路則皆民有之也茲將鐵路章程逐譯如左

鐵路章程 明治五年五月定

車錢事項

第一條 凡欲搭坐火車者無論何人總須先交付車錢然後

給以車票始准搭坐否則不許上車

第二條查驗車票及交還事項

凡車票須交管事者查驗後始准出口上車但查驗之後應即交還本人苟當查驗之時不呈出查驗或到所去之地方後不將票交出者均應重納車錢若從半途混入車中到後無票繳出者應從搭車之地結算付錢倘不分明者應由火車第一碼頭起算

第三條在中途火車頭搭載并車票事項

如有在中途火車頭搭載之人姑無論車中有無空地應准其搭載但若買票之人數太多以致車不能容之時須將各人所買之票查其所去之路遠者先使搭載若衆人均係同

去一處時則應依所買之車票號數次序搭載

第四條 懲罰欺偽之人事項

不論何人總應先交車錢始許搭載倘有混搭載者或買中下等票混坐上等車或買近地之票去遠地希圖胡混車錢或買到某地方車票未到該地時亦不准下車以上各項以及此外無論用何詭計欲圖不給車錢者一經查出則按法懲罰

第五條 火車正開之際禁止出入事項

火車正在開行之際不准出入或衆人居坐之車外不准搭載（搭車者有一定之坐位不准紊亂次序規矩）

第六條 禁止有瘡疤之病人事項

凡身有瘡疤之人以及傳染疫症之病人均不准搭載儻有混入車內者一經查出即行逐出車外并逐出鐵路公所之外

第七條　禁止吸烟并男子出入婦女車房事項

不論何人在火車中不准吸烟至於火車頭另有婦女候車之屋或火車經婦女另僱者男子均不得妄入茍有妄入者管事之人告誡之尚不聽從則直逐出車外并逐出鐵路公所之外

第八條　懲罰醉人以及行狀不端之人事項

不論何人如在車中或火車頭或鐵路公所之內乘酒醉妄作妄為或行狀不善者應逐出車外并鐵路公所之外

第九條　損壞鐵路上應用之器具事項

不論何人苟妄將火車頭或公所內之器具或章程告示等物毀棄破壞或將號數牌拋棄或將車燈消滅或將各車上之器械或倉庫牆柵等物毀壞者均按法懲罰

第十條　禁止擅入機器車房事項

火車上機器房除火夫之外他人不得擅入至於裝煤裝水之車以及貨車除管車者外他人亦不得擅入倘有犯此數項經管事人禁之尚不聽從者則即逐出該地之外

第十一條　懲辦妄入公所之人事項

無論何人苟妄入火車頭或鐵路公所之內者管事之人應即將該名逐出

第十二條　搭客貨物紛失毀壞事項

搭客之行李荷物應另外交付運脚取一證據儻有紛失毀壞等事政府應行賠償但賠償只搭客自用之衣服而已償銀不得過五十元至於未取得有證據者儻紛失毀壞之後不但於政府無干且須交付運脚

第十三條　金銀寶器紛失損壞事件

凡搭客之金銀珠玉玻璃漆器陶器象牙雕刻金銀鐘錶渡金玩物骨董一切貴重之物以及金銀滙票一切契據圖畫書籍綢緞布匹衣服綵繡等物搭客應將該貨原價詳細向鐵路管事報明另給運脚始可包無紛失損壞等事否則不能向政府稟求賠償

第十四條　載運牛馬獸類事項
凡有欲搭載牛馬其他獸類之事該物主應將該獸原價詳細向鐵路管事言明當即格外多給運脚取一證據如有紛失損害等事始能向政府求償如不格外多給運脚無論係如何貴價之獸儻有紛失損害如牛一疋只償銀二十元馬一匹或乳牛一匹只償銀五十元羊一或豚一隻只償銀五元此外則政府不能償賠

第十五條　禁止放礮事項
不論何人在火車内或鐵路傍或公所中均不准施放鎗砲

第十六條　禁止運載爆裂物件事項
凡火藥炸藥硝磺煤油以及一切易於爆燃之物均不准運

載

第十七條　交付貨物事項

凡貨物欲搭火車運送者該物主須將貨物名目輕重并運到何地繳交何人應將地名姓名逐一詳記清楚交付鐵路管事之人

第十八條　獸類貨物紛失損壞賠償事項

凡火車裝運之貨物獸類如有紛失損害等事苟非鐵路管事之人怠惰疎漏生出者不能向政府賠償

第十九條　貨物運價事項

鐵路定章凡搭上等車者准其隨帶行李百斤搭中等車者准其搭行李六十斤搭下等車者准其搭行李三十斤此外

如有餘者或貨物則應照輕重另給運脚苟不給者則概不准裝運如已裝運而不給運脚者則將該物全數扣留或扣留一半倘已發送別處將以後該名如再有搭貨則將該貨扣留拍賣將前次運脚一并扣清

第二十條違犯鐵路章程事項

不論何人如有違犯以上各條規其人其貨概不准搭載

第二十一條更改章程事項

鐵路章程如有更改增減等事須出示公佈於衆

第二十二條承運貨物事項

凡承運貨物須先視火車有無餘地

第二十三條審判罪名事項

照此章程如有犯之者鐵路總辦或幫辦應將該犯交刑法
官懲罰

第二十四條　豫定運價事項

凡搭客以及貨物其車價因時雖有更改但欲更改之時應
於前兩禮拜出示公佈如未先告示臨時仍須照平常價值
運送

鐵路懲罰章程 明治六年三月定

第一條 鐵路管事者當辦公之時苟搭客人中有酒醉者乘勢向該管事滋事或詈罵以及一切無禮等事應罰銀二十五元以內苟鐵路管事因怠惰疎忽生出危險等事使搭客受害之時視其情節罰銀五百元以內或收禁三個月或處以三個月之懲役刑 懲役云者收在獄內使之作苦工也

第二條 鐵路章程第四條中所載各項如有犯之者罰銀二十五元以內或收禁一個月

第三條 鐵路章程第五條中所載各項若有犯之者罰銀十元以內

第四條 鐵路章程第六條中所載各項如有犯之者將已付

之車錢充公外罰銀二十五元以内
第五條　鐵路章程第七條所載各項如有犯之者將已付之車錢充公外罰銀十元以内
第六條　鐵路章程第八條中所載之事如有犯之者將已付之車錢充公外罰銀二十五元以内或收禁一個月
第七條　鐵路章程第九條内所載之事如有犯之者罰銀五十元以内或處以四十二日之懲役
第八條　鐵路章程第十條所載之事如有犯之者罰銀二十五元以内
第九條　鐵路章程第十一條所載之事如有犯之者罰銀二十五元以内或收禁三十日

第十條　鐵路章程第十五條所載之事如犯之者罰銀二十
五元以内
第十一條　鐵路章程第十七條所載交付貨物一節不將貨
物名目提單交出或提單中妄開貨物名目者一經查出或
處以三個月之懲役或收禁三個月如該僞貨重至一噸者
罰銀二十五元以内重一噸以下者罰銀十元以内但罰銀
不得過五百元
第十二條　苟有毀壞鐵路内之物件者照前第七條科罰之
外尚應賠償該物件原價其賠償之銀兩由刑法官追繳

非常應接諸物件與買賣諸償之成例由判官通融

第十二條凡若有就鐵路內之物件當照前條文懲罰之

不得過五百元

罰鍰二十五元以內重者以上者罰鍰十元以但罰鍰

處以三個月之懲役或罰業三個月加減徵貨重至一年者

物各自處罪文出於其罪中要明條例爲目者下違重輕文

第十一條凡鐵路章程第十七條所載交付其物一節不許者

五元以內

第十條凡鐵路章程第十五條所載之事如犯之者罰鍰二十

商辦鐵路章程 明治二十年九月勅定

第一條　凡商民欲修造火車鐵路載人運貨必須立一公司其合夥人數須五人以上連名具禀本地方官由本地方官轉詳政府

第二條　禀帖中應將左列五項全數登載

第一項　公司名目以及公司所在之地

第二項　鐵路自何地起至何地止由何地經過須附一略圖

第三項　資本共有若干股分共有若干每股銀若干須逐一記明

第四項　修造之費共需若干造成之後每月畧計可收車

錢若干須逐一記明

第五項　承首者之姓名住址以及承首者在股若干至於股分若僅十股承首者應在兩股以上

第三條　政府將所呈之禀閲後如大勢尚有不合之處則批仰該地方官轉命該承首者將鐵路圖式并作工章程以及該公司之定欵再改造呈禀若該鐵路將來修成之後苟有妨碍或該地方不應修造鐵路之時則將原禀發还本人

第四條　政府將所呈之禀閲後如認作妥當之時則給一免許狀（批准後另給之證據也）准其動工修造

第五條　承首者未領得政府免許狀之後不能募集股　銀動工

第六條　自領得政府免許狀之日起限定三個月以内動工其竣功日期須遵免許狀内豫算之限若在限内難於竣功之時須於兩個月前將其情稟明本地方官轉詳政府展限但展限日期不得過豫算之日數

第七條　軌道之幅員除批准數目之外其寬不得過三尺六寸

第八條　左記之各地面准其歸鐵路公用

第一項　鐵路沿途應設之地以及幅員兩傍或築堤或架橋有一定必需之土地聽其取用

第二項　修造火車頭或修築車庫貨庫以及一切應要之土地准其取用

第三項　鐵路總辦以及司機器者并值班者所住之房屋欲修築時其應需之土地准其取用

第四項　製造車輛器具之機器房以及堆藏材料器具之倉庫欲修造時其應要之土地准其取用

第九條　因為修造鐵路欲更換從來之道路橋梁溝渠運河或暫時移往他處等事須稟明所轄之地方官但一切費用應歸該公司支付

第十條　苟鐵路將從前道路橫斷之時則應另架橋梁或横設一小路以便人行走至於時有人來往之地欲防其危險應設墻栅門户使一人常在該處看守

第十一條　鐵路修完一段可以載人運貨或全竣功時定於

何日開行均須稟明鐵路局長官

第十二條 照前條竣功後須稟明鐵路局長官該長官應即派員前往查驗如軌道橋梁車輛等物均極完善之時則應給一免許狀准其開行如以上所載各物尚未完善時須再行改築修理但查驗委員應詳細指示命該公司改造

但公司如未領得免許狀時火車不能開行

第十三條 凡修造鐵路之時該局長應派員前往查勘其鐵路落成以及載運人貨之時亦須派員查驗如查出有危險之事該查勘委員應逐一指示該公司再行改造修理

第十四條 如有改築修理之事亦須派員盤查

第十五條 如於官有之土地（官有地云者即政府之公地也）以及前第九條

所載之各土地內修造鐵路時其地價應照時價算交政府若於人民所有之土地內修造鐵路時其地價須照平時買作公地之價值章程算交地主如該土地上有房屋倉庫之時亦照平時賣與公家之價值合算

第十六條　各土地經該公司買定之後如不修造鐵路或欲更改路徑不用該土地之時其土地應交還原地主地主須將價銀退還該公司

但已買定之土地如不用時該公司應通知原地主苟原地主過三個月不將該土地買回之時以後則不能向該公司退買

第十七條　政府可於該公司修造之鐵路沿岸設立電報柱

該公司可以借用該電報柱架設電線以供鐵路来往電報之用但每年須交一分使費銀兩歸政府修理

第十八條政府如欲於該公司鐵路公署內辦理郵便電報該公司不能向政府要求費用如政府欲將該公署改造或買入之時其費則應由政府支付

第十九條照明治十五年所佈之章程凡政府之郵便（郵便云者書信也）以及遞送郵便人之車錢應照左開兩項該公司與遞信省須豫行約定

第一項凡下等火車其寬可容二十人者一里只付車銀分五厘以內

第二項下等車其寬可容貨物四噸重者一里只付車錢

五分以内

以上兩項運價固照平常價值減輕但貨車如欲新造

或欲修理之時其費應由遞信省付出

第二十條凡為辦理鐵路事務之委員無論来往何地均不

付車錢但該員必須隨身有常時搭載之車票證據

第二十一條凡因公来往之海陸軍人等以及警查官吏并

軍馬鎗礮彈葯軍裝糧食兵器幛蓬等物均應減半價運送

但該員等必須隨身帶有政府憑票

第二十二條因犯及押送因犯之官吏均應減半價運送

第二十三條若當戰時或事變之際其鐵路應暫供公用至

於平時苟有至急之事派遣兵隊往某地方時該鐵道公司

應聽本地方長官之命從速運送其車錢須照前第二十一條所載之例

第二十四條　凡海陸軍為軍事上必需火車之時苟車不合用須加改修或當新造或載卸器具之物必須製造之時其費應由該公司支付不能拒絕

第二十五條　凡政府鐵路上所行之事所設之物係為保全衆人安穩者鐵路局長官可命該公司照辦

第二十六條　凡政府以及稟明政府批准之他公司苟所設之鐵路若有與此公司鐵路相連之處或有橫斷處或有相近處或因橫斷必須另設道路橋梁溝渠運河等事之時該公司不能拒絕

第二十七條　政府鐵路章程該公司亦須遵照辦理
第二十八條　鐵路公司苟欲更改工程或更改定欵必須稟明本地方官由地方官轉詳政府
第二十九條　凡搭客之車錢以及貨物之運價其章程應當先定苟欲更改之時必須稟准鐵路局長官但下等車價每一里不得過一分五里至貨物運價若在範圍之內欲增加之時至遲亦須兩禮拜前公告於衆
第三十條　火車來往時刻以及度數必須定一苟欲更改之時應稟告鐵路局長官
第三十一條　火車運載至半年後該公司將一切情形造成清冊在四十日以内稟報鐵路局長官

第三十二條 該公司所有之財產准其將全數或一半抵當借債但借債之總額不得過股分資本十分之五每季結賬應提數歸還債項本利如不能全償之時不准在衆人股分官利内提償

第三十三條 鐵路公司結算賬目分為二種兹定如左

第一項資本賬目 凡軌道車輛器械以及收買土地并修築火車頭房屋倉庫一切創設等項應在資本内支付

第二項利息賬目 保護前項所載之各物件費用以及各辛工准在利息内支付

第三十四條 若政府鐵路與商辦鐵路接連互相換運之時其運價應由鐵路局長官酌定

如商辦鐵路與商辦鐵路接連互相撥運之價值彼此會議
不妥時應請鐵路局長官酌定
第三十五條　商辦鐵路由領得政府證據之日起開設二十
五年以後其鐵路以及其他一切等物政府有買入之權
第三十六條　欲買鐵路之公司應於未買之前五年將買價
算清每股銀該若干應均匀分派
第三十七條　鐵路公司由領得政府證據之日起如三個月
以内不能動工或於豫算期限之内或展限後均不能竣功
者應將証據繳还政府但鐵路及其他一切物件已造得一
半者准其出賣與他人接辦竣功
第三十八條　運送人貨之時苟鐵道管事躁忽怠惰或故意

生出損害等事則應問該公司賠償

第三十九條　鐵路公司如未領得政府證據則不准動工領得證據修成之後苟尚有未完善之處政府命之改修而不聽從者鐵路局長應禁止其運載其以前運載所收得之錢概行充公

第四十條　火車修成後運載人貨苟該公司有違背此章程或違背本公司條例或浪費股分公款之時政府則將該公司改為鐵路局派員續辦但續辦之後其損益皆歸在股人員分派

貞今歲[illegible]

可以為鐵[illegible]貞費[illegible]神之數其[illegible]人

[illegible]支達背本公到[illegible]人求貲[illegible]數[illegible]

萩山本藩[illegible]求車[illegible]入[illegible]公[illegible]

[illegible]行兆於[illegible]

[illegible]彼者[illegible]未應[illegible]其[illegible]

[illegible]有本[illegible]善之[illegible]

第三十九條[illegible]鐵[illegible]公[illegible]如本[illegible]則不准[illegible]

[illegible]主出損害者則應[illegible]公司[illegible]

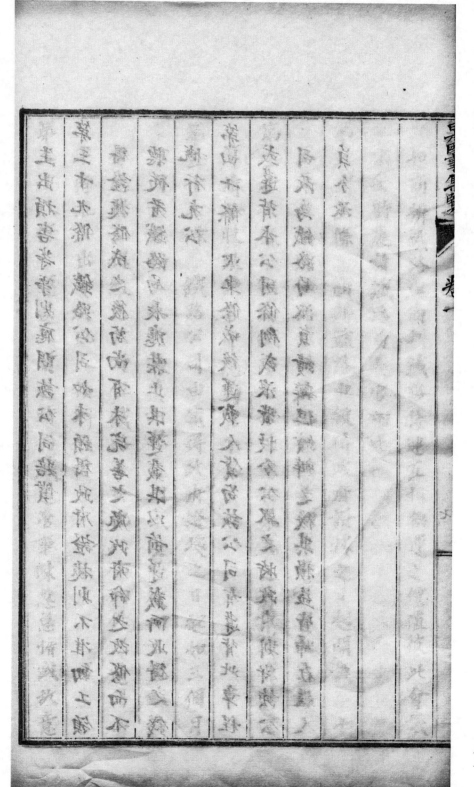

裝運火藥等物章程 明治十八年四月定

第一條 明治五年所定鐵路章程第十六條所載凡火車不能裝運火藥等物但其勢有不能不裝運者嗣後凡火藥等物鐵路局查其無礙時應行裝運

第二條 裝運火藥等物須另修一車或不與客車相連以平時運貨之車裝運內可至於軍人搭車時隨身若帶有彈藥則不在此限內

第三條 裝載火藥等物其運價每百斤每一里應付銀一分二厘但若重至三千五百斤以下其路遠至二十里以內時則應付運價銀八元四角

第四條 凡以火藥等物搭載者須將火藥種類輕重以及收

發人之姓名住趾逐一開明於兩日前呈諸鐵道局許其裝運給以憑據方准搭載若無憑據不許裝運但若遇非常緊急之事時則不按此例

第五條　火藥等物只准鐵路局辦事之員收發但收發之時刻須在日出之後日沒之前應遵鐵路局所定之時刻

第六條　火藥等物入庫出庫之時或桶盛者或箱盛者均須互相手遞不准委諸於地復不准輾轉若有不能不輾轉之時其經過之地應以草木布等物蔽於地上

第七條　進出庫房收發火藥等物之人其脚上應穿皮靴身邊不准攜帶自來火以及一切引火之物復不准在該地吸煙

第八條 收發火藥等物宜從速不可猶豫費時復不許他人
行近該地
第九條 凡火藥等物若運到火車頭或送呈鐵路倉庫之地
時總以十二點鐘為限須仔細收好倘過此時刻尚不收拾
則照火藥輕重罰銀凡火藥重一噸則罰銀二元
第十條 鐵路局收發火藥等物倘生出損害之事鐵路局不
任其責但若係鐵路局管事之員惹出者則不在此限
第十一條 凡以火藥等物搭載者須遵以上各條所載之例
其搭載時鐵路局應將章程交付該名署名捺印

日本國事集覽卷六終

日本國事集覽卷二

使署繙譯兼箱館新潟夷港副理事官劉慶汾集譯

樞密院 明治廿一年四月三十日勅設

第一條 樞密者乃天皇親臨諮詢重要事務之所也

第二條 第一議長一人二副議長一人三顧問官十二人以上四書記官長一人書記官數人以佐理其事

第三條 正副議長顧問官書記官長皆由欽派書記官由奏派

第四條 無論何項人等年齒未到四十歲者不得任正副議長及顧問官之職

第五條 議長可於書記官內擇員兼秘書官

第六條　樞密院如遇左開之事應上奏請天皇欽裁

一有關憲法法律解釋之事以及豫算或會計上有疑義爭論不決等件

一改正憲法或改正憲法附錄之法律草案

一重要事件

一凡有關改正新法暨改正現行法律之草案以及各國條約本國行政計畫等件

一上諭諮詢行政或會計上重要事件亦或必須諮詢樞密院等事

第七條　前條第三項所載重要上諭若經諮詢樞密院後應將諮詢情節載出

第八條　凡關行政立法之事雖經天皇顧問樞密院不能干與施政之事

第三章　會議及事務

第九條　樞密院會議顧問官非到十名以上不能開議

第十條　樞密院會議議長應列首席議長若有事故時以副議長列首席若副議長有事故時顧問官中按次序列首席

第十一條　各大臣按其職權准有樞密院顧問官之地位可列議席可操決斷之權但樞密院會議之時各大臣可派員出席演述說明只不得決斷

第十二條　樞密院之議事須從人衆之言決斷若是非之數各半須照首席者之言決斷

第十三條　議長應管樞密院一切事務凡從樞密發出之公文須署議長之名
一副議長應輔佐議長之職務
第十四條　書記官長應受議長之監督管理樞密院之常務凡屆會議公文總應副署其名并應審查一切事件造冊呈諸會議所有辯明事務之任但只無決斷之權
一書記官應輔佐書記官長若官長有事故時可代理其職并應於會議時筆記其事
第十五條　除特旨命議之外若不先將撿查報告冊并會議應要之書分派各員後不得開議
一議事日期以及報告須豫通知各大臣

樞密院章程 明治二十一年勅定

第一條 樞密院如奉旨會議事務應將已之意見述出

第二條 本國開國會之時無論院長官民人等有上書通信等事樞密院不得收領

第三條 樞密院只有與內閣及各省大臣公事上交涉之權如開國會時凡官民有文書往来以及一切交涉事件樞密院均不得與聞

第四條 議長送到樞密院公事應交書記官長查閱至於會議事件之報告亦應書記官長查清造冊

一 報告必須議長就任之時議長須親身任之或以顧問官一人或數人任之亦可

第五條　報告冊須由報告委員呈諸議長
一　若臨時有緊要之事准以口報告但須將要領簡短登
記於簿
第六條　議長應整頓報告冊其報告日期亦應限定凡報告
總宜速辦不准遷延
一　若關内閣急要之件須當即通知至於會議日期亦應
限定
第七條　查閱報告冊以及附呈之文書等件須在開會三日
以前發交各員
第八條　會議日期須順序記載目錄簿内第一記事務之情
節第二記會議以前所發之文書第三記會議之日期

一凡會議應辦之件同前項記載至於議事日期應詳細開一清單以備查閱若會議已定其時日須於三日前通知各員并須夾一請帖

第九條 會議時日由議長酌定但定後准各大臣禀請更改

第十條 會議應遵左載之條規正副議長須照章辦理

一 書記官長書記官須將所議之事情節簡明演述其重要之處應詳細陳明然後與各員再行討論討論既定之後由議長再定問題然須照左次序相議第一在座之各大臣第二在座之顧問官可得互相討論但無論何人未蒙議長許與議者不能發言

一 議決之要領議再申明之

第十一條　凡事於限定日期之内不能議結者准他日再行續議

第十二條　書記官長或書記官應將會議之意見起稿呈請議長撿閲其意見草稿内應附以原由若係重要事件須附以討論要領清册一分

一　若與會員中有意見不合者准其將己之意見以及應當如何決斷如何始合乎理之處逐一詳記於册

第十三條　前條所載之議事意見應由議長上奏天皇復同時通知内閣總理大臣

第十四條　樞密院會議時之筆記議長書記官長以及在座之書記官均須署名

元老院章程 明治八年太政官核定

第一條 元老院乃議國政之所茲設議長副長以及幹事幹事云者即總辦也各任其事并應執行本院章程

第二條 議長可以選舉議官為委員復可令議官選舉委員

第三條 議長與副長苟均有疾病事故之時太政大臣應奏明天皇請旨另派副長代理其事

第四條 議長當會議之時副長列於議官之席苟議長有疾病事故不能與議之時或有意見欲陳明之際副長可就議長之席代理一切

第五條 議長苟缺員之時則以副長代行其事至於會議之時副長若欲陳明己之意見准其於幹事中或議官內選員

代理解説

第六條　衆員議論相半之際議長應其可否

第七條　會議之時幹事亦准列於議官之席但該幹事有一定職務不與會議亦可

第八條　幹事應服一定之事不准選充委員但幹事不論何時可到委員局内陳明已之意見

第九條　幹事總理本院庶務以及會計之事凡有定章者准照行之

第十條　凡為本院遞務會計之事幹事可用已之銜名與各省長官來往

第十一條　毎年幹事應將經費造冊報銷并應將翌年經費

豫算清楚

議事章程

第一條 議案由內閣交下之時議長應命印刷各給議官每人一本

第二條 議案副頒之時或頒下之後議長應將會議之日期通知各議官至於會議之期從議案頒下之日起三日以內應行開議

第三條 當議事之時議長應先到議席各議官列坐其次後議長始行發令開議

第四條 議事之日苟議官三分之內未到至一分時則不能開議

第五條　討論之際議長可以節制各議官

第六條　議事之時無論到如何光景一經議長鳴鈴之後各議官不能再行發言

第七條　本院會議不能干涉人身上褒貶毀譽之事

第八條　各議官内苟有一議官發言之際他議官須整肅靜聽不准私語復不准吸煙嘻笑

第九條　議長須命書記官將議案朗讀一過若議官内有欲發言者應出位稟明議長其於議長應照各議官次第傳呼始能知欲發言者係某人苟同時有欲發言之人則應照各議官次序酌定

第十條　當議事之時各議官不能呼議長之名只稱之曰議

長而已議長呼議官時直呼曰某議官至於議官互相呼時則照次序呼之

第十一條　各議官若於議案內有欲質問內閣委員之時須稟明議長經議長允後內閣委員始能列議長之席解明

第十二條　甲議官發言之際茍乙議官以甲議官為誤解議案或以甲議官所發之言為無用時議長應即中止甲議官議論使乙議官陳明其故并使甲議官荅辯若乙議官所陳之理得當議長應即從之則不用甲議官之説

第十三條　各員討論議案之後議長應決其可否若議官有欲修正議案中條欵者議長應亦決其可否

第十四條　如議會一案茍從中生出枝節之時或先將枝節

辦清後再議本案或先將本案辦清後再議枝節均聽議長
之便
第十五條　凡會議總應從人數多者之言決之
第十六條　議官不但有討論議案之權無論議案到如何光
景其可否之處應行直說不可默而不言
第十七條　議官當會議之時苟從中生出多端異論以致自
已不能申說之時亦不准擅離本位俟議決之後本已有何
意見則應筆記於元老院存議錄內
第十八條　當會議之際如議官中有未到者其案業已議決
既經議決之後該議官雖到議席亦不能更改已決之案
第十九條　凡會議一案如一次發言以致該案數日不能決

者以後不准該員再行更變申說至於修正議案者則不在此限

第二十條 前條所載如一次發言不能決案者以後不准再更議申說但如事關緊要不得不再發言者須將更改之要旨先向議長稟明議長問諸各員均以為可始准其再行申說其以前所發之議則自應廢棄

第二十一條 已發之言尚未貫徹者雖准其重言申明但當他員發言之際不能傍插入議論

第二十二條 會議之時他人不准擅入

第二十三條 議決之後應由議長轉交太政大臣（按日本現無太政大臣元老院議案由總理大臣入奏）入奏如天皇以為否時應將情節原由再行人

告

修正議案章程

第一條 議案如欲修正之時准議員各呈意見

第二條 修正云者將文章字句節目或增加或分合或改竄或刪除或轉置之謂也

第三條 修正之時各員中有陳意見者如衆人均以為可議長則委派該員修正

第四條 修正委員之外如他員有進修正之意時議長須比較斟酌後始行定案

第五條 修正之事告成後應即呈諸議長派員印刷各議官分給一部隨即通知第二次會議日期一面應將一部轉交

內閣委員查照如內閣委員意見苟與修正之意不相同時該員應將己之意見繕成一冊由內閣轉交議長

第六條 第二次會議之時書記官應先將原案逐條朗讀一過次再將修正之案朗讀一過次再將內閣委員意見書朗讀一過此時各議官逐條許定其可否

第七條 修正之議經各員決後則應恭楷繕清由議長交太政大臣入奏

次本官入奏

禁人條　修正之議設分賞與教則意恭晉論責由議來文本

請一過此條各款宜逐條評定其可否

過次再將修正之案朗讀一過次再將內閣安議意見書閱

禁未條　將之次會議之時書記官應先將原案逐條朗讀一

議員應將己之意見講演毋由內閣擬文議求

內閣委員遣派如內閣委員意見若與修正文意不相同時

宮内省沿革摘要

明治二年四月八日設内辨事掌宮中之庶務十四日設内廷知事五月宮内省内設内廷職七月八日設春宮坊廢内廷職八月二十日定春宮坊之品級三年三月二十八日設内膳司九月十日定華族家人之職十一月七日宮内省設次侍從内舍人局御厩局二十八日改定内舍人暨大馭者之官位四年八月十日改定宮内省各官員數九月廿八日改侍從長侍從之等級爲職掌是月廢次侍從十一月十四日改定宮内侍人之等級二十二日宮内省設内豎五年正月復改定宮内省各官三月設侍從號長同月改大馭中馭小馭之官職四月廢内豎與内舍人設襍掌長襍掌等官六年七月廢内膳司内醫司支

應司八月改皇族家人之等級八年正月廢典醫侍醫馭大監少監權掌長官設新官隨定其職四月以式部寮附於宮內省十二月復以式部寮歸正院屬九年四月請查皇族家人出身之法十年九月廢大丞少丞以下之官添設書記侍補侍從等官隨定其職是月又以式部寮屬宮內省廢判任以下等官添設掌典神部等官十月改定侍醫官制十一月廢式部寮中大伶人以下等官添設伶人伶員是月廢侍人值丁旋又復設侍人十二月廢式部寮內大掌典神部中掌典神部少掌典神部等官改設掌典掌典補等員十一年二月以內務省所屬之陵墓事務撥歸宮內省屬十二月廢宮內省中侍補旋復之添設侍從長隨定其制十二年十月廢侍補是月改定宮內省官制

章程是月又更定宮制十四年三月定宮内省門監長以下人員之俸五月刪除式部寮官制九月定宮内省消防長以下人員等之品級十一月改正侍從之等級是月於宮内省中設華族局廢東西兩京華族局十六年九月於西京設宮内省分廳是月以陵墓掌丁及守丁歸宮内省屬十七年三月廢侍從長侍長試補等官設侍從職隨定其官位四月以修造皇宮等事歸宮内省管轄是月設内藏寮於宮内省隨定其制八月設圖書寮於宮内省九月定學習院制度并各官稱謂等級十月改式部寮為式部職隨定其官俸是月定華族局之官制十一月於侍從職内添設侍從試補隨定其官俸十二月宮内省中設舍人是月廢陵墓掌丁守丁設守長守部等官隨定其職俸十

八年十二月宮内省設内大臣顧問官以及内大臣秘書官隨定其官制是月廢太政大臣改各省卿為大臣是月宮内省設御料局内匠寮定其定制十九年三月頒宮内省官制五月廢主殿寮所屬之門盡消防監以下等官設皇宮警查署定其官制二十年十二月廢修造皇宮事務局二十一年正月以博物館歸圖書寮屬是月定博物館官制三月式部職中設主事主事補等官四月宮内省設帝室會計審查局定其官制是月宮内省内設主獵局定其官制等級是月改正宮内省官制五月改定雅樂部長以下等官是月改稱華族局為爵位局定其官制六月以侍從長為親任之官九月廢内醫所屬之醫師匠手匠手補及御料局所屬之技師技手等復於内匠寮主馬寮御寮局

内設技術等官定其級俸十一月於主馬寮所属之車馬監外設八職廢馭者馬醫等官十二月於大膳部長外設三職廿二年二月於御料局中設理事官定其俸

[illegible]

[illegible]

[illegible]

[illegible]

[illegible]

[illegible]

[illegible]

[illegible]

[illegible]

年三月於內閣中設興專官定其俸[illegible]

設八職廢取書局翻譯官十二月於大藏省本科設之職[illegible]

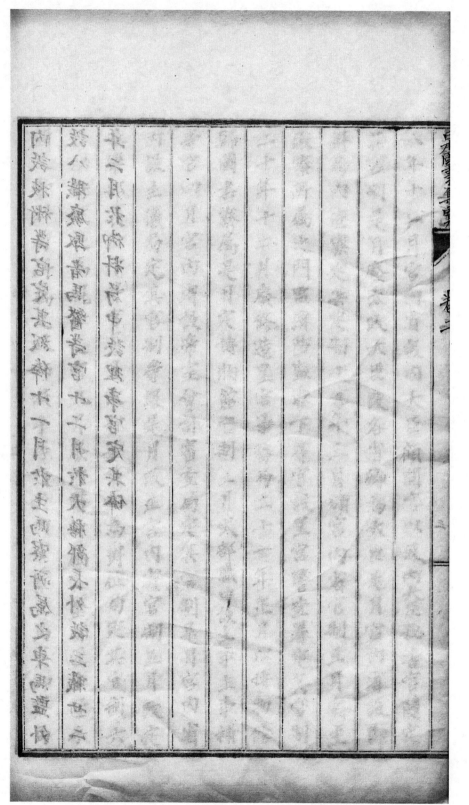

內設秘術書官定其職俸十一月於主馬寮[illegible]之車馬置

宮内省章程

宮中内大臣一人收掌御璽祖宗相傳者國璽新鑄者贊勷輔弼總提顧問官等所議之事

宮中顧問官定十五人以内官自一等至三等凡關係帝室之典範儀式事件天皇垂詢時顧問官須各具意見奏對

内大臣秘書官一人或二人奏派歸内大臣屬掌内大臣来往公文以及書記等事

宮内大臣一人欽派應總理帝室事務統督宮内職員以及皇族華族人等

宮内次官一人欽派輔理大臣所管之事務若大臣有事故時准代理大臣職任

宮内大臣書記官六人奏派掌書記計算等事
宮内大臣秘書官一人奏派掌理大臣官房内一切機密事務
宮内大臣屬官三人判任應聽大臣命令辦理事務

内事課

課長一人以書記官充當掌省内之庶務
次課長一人亦書記官任之佐理課長所掌之事屬官十三人

外事課

課長一人以書記官充當掌帝室外交之事
次課長一人亦以書記官任之佐理課長所掌之事

侍從職

侍從職長一人應由欽派奉侍天皇監督侍從内豎人事

侍從十一人欽派或奏派專掌奉侍之事
侍從試補九人奏派其所掌之事與侍從相同
屬官十人應聽大臣命令辦理事務
式部職
長官一人係欽派掌祭典儀式雅樂等事
次官一人係欽派主事二人式部官十二人均係奏派掌禮式之事
屬官十三人係判任內十人兼任舍人之職其所掌之事與式部官同應聽式部長官指揮
掌典長一人係欽派掌典官十人係奏派專掌祭典之事
掌典補六人

皇太后宮職

太夫一人係欽派亮一人係奏派侍奉皇太后出入以及召見外國人等事凡關皇太后之事均歸太夫與亮辦理屬官十六人係判任掌書記計算等事應受太夫節制指揮其官職自一等至十等

皇后宮職

太夫一人係欽派亮一人係奏派侍奉皇后宮出入以及召見外國人等事凡關皇后之事總歸太夫與亮辦理屬官十人係判任掌書記計算等事歸太夫統督其官職自一等至十等

大膳職

太夫一人係欽派掌御膳及宴饗賜饌之事

亮一人係奏派佐理太夫之事

屬官七人係判任掌書記計算等事歸太夫統督

內藏寮

正頭一人係欽派掌帝室銀錢之事

副頭一人係奏派佐理正頭之事

助官二人係奏派掌會計之事

屬官十八人係判任掌書記計算等事歸正頭統督

主殿寮

正頭一人掌洒掃宮殿陳設器具以及宮門鎖鑰暨防火警戒

等事

副頭一人係奏派佐理正頭所掌之事

助官二人係奏派屬官十三人係判任官有一等至十等專司
書記之事歸正頭節制
舍人五十八人以宮内省所屬判任官兼充供皇帝皇太后皇
后祭祀及駕幸各地方之使役
内舍人應以舍人兼任供宮中使役之事
圖書寮
正頭一人係欽派掌帝室之書籍寶器以及各外國之有用等
書籍事項
副頭一人係奏任佐理正頭所掌之事
助官二人係奏任屬官十三人掌書記等事歸正頭統督
内匠寮

正頭一人係欽派掌宮内土木工匠以及修理庭園等事
副頭一人係奏派輔理正頭所掌之事
助官一人係奏派屬官十四人掌書記之事工匠三十人專司
修補之事官自一等至十等
一主馬寮
頭一人係欽派掌宮内車駕用具以及畜養馬匹之事
助官一人係奏派屬官十六人聽頭指揮分派執事
一諸陵寮
頭一人係欽派掌諸陵之事
助官一人係奏派屬官七人係判任專司皇上祭祀以及看守
諸陵等事應受頭統督

長官一人係欽派掌帝室歷代相傳之財產等事
主事一人主事補二人均係奏派掌書記之事
理事六人係奏派佐理長官掌清查計算等事
屬官五十人係判任由長官派往各地辦理帝室財產之事

東宮職

太夫一人係欽派教養太子
亮一人佐理太夫之事
屬官十六人係判任掌書記之事聽太夫指揮

侍醫局

長官一人係欽派總理侍醫局事務
侍醫十四人內二人係欽派十二人係奏派專司診病及宮中

衛生之事
醫員十一人係判任官專司療治之事
藥劑師二人係判任官專管葯料
屬官三人司書記之事

調度局
長一人次長一人均係奏派官專掌御用衣服以及宮中需用
之器皿等事
屬官二十二人係判任官應聽長官派司執事

主獵局
長一人係欽派官專掌天皇出外遊獵之事
主事一人主獵官九人均係奏派官輔理長官所屬之事屬官

九人係判任官應聽長官分派執事
監守長七人係判任官專管天皇每年應獵之地
爵位局
第一條　爵位局掌承旨宣告爵位之事凡有關華族事務亦
應該局管理
第二條　爵位局官員茲定如左
長官一人　欽派
次官一人　欽派
審理官一人　奏派
主事一人　奏派
主事補二人　奏派

屬官十六人 判任一等至十等

第三條 長官係欽命六等官應總理各事務

第四條 次官係欽命二等官應輔理長官之事

第五條 審理官應聽長官台喚掌懲誡審理華族之事

第六條 主事係奏派一等或二等主事補係奏任三等或四等應受長官之命辦理庶務

第七條 屬官係判任自一等至十等應聽長官派司其事

皇宮警察署

警查長一人次長一人均係奏派掌守衛內外宮門以及警查等事

警部十二人警部補九人應聽警查長統督派司警查之事

皇族職員

親王別當一人係欽派掌親王府内一切事件凡國内文武官員以及各國公使若與親王有信札来往均須由別當轉稟親王若有覆件係别當出名

家令一人係奏任佐理別當所掌之事

家扶家從各二人係判任官應聽别當分派執事

博物館

館長一人學藝委員五人均係奏任管博物館中之天文地理珍寶鳥獸水族五金各物等件

評議官員數無定應以該館中之勅奏任官等兼任掌考求物性来歷等事

屬官十人以內六等至十等司看守之事

帝室會計審查局

長官一人應以宮內省中現任欽派官員兼任掌支應局所呈之賬簿審查有無濫用之款事項

審查官三人係奏派應以宮內省中奏派官員兼任承長官之命清查各賬簿之事

審查官補十人係判任應以宮內省中判任官兼任由長官分派執事

臨時帝室制度取查局

委員長一人委員十四人均係欽派若臨時有考查皇家制度之事應該員等辦理

幫辦十四人係奏任應聽委員長分派執事
書記十二人係判任掌書記之事

臨時全國寶物取查局

委員長一人 委員十二人若臨時有清查全國寶物之事應該員等承辦
書記六人掌書記之事

御歌所

長一人係勅任參候也幫辦十一人有勅任奏任者以侍從掌典次等官兼任司作歌頌之事

學習院

第十一條 入學習院人員茲定如左

院長一人 勅任二等
教頭一人奏任一等
教授十一人奏任一等
幹事二人奏任四等以下
寮監二人奏任五等以下 寮監者管理各寮學生之事也
醫員一人或二人奏任五等以下
助教授十九人判任一等以下
書記二人 判任四等以下

第二條 院長應聽宮内大臣命令總理院務統督所屬之員

第三條 教頭以教授兼任應聽院長指揮管理教務并應整頓學堂中之秩序

第四條 教授專司教授生徒之事

第五條 幹事應聽院長指揮辦理院中一切事務

第六條 寮監應聽院長指揮監督生徒并管理生徒在館寄宿之事

第七條 醫員專司治療之事

第八條 助教相助教授教導生徒

第九條 書記應受院長幹事之命辦理庶務

華族女學校

第一條 華族女學校人員茲定如左

長一人 勅任

學監一人 奏任

幹事二人 奏任
教授四人 奏任
助敎七人 判任
書記四人 判任
第二條 長應受宮內大臣之命總理學校之事
第三條 學監應受長之命監督敎授及學校中之事務
第四條 幹事應受長之命辦理一切事務
第五條 敎授專司敎授生徒之事
第六條 助敎相助敎授教導生徒
第七條 書記應受長及幹事之命辦理庶務

第七條　書記應受長官之指命辦理庶務

第六條　助教補助長教諭教導生徒

第五條　教授專司教授主任之事

第四條　幹事擔承長官之命辦理一切事務

第三條　學監應承長官之命監督教授及學校中之事務

第二條　長應受宮內大臣之命總理學校之事

書記四人　判任

助教七人　判任

教授四人　奏任

幹事二人　奏任

各省章程 明治十九年二月二十六日勅定 宫内省在外

第一條 上諭中所謂各省者合外務省內務省大藏省陸軍省海軍省司法省文部省農商務省遞信省而言也

若照此章程有碍難者須照本省情形再定

第二條 各省大臣宜各守其職令後若上諭有關所任之事時宜格外認真辦理

各大臣所任之事若關涉兩省以上之時應經關涉之各省大臣協議俟有專責後始行上奏若各省大臣議不能決之時應交閣議

第三條 各省大臣若有事故不能辦公應臨時請旨派別大臣代理其事

第四條　凡上諭有關各省大臣所任之事時各省大臣暨内閣總理大臣均應於上諭之後連名若關涉兩省以上之事之時内閣總理大臣及關涉之各省大臣均應連名

第五條　各省大臣所任之事若與上諭有更改廢止等事之時應交閣議

第六條　各省大臣所任之事以及職權苟在上諭範圍之内均可照章施行若為保持地方秩序聽該大臣自行核辦

第七條　各省内若有罰鍰二十五元以下及監禁二十五日以内等事只各省大臣命令可也

第八條　各省中之局課以及所轄之官廳一切細務苟在上諭範圍之内應聽該各大臣自行核辦

第九條除上諭連名敷奏省務內閣與議之外各省大臣可委任次官代理職事

第十條各省大臣可以下命警視長北海道廳長官暨府縣知事承辦事件

第十一條各省大臣應監督警視長北海道廳長官暨府縣知事苟各官不受約束或違規踰矩各大臣可以申飭

第十二條各省大臣應督率所屬之官吏若官員係奏任以上者其升降之事應經內閣總理大臣上奏若非奏任者聽各大臣自行差撤

第十三條各省大臣所屬之官吏若有叙位叙勳恩賞等事應經總理大臣上奏

第十四條　各省中之勅任奏任等官暨各省中局課凡廢止
分合等事經閣議尚未奉旨允准者各大臣不能私行加減
第十五條　各省經費豫算結算之後不得臨時增額亦不得
借故求加儻有事變萬不能遵照成規者則不在此限內
第十六條　各省薪俸若豫算在定員額內者可以添用判任
官分司其事
第十七條　各省大臣若臨時需人使用除判任官定員額外
豫算薪俸尚在額內准其格外僱員差使
第十八條　各省大臣所任之事應將每日況狀報告總理大
臣查核
第十九條　各省大臣每年底須將一年內之功程經費造成

清冊由總理大臣轉奏
第二十條 各省大臣每年底應將判任官以下使用情形并臨時因何公務僱用人員若干名若干日數若干經費逐一造冊由總理大臣轉奏
第二十一條 各省大臣當年底於本省經費豫算額內如奏任官以下有勤勞者准提公款獎勵但須將此款登諸官報
第二十二條 各省大臣所屬之官吏不得兼他省之官并不得干涉他省之事若因不得已之事不能不兼不能不干涉者須經閣議後請旨裁定
第二十三條 各省大臣若有臨時查辦事件准在本省定員數内設立便宜委員

第二十四條　各省大臣應遵上諭所定章程整束所屬之官
吏人等
第二十五條　各省應設之官茲定如左
次官　秘書官　書記官　局長　參事官
局次長　試補　屬官
第二十六條　前條所載各員數外若各省有格外設立官員
就各省情形設立
第二十七條　各省設次官一人應由欽派
第二十八條　次官應受大臣之命照第九條章程可以代理
大臣職任若大臣有命令之事在範圍内者應受其委任次
官有事故之時准該大臣在本省官吏内臨時擇人代理其

職任

第二十九條　次官代理大臣之時公文上准署銜名

第三十條　次官應准作本省總務局長監督各局課事務整理本省一切事件

第三十一條　各省應設大臣官房係收藏機密公文暨大臣次官之印信等件

第三十二條　大臣官房係掌大臣所管之一切事務并大臣親展之機密公文與本省官吏升降號冊等件

再凡關所屬官吏升降之事准其各省在總務局中另設一課便宜行事

第三十三條　秘書官應由奏任專管大臣官房之事秘書官

員數應就各省繁簡定額

第三十四條　秘書官准臨時承命幫理書記官及各局課之事務

秘書官所掌之事務應就各省之情形核定

第三十五條　各省中應設總務局總理其事應設各局分掌其事

第三十六條　各省總務局中應設公文往来課報告課記錄課分掌其事

第三十七條　文書課係稽查各局之成案及公文起稿等事

第三十八條　往来課者係管各省来往公文及收拾成案等件事項

第三十九條　報告課者採輯報告之材料稽查報告之事實
有應登官報之事即送交官報局以供本省大臣查閱
第四十條　記錄課者編纂本省中各局課公文書類等事
再各省中有記錄局者不能再添設記錄課
第四十一條　各省中總務局所管之事應就本省情形核定
第四十二條　書記官係奏派之官掌理公文應奉大臣及總
務局長之命清查各局成案准其兼諸課之長掌理事件
書記官之員數應就各省繁簡定額
第四十三條　總務局之外各局設局長次長各一人應由奏派
但各省有局長者不必設次長有次長者不必設局長
第四十四條　局長奉大臣總務局長之命掌理事務并准其

指揮各課事務

第四十五條　局長次長宜各守其職各盡其事若有差委等件准其專行

第四十六條　次長應佐理局長之事若無局長之時或局長有別事次長應受大臣之命管理局長事務

第四十七條　參事官應由奏派若大臣次官有諮詢之事參事官應當參謀陳其意見至於案件亦應管理

第四十八條　參事官應兼任本省各局課之事務若臨時大臣有命應當勤理一切

參事官所掌之事應就本省情形核定

第四十九條　試補者亦准奏派但在所定限制之内須聽大

臣命令學習事務以補缺
各省試補之章程另旨核定
第五十條 各省局中每課應設一長以判任官充之課長應
听局長之命各省中若有以奏派人員充當課長者須就各
省之情形核定
第五十一條 屬官者係大臣所派也應听各上官之指揮掌
書記簿記及計算等件
第五十二條 各省中若另要勷助顧問等員須將其情節在
内閣議後再請旨核定
第五十三條 各省辦理公文規矩應照左次序行之
第五十四條 各省接到公文應歸總務局往復課收其開封

必須課長并應將公文名目號數登記於冊以供總務局長查閱

第五十五條　總務局長須查閱公文是否重要如係重要事件必須呈大臣查閱若係尋常等件則照常辦理捺印交往復課長當即分發若由往復課長發交各局之公文應由各局分發

第五十六條　大臣親展之公文封面上須記號碼登簿後直送交大臣或交秘書官收存

第五十七條　秘書官收到大臣親展之公文或未經往復局由各局送到之公文應將號數登冊當即提交大臣若已經裁決之公文則應發交所管之局然必須要承領者捺印

第五十八條　凡發交之公文登冊後必須要承領者捺印

第五十九條　各局長奉大臣次官命令辦理事務須速行辦理若收到往復課長交來公文則須分交各課長并應示其緩急

第六十條　各局課長領到公文即當辦理不得有過定期若事件繁襍或與數局課均有關涉須多費時日之時然亦必須豫定日期禀明次官至於各辦理公文日數須就各省情形核定

第六十一條　凡公文事關數局課時應歸為首之局起稿有關係之局課捺印若彼此意見不同或面商不决之時應直禀大臣或次官請其裁决不准以信札應答

第六十二條　各局課查清之案應交往復局由往復局直送總務局總務局長查閱之後請大臣裁决若總務局長代理大臣查閱之時一經查閱後即可施行

第六十三條　各局課所定之案若與總務局長意見不合之時總務局長可命各局課改正總務局長并可奉大臣之命指揮各局長辦理

第六十四條　經大臣次官所决之公文往復課應當謄清交秘書官鈐大臣之印并應將件名號數登記於冊即行發送發送日期亦當掛號一切辦理清楚須交往復課長捺印存案

第六十五條　凡公文歸總務局起稿者直由總務局長請大

臣裁決

第六十六條 凡當急辦之事或機密之事不能照平常規矩者直請大臣裁決

第六十七條 至急機密之公文管理者應自當携帶在身採取諸局之議若經裁決以至施行之後亦宜將次序登諸機密號冊之内

第六十八條 公文有清查之處必須照會他官署者不必經往復課准用本局之名往復

第六十九條 往復課長將公文發交各局課時須限以日期倘過期尚未回覆即將公文件名及該局之名報告總務局長核辦

第七十條　凡公事若大臣命不必急辦者即當擱置其公文即留存於總務局

第七十一條　各局課之公文若經辦理清楚後或交記錄局或記錄課倘屬機密公文則應聽大臣之命交秘書官收存

第七十二條　各省之會計事務除遵上諭勅定之外凡關出入銀錢等項須照左開各條辦理

第七十三條　各省會計局應掌本省暨所管轄之廳經費結算等事并應管理本省棹椅箱籠等件其總局中須設出納課撿查課支應課分掌其事

第七十四條　出納課掌本省及所轄廳費之出入諸賬

第七十五條　撿查課掌銀錢出納之當否并稽查各種証據

等事支應課購入之物件臨時應承局長之命逐一檢查

第七十六條　支應課應管棹椅箱櫃等件以及一切有用之器皿等項

第七十七條　出納課掌薪俸以及旅費并收入等項凡銀錢須先將原由開單呈請局長若局長以為得當然後交檢查局檢查始呈大臣或次官裁決方能出入

第七十八條　出納課所開之單經局長并各課捺印後則將出納原由登記於册并應每日造支存單以供局長查閱

第七十九條　凡登簿冊若有誤寫漏字須將其原由詳禀管事者捺印不准改描塗抹

第八十條　檢查課長臨時奉局長之命可以檢查局中各種

賬簿

第八十一條　凡銀錢出納之文書應於期限內辦理清楚苟事雖屬繁襍未遑局長允可者不得有過限期但辦理該文書之期限須就各省情形核定

第八十二條　營繕一事應由支應課呈稟俛局長以為得當則交撿查課撿查若該課與大臣次官均以為可者然後交支應局承辦若以前經內閣議定者仍照舊例

第八十三條　廳中每日所用之物總歸支應課管守若有需用之時應將各局課長憑票請照數買入

第八十四條　支應課掌省中支取事務以及省中一切物件并應將出入詳明登簿

第八十五條 前條所載之外惟會計局所掌之事須就各省
部數核定

[illegible]

第六十五條除入繕課所屬之外惟會計局所掌之事須就各省

[illegible]部聚斂[illegible]

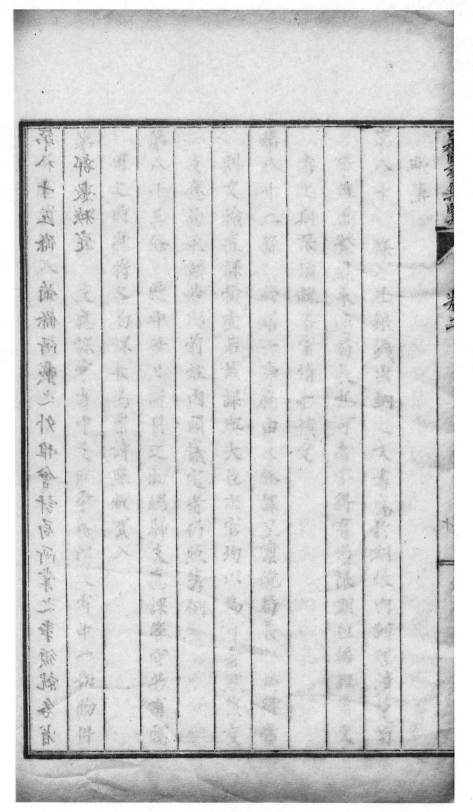

外務省沿革摘要

明治元年二月五日設外國事務局內置三職八局定其官制閏四月廿七日改稱外國事務局為外國官定其官制二年二月廿二日於通商各口設通商司五月十六日以通商司歸會計官屬七月八日廢外國官設外務省定外務各官之職廿日復改定外務各官位三年五月七日外務省添設文書局閏十月二日外務省設大辨務使中辨務使少辨務使以及正權記大小記等官四年八月十日改定外務省各官等級十一月五日外務省內添設總領事領事副領事代理領事等官五年四月又改定外務省各官等級十月廢大辨務使中辨務使少辨務使以及大少記等官設特命全權公使辨理公使代理公使書

記官等職是月設書記生六年二月廢代理領事之職九年五月定外務職制章程十年九月改定總領事領事副領事等官職位十二年十二月外務省廢書記學習設三等書記官三等書記生十三年復改定外務省職制章程十四年廢二等三等書記官書記生更設書記官書記生是年十一月改定領事之官位十五年三月改正特命全權公使之職十八年八月設繙譯局歸外務卿屬繙譯外國法律條規語言等類十二月改外務卿爲外務大臣贊勷内閣之事十九年二月頒佈外務省官制三月定交際官及領事官之職二十三年六月改定外務官制

外務省章程 明治十九年二月廿六日欽定

第一條 外務大臣掌外國交涉事務保護在各外國之日本商人生意以及監督交涉領事等官

第二條 外務大臣官房設秘書官三人管理機密事件

第三條 外務省設繙譯官五人須由奏派

第四條 外務省總務局設書記官四人照章程之外應設政務課人事課電信課各司其事各課長以書記官任之

第五條 政務課所管之事如左

一 凡關政事公文以及来往信札均歸政務課起稿

二 凡條約中有不甚明晰之處應歸政務課註釋

三 凡關在外國之我國官民事項以及我國人往外國之

護照均應政務課辦理

四　凡外國官民有欲往我内地遊歷請給護照亦應政務課辦理

五　凡交際官領事官升降等事均歸政務課辦理

六　凡交際官之委任札子赴任札子以及聯任國書卸任札子等件均歸政務辦理

第六條　人事課所管之事如左

一　名見外國官以及接待之事應人事課承辦

二　駐劄我邦之外國交際官并領事其姓名勲爵以及到任卸任之年月日人事課應詳細登記於冊若外國官吏以及人民等有叙勲之事亦應歸該課辦理

三 一駐劄我邦之各國領事赴任札子亦應該課辦理

第七條 電信課掌外務省與各處來往電報之事

一 平掌来往電報准課員照課長意見辦理若係暗碼電

報須課長自行辦理

第八條 外務省參事官以無國分之外交官充當

第九條 外務省中應設諸局如左

通商局

三 取調局 取調者考查也

二 繙譯局

一 記錄局

會計局

第十條 通商局所掌之事如左

一 關通商航海修約之事

二 關領事權限之事

三 關涉萬國電信郵便之事

四 關前三項之事在外之交際官領事及所管轄事之各省會同商議之事

五 凡我國在外邦貿易之事

六 關領事施行所管之事

七 領事館徵收辦理費之事

八 領事委任及卸任之事

第十一條 取調局內應設二課分掌其事

第十二條　凡關萬國公法之事歸第一課審查關萬國私法之事歸第二課審查

第十三條　第一課第二課審查之事項須遵大臣命令

第十四條　繙譯局凡遇須行之法律命令須用外國文譯出若本省公文或用本邦文或以外國文譯出均可

第十五條　會計局照定章之外凡在各外國公使館領事館每年豫算結算之事應歸該掌理

第十六條　記錄局所掌之事如左

一　收存條約國書以及與外國往来公文信札等件

二　編纂本省各局課之公文并應將其事分類記載

三　若事件繁襍以致記錄浩瀚者應於每件造一提要冊

以便參考

四　編纂公使暨領事之報告并將此排印公佈之事均應

課辦理

五　收存本省所有之圖畫書籍等件并應造一目錄簿

六　該課應設文書圖畫書籍出入之條規

附交際官及領事官章程 明治十九年三月十六日欽定

第一條 交際官之等級茲定如左 交際官者外交之也

特命全權公使 勅任一等

辨理公使 勅任二等

代理公使 奏任一等

公使館參事官 奏任一等

公使館書記官 奏任二等至五等

交際官試補 奏任五等至六等

第二條 各公使館所設之書記生均係判任專司公使館會計之事

第三條 交際官尚無國分者名曰無任所外交官在外務當

差應聽外務大臣分派執事

一無國分外交官記名公使以五人爲限至於參事官書記官交際官試補不得過十六人

第四條領事等級茲定如左

總領事奏任一等

領事奏任二等至四等

副領事奏任五等六等

領事館書記生　判任

第五條若通商碼頭未設有領事者准其便宜設貿易事務官其官定奏任三等以下

日本國事集覽二卷終

日本國事集覽目録

終

日本國事集覽卷三　使署繙譯兼箱館新瀉夷港副理事官劉慶汾集譯

內務省沿革摘要

明治六年十一月始設內務省七年正月內務省中設勸業寮警保寮戶籍寮驛遞寮土木寮地理寮測量司八月廢測量司其事務歸地理寮屬八年六月以文部省所轄之衛生事務歸內務省管理九月以地理寮所屬之地誌課歸正院屬與修史局合而為一是月內務省中設圖書寮十一月改驛遞寮為一等改警保寮為二等是月廿五日改定內務省官制章程九年四月廢戶籍警保圖書三寮十年正月廢教部省以東京警視廳之事務歸內務省屬是月凡各省中名曰寮者盡廢之准各

省長官意見改稱曰某局某局各承辦其事是月以東京府警
查事務歸内務省所屬之大警視統轄辦理其事是月内務省
中設警視官是月改内務省中局課之名二月改定辦理郵便
等役之職十一月改警部等官十一年二月以内務省所屬之
陵墓事務歸宫内省屬四月廢警視局大警視以下之官旋又
添設警視以下之員九月設取調局十二年四月於東京府下
南葛飾郡小管村宫城縣下宫城郡小泉村設集治監獄司下
諸官統歸内務省管轄是月增設前達中三等官長以下之官
五月省中設山林局七月設監獄局是月内務省中開設中央
衛生會十二月定中央衛生會事務章程十三年三月省中設
驛遞官四月定驛遞官官制是月改正中央衛生會職制十二

月改定内務省官制并事務章程十四年正月廢内務省中警視官改称警視局爲警保局三月改定集治監獄司以下人等薪俸是月定集治監職制是月設農商務省廢内務省所轄諸局六月廢地租改正事務局其尚未辦結之事移交大藏省續辦八月於樺戸郡下設已决監稱曰樺戸集治監歸内務省管轄十五年六月於札幌縣下來知村地方設已决監稱曰空知集治監歸内務省所轄十七年正月廢取調局七月於兵庫縣下設假留監於東京宮城三池集治監内附設假留監歸内務省管轄是月定假留監管獄人等之官位薪俸十八年九月於北海道釧路國川上郡地方設已决監稱曰釧路集治監歸内務省管轄十八年十二月改各省卿爲大臣以總理大臣與各

省大臣勸理内閣之事十九年二月頒内務省官制是月定土木監督區署官制十一月定中央衛生會官制十二月定集治監官制二十年六月定衛生試驗所官制十二月定造神宮使廳官制廿一年十二月改正内務省章程二十四條與二十七條二十三年五月改定内務省官制

內務省章程 明治十九年二月廿六日勅定

第一條 內務大臣管理地方敷政及警查監獄土木衛生地理寺廟户籍賑恤救濟人民書籍出板等事至於中央衛生會警視總監以及地方官均歸該大臣監督

第二條 內務大臣官房內設秘書官二人

第三條 內務省總務局內設書記官五人照定章外尚應設户籍課圖書課

第四條 户籍課所掌之事如左

一 清查户口之事

二 有關民籍之事

三 內外國人移籍之事

四　凡關政府恩賞之事

五　奇特之人蒙政府褒賞之事

第五條　圖書課所掌之事如左

一　圖書出版以及版權之事（板權者若某書係某人所作只准作者刷賣越若干年始許他人繙刻）

二　收藏圖書之事

三　繙譯外國文書之事

第六條　內務省參事官以八人為度

第七條　內務省應設巡閱監獄之官其官即以參事官兼任司巡查監獄之事

第八條　內務省中所設諸局如左

第十縣治局
五 警保局
四 土木局
三 衛生局
二 地理局
一 社寺局
會計局
第九條 縣治局内設府縣課郡區課以及地方經費課分掌其事
第十條 府縣課所掌之事如左
一 凡府縣會議之事

二 地方賦稅徵收支出等事
三 凡地方財產之事
四 賑恤救濟之事
五 地方行政其事務不經管理者之事
第十一條 郡區課所掌之事如左
一 凡區町村會議水利土功會議之事
二 凡區町村經費及賦課徵收支出之事
三 凡區町村
四 凡徵發之事
五 旅人疾病行人倒於道路之事
第十二條 地方經費課所掌之事如左

一 府縣官及郡區長官薪俸之事
二 府縣廳經費支應之事
三 府縣廳房屋建築修繕之事
四 備荒儲蓄之事
五 徵收賦銀之事
第十五條 警保局内設警務課保安課監獄課分掌其事
第十四條 警務課所掌之事如左
一 凡行政警查之事
二 凡關警查以及府縣施行成規等事
三 凡關警查官吏職任之事
四 凡關警查署之事

五　警查署經費之事

第十五條　保安課所掌之事如左

一　撿查新聞雜誌褋報以及發行之事

二　撿閲圖書有關政治風俗之事

三　民間結社集會有關政治之事

第十六條　監獄課所掌之事如左

一　管理監獄之事

二　凡關監獄官吏職任之事

三　監獄經費之事

四　建築監獄之事

五　押送囚徒并發遣之事

六　因徒請人暫保出獄之事

第十七條　土木局內設治水課道路課計算課分掌其事

第十八條　治水課所掌之事如左

一　本省所轄川河港灣堤防工程事項

二　監督府縣經營川河港灣堤防工程事項

第十九條　道路課所掌之事如左

一　本省所轄道路橋梁工程事項

二　監督府縣經營道路橋梁工程事項

第二十條　計算課分掌之事如左

一　本省所轄工程費用豫算結算并出入賬項事件

二　府縣興土木工程其經費或有應提公款補助以及别

項費用等事

第二十一條　衛生局内應設衛生課醫務課分掌其事

第二十二條　衛生課所掌之事如左

一　豫防傳染病及地方瘟疫疾病等件

二　若有疫症之時凡出入船隻應行照章檢查之事

三　凡居民住宅飲食以及職業有關衆人衛生事件

四　撿查種痘黴毒之事

五　豫防獸畜病有關人身体衛生之事

六　凡關地方衛生會事件

七　施療貧民疾病之事

第二十三條　醫務課所掌之事如左

一 醫師藥劑師以及産生婆執業之事

二 地方病院之事

三 凡關藥品以及管束賣藥事項

四 解剖屍体之事

五 考驗鑛泉之事

第二十四條 地理局設地籍課地誌課氣象課分掌其事

第二十五條 地籍課所掌之事如左

一 清査地籍之事

二 管理公地之事

三 公地添買地方之事

四 改稱地名及更換地種目事項 種目者以田作土或以土作屋基或以屋基作

田土之謂也
五　凡土地尚未定屬官屬民以及寺廟土地事項
六　凡關古蹟名勝公園等地事項
七　凡關外國人租界事項
八　海面幅員以及水面埋立等事
九　關掘採土石之事
十　公地内所產之物事項
第二十六條　地誌課所掌之事如左
一　編纂地誌之事
二　考查繪造地圖之事
第二十七條　氣象課所掌之事如左

一 觀測氣象事項

二 報告氣象事項

三 海陸氣象事項

四 撿查觀測氣象器具事項

五 豫報天氣事項

六 警報暴風事項

七 驗測地震事項

八 驗測地磁氣事項

九 驗測空中電氣事項

第二十八條 社寺局內設神社課寺院課分掌其事

第二十九條 神社課所掌之事如左

一凡關太廟社稷以及春秋應祀之庙事項
二凡神社資格及詳細帳目事項
三凡官社及招魂社之經費暨修補等事官社者如我國之天壇聖庙招魂社即招忠祠
四保全古社及神社財產之事
五凡關神道各派之教規事項

第三十條寺院課所掌之事如左
一凡寺院詳細帳項之事
二保全古寺及寺院財產之事
三佛道各宗之品級事項

第三十一條會計局照定章之外應掌本省所轄各廳府縣

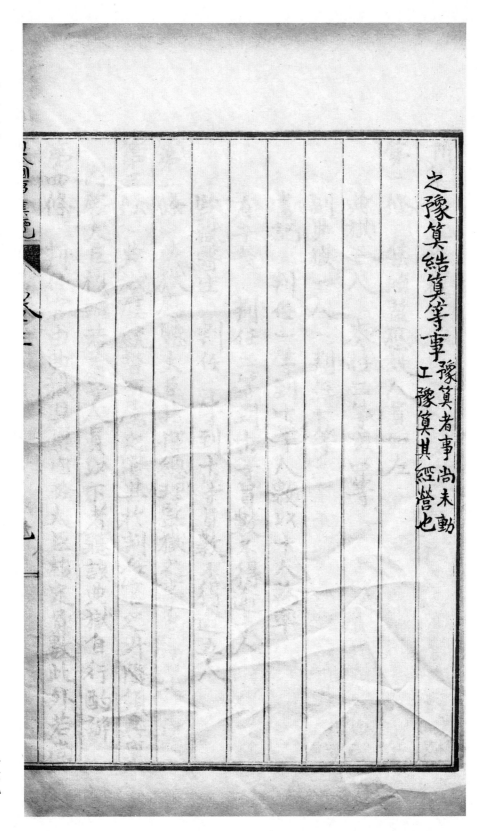

之豫算結算等事豫算者事尚未動工豫算其經營也

附集治監章程

第一條 集治監應設人員如左

典獄一人 奏任三等或四等

副典獄一人 判任一等

書記 判任一等到十等人數以十人為率

看守長 判任二等到十等員數不得逾十人

監獄醫生 判任二等到十等員數不得逾五人

第二條 典獄應聽大臣指揮總理監獄之事

第三條 典獄應統督所屬之官其於判任官之升降須具稟內務大臣核辦若看守人員以下者聽該典獄自行酌辦

第四條 判任官由典獄具稟內務大臣核定員數此外若尚

要僱人使用儻在所定判任官員以及臨時需用人員定額
外豫算薪俸尚不逾額准其僱用
第五條　典獄於每年底應將判任官以下人員及臨時僱用
人員日期并使用情形以及一切經費詳細造冊呈諸內務
大臣查核
第六條　典獄於年底細查判任官以下人等若格外勤謹辦
公者准於豫算定額內提款奬勵
第七條　凡所屬官吏若有不法等事典獄應照法律懲戒但
若係判任官須稟明內務大臣看守以下人員准該典獄核
辦毋庸上詳
第八條　典獄若經稟准內務大臣後許其立事務之詳細條

規按章辦理

第九條　副典獄應佐理典獄所掌之事若典獄有事故不能辦公時遵內務大臣之命准代理典獄事務

第十條　書記應聽典獄之命掌書記計算等事

第十一條　看守長應聽典獄之命司戒護監獄指揮看守之事等務

第十二條　監獄醫應聽典獄之命專司監獄內療治之事

第十三條　看守者應遵格外所定章程

第十四條　集治監內尚應設庶務課警守課工役課會計課醫務所分掌其事

第十五條　各課設長一人醫務所亦設長一人

一 庶務工役會計課長以書記充當警守課長以看守長充當醫務所長即以監獄醫生充之

第十六條 凡課長所長應受典獄之命各執其事

第十七條 庶務課所掌之事如左

一 掌諸官廳來往文書收發之事

二 保收藏有關監獄公文圖書等事

三 構造監獄計畫之事

四 囚徒出入之事

五 清查囚徒籍貫姓名刑期等事

六 囚徒稟訴等事

七 收存囚徒貨物事項

八　發賣品物及收入品物事項

九　凡關教誨衛生事項

十　恩赦及請保出獄免幽禁事項

十一　查造統計監獄冊之事

第十八條　警守課所掌之事如左

一　戒護囚徒之事

二　囚徒接看書信之事

三　囚徒疾病死亡逃走之事

四　關賞罰囚徒之事

五　記錄囚徒行狀之事

六　督率囚徒做工事項

七 收囚徒稟訴事項

第十九條 工役課所掌之事如左

一 凡作工業事項

二 定囚徒服役之章程工錢等事

三 清查做工上應要之器具材料事項

四 查閱囚徒所造之器

第二十條 會計課所掌之事如左

一 豫算結算經費之事

二 銀錢品物出入之事

三 發給囚徒工錢之事

四 販賣囚徒所造之器皿事務

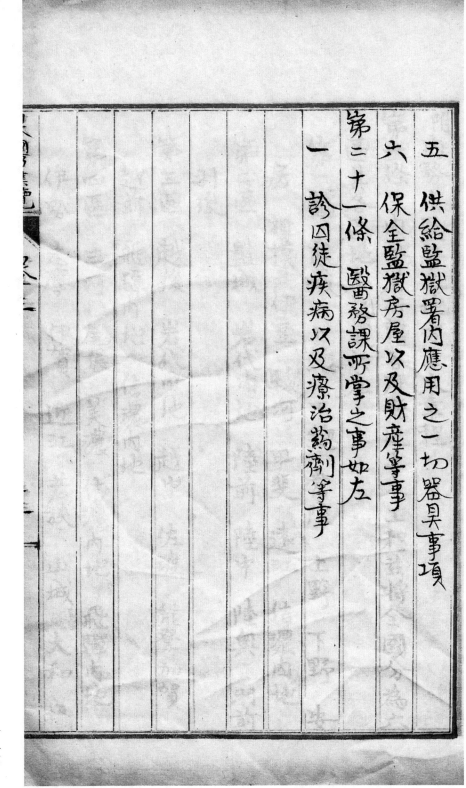

五 供給監獄署內應用之一切器具事項

六 保全監獄房屋以及財產等事

第二十一條 醫務課所掌之事如左

一 診囚徒疾病以及療治藥劑等事

日本國事集覽　卷三

一　款內從據綿以及漂治綿錄浮事

第三十一條　議諾英吉書之事廿六

六　保全鹽撥名屋以及賜產會畫

五　保給鹽撥遷舊內應用之一切器具事宜

附内務省監督各地方土木章程

第一條 内務省所轄各府縣之土木工程茲將全國分為六區其各區地名記載於左

第一區 武藏 上總 下總 常陸 上野 下野 安房 相摸 伊豆 駿河 甲斐 遠江 信濃内地

第二區 盤城 岩代内地 陸前 陸中 陸奥 羽前 羽後

第三區 越後 岩代内地 越中 佐渡 能登 加賀 越前 飛驒内地 信濃内地

第四區 三河 尾張 美濃 信濃内地 飛驒内地 伊勢 志摩 伊賀 近江 若狹 山城 大和 攝

津　河内　和泉　紀伊　丹波　丹後　但馬　播磨
第五區　淡路　阿波　讃岐　伊豫　土佐　備前　備
中　備後　安藝　周防　長門　美作　因幡　伯耆
出雲　隱岐　石見
第六區　豐前　豐後　筑前　筑後　肥前　肥後　薩
摩　大隅　日向　壹岐　對馬
第二條　每區內應設一監督土木署歸內務大臣節制其員
數玆定如左
巡視土木長一人奏任三等至五等以技師充當
巡視土木二人奏任五等至六等亦以技師充當
巡視土木補其員數以三十人為率自三等至九等以技師

充當

第三條 巡視長應聽内務大臣指揮管理土木事務

第四條 巡視長應當巡閲管轄之區并監視府縣土木工程其間利害得失詳細造册送呈内務大臣查核

第五條 巡視長應將内務省所轄之川河堤防道路橋梁港灣等土工隨時計畫具稟内務大臣并應述其本已意見

第六條 巡視長奉内務大臣之命撿查新動之工程以及告成之工程於中有更變等事應將本已意見具稟内務大臣

第七條 巡視長應奉内務大臣之命招集土木會人員討論全國土木事業得失但會議條規須遵内務大臣所定者

第八條 巡視長應奉巡視長之命分掌土木事務

第九條　巡視補應奉上官之命專司土木事務以及一切庶務

大藏省沿革摘要

明治元年二月五日設會計事務局定其官制閏四月二十一日廢會計事務局設會計官管轄出納司支應司驛遞司營繕司税務司銀貨幣司民政司隨定其官制是月又設商法司租税司七月二十五日改稱大阪銅會所為鑛山局二年三月十五日廢商法司五月八日定會計官品級并章程以造幣局及監督司租税司鑛山司歸會計官節制是月十六日以與外國官交涉之通商司歸會計官屬七月八日廢會計官設大藏省酌定職制官位以造幣寮及出納司租税司監督司通商司鑛山司歸民部省管轄是月十二日合民部省大藏省為一省二十日改定大藏省各官品級三年七月十日分民部大藏為二

省以出納支應營繕造幣租税監督六司歸大藏省屬是月十
二日又以通商司歸大藏省屬八月改定大藏省官位四年七
月五日廢通商局是月二十七日廢監督支應租税三司設勸
業司統計司紙幣司戶籍司租税司驛遞司八月十日又改稱
造幣租税戶籍營繕紙幣出納統計檢查記錄驛遞勸業諸司
為寮此外復設正算司改定各官品級是月二十三日改勸業
寮為勸農寮十月八日廢營繕寮以該寮事務與工部所轄之
土木寮併撥歸大藏省管轄五年六月以驛遞寮為二等寮十
月廢勸農寮及正算司六年七月設國債寮為二等寮六年八
月設辦理郵便事務人等定其品級準稱為官十月以記錄寮
為二等寮十一月增設辦理郵便事務員數七年正月以戶籍

土木驛遞三寮及租税寮中地理勸農事務歸内務省屬是月十九日定税關官制八年三月於内務大藏兩省之間設改正地租事務局歸兩省會辦其事九月以正院所屬之印書局歸大藏省轄是月定造幣寮内人員技藝等級十一月於出納寮内設納金局十二月改定大藏省職制章程九年二月改稱納金局為現金出入局十年正月廢各省中所屬諸寮其事務聽各省長官意見應設為某某事務局分掌其事是月大藏省内更設九局二月定造幣局技藝各官薪俸五月設監吏監吏補等官定其薪俸十一年六月設常平局十二月改定一等監吏以下官位是月改稱紙幣局為印刷局十二年正月設商務局辦理以前内務省勸商局事務十二月廢議案課設書記局議

業局十三年三月太政官署内設會計檢查院廢大藏省所屬之檢查局是月設精算課隨定辦事之法五月廢銀行課設銀行局六月改稱精算局為清查局十二月復改定大藏省職制章程十四年四月設農商務省分大藏省所屬諸局六月設會計局是月廢改正地租事務局其未辦結之事歸大藏省續辦十五年五月定大藏省中各技藝官月俸十一月廢常平局設庶務局十六年五月廢庶務局是月定掌税務官等之品級是月設租税關税兩局十八年五月設存借銀錢局辦理存放利息等事十一月改稱國債局書記局為庶務課十二月太政大臣奏請改各省卿為大臣勸理内閣事務十九年正月内閣所屬之三池佐渡生野鑛山事務撥歸大藏省屬是月大藏省出

示於三池佐渡生野鑛山內設各工業所是月大藏省設官房及金庫局廢議案局改清查局為主計局是月廢大阪之國債分局復於大坂設金庫分局十九年二月勅定各省官制三月始頒發大藏省官制是月勅定稅關官制四月定造幣印刷兩局官制是月定三池佐渡生野諸鑛山官制二十年十二月改定造幣局之官制是月勅定改正稅關第一條第三條章程二十二年四月廢佐渡生野兩鑛山局官制四月以佐渡生野鑛山歸宮內省屬定其官制

山縣[illegible]大藏[illegible]官[illegible]西鄉[illegible]山[illegible]月[illegible]

十二年四月[illegible]東西[illegible]山[illegible]月文[illegible]章[illegible]

資造幣局[illegible]直[illegible]官[illegible]勅任[illegible]設[illegible]第一條[illegible]三[illegible]章程三

局書[illegible]三四[illegible]設[illegible]官[illegible]三十三年十二月改

監[illegible]大藏[illegible]官[illegible]勅[illegible]山官[illegible]四月[illegible]

分局[illegible]木大坂設金庫分局十九年三月勅[illegible]

凡金庫局[illegible]局設清查局爲[illegible]局[illegible]月[illegible]大阪[illegible]圖[illegible]

來於三池[illegible]生野[illegible]鑛山內設各工業所[illegible]大藏[illegible]

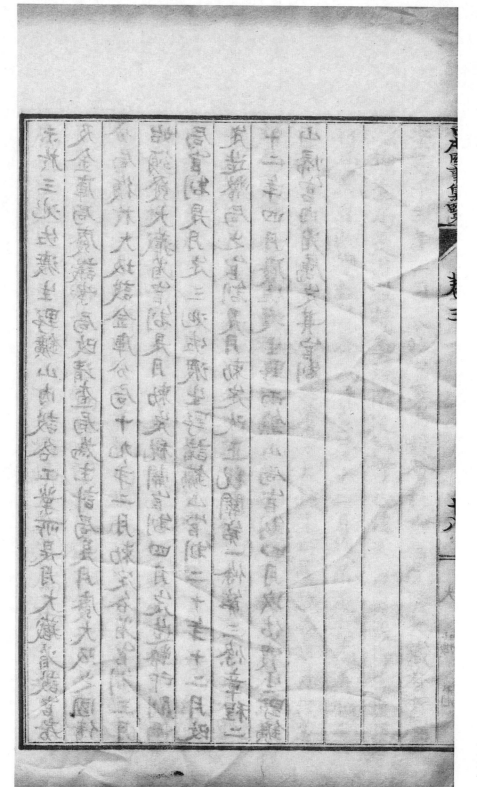

大藏省章程 明治十九年二月廿六日勅定

第一條 大藏大臣管理每歲出入租稅國債貨幣銀行事務至於各地方凡關財務之事均歸該大臣監督

第二條 大臣官房設秘書官二人

第三條 大藏省總務局內設書記官五人照章外應設傳票課監督課備荒儲蓄課及整理課分掌其事

第四條 傳票課掌國庫銀錢支出之事其章程如左

一 各廳經費銀兩準備銀兩及出入存借銀兩等事必須遵大臣所定條規製造憑票

二 傳票兌票也須寫正副二張正票送交金庫局副票存於本課

三　傳票寫完後應送至官房求大臣捺印畫押

四　每月初應將前月分出入銀錢逐一登記於冊主計局出納局金庫局三局長同到大臣前查閱

五　傳票格式應遵另外所定之章程

第五條　監督課應督查官鑛工程景况監督保護公司會計其應辦之事茲定如左

一　撿查日本鐵路公司工程經費事項

二　撿查鐵路公司銀錢出入事項

三　監查日本輪船公司會計事項

四　監查輪船公司銀錢出入以及該公司所有財產事項

五　督查官鑛工程景况事項

六 查理有關官鑛工程事項
七 凡官鑛所產之物應清查數目區別種類事項
八 監查各鑛山人民豫借之銀錢以及發給銀錢并各工人所作之事

第六條 備荒儲蓄課所掌之事如左
一 清理中央儲蓄銀兩事務及米穀賣買相換等項
二 清查各府縣儲蓄銀兩出入報銷冊事
三 每年應清理中央儲蓄銀兩各府縣儲蓄銀兩出入報銷冊事
四 應掌各地方所藏之米穀守看出入保護等事

第七條 整理課所掌之事如左

一凡借與民之欵應將事由銀數詳記於簿至於徵收銀兩應細計算

二凡借與民之欵須豫算應收本利若干俟收得後即納諸國庫

三凡借與民之欵或違限繳還或到限不能如數少繳還者或利息減輕者或一時欲將本利收回本利均減少等事應該課辦理

四凡各廳送到之諸借欵賬目若查之後毫無錯誤則應立一已經詳算之證據

第八條 大藏省參事官定員五人

第九條 大藏省設主計官十人分任主計局出入局金庫局

事務看守公項銀錢及銀錢出入等事應計算登記於册各
局官員准其奉大臣之命兼各課長之任
第十條 大藏省設稅務官十六人應由奏派分任主稅局關
稅局之事
第十一條 大藏省内所設諸局如左
主稅局
關稅局
主計局
出納局
國債局
金庫局

銀行局

預金局 存收銀錢者

記錄局

第十二條 主稅局內設調查課地租課酒稅課印紙稅課地方稅課監查課計算課徵稅費課統計課分掌其事

第十三條 調查課掌有關施行稅務章之事茲定如左

一 凡關辦理稅務章程文案應歸該課請查

第十四條 地租課掌有關地租之事茲定章程如左

一 請查地租及地契之事

二 新定地價以及改正地價等事該課應查其當否

三 整理地租賬目之事

四 清查免除地租之事

五 清查開墾年限荒地免租年限米穀低價年限以及地價租額之當否等事

六 清查地租冊之事

第十五條 酒税課所掌之事如左

一 清查造酒税醬麴税醬油税等事

第十六條 印紙税課所掌之事如左 印紙税者凡民間賣物其上須貼政府印花視所賣之物多寡照納印花税銀若干

一 清查綵煙捲煙税糖食税賣藥税證劵税等項 證劵税者凡民間賣物須立一記據與買主其記據上必須貼政府印花視所賣物價之多寡貼印花若干納印花税若干

二 各種印紙地劵用紙 民間賣買土田立契用政府格式紙 鑑札用紙 鑑札

者凡商民初設鋪面須稟請改府准後發給之憑票也　以上各項紙之製造管守出
入等事應歸該課計算清查
第十七條　雜物稅課所掌之事如左
一　清查舟車稅公司稅打獵稅牛馬買賣稅度量權衡稅
等事
第十八條　地方稅課所掌之事如左
一　清查凡關地方稅務之事
二　清查地方稅之課目課額等事
第十九條　監查課所掌之事如左
一　監查府縣稅務以及徵收稅費之實況但監查章程應
照另外所定者

二 清查監查委員報告之事

三 清查府縣檢查區畫之事務并檢查委員分配計畫之事以及辦理檢查事務方法當否之事

四 凡府縣徵收賦稅分配與增減之事該課應當參議

五 檢閱府縣檢稅之條規

第二十條 計算課所掌之事如左

一 豫算租稅之竟見書應歸該課編造

二 除地租外一切稅務之清冊應歸該課清查

三 收入租稅銀數之報告書應歸該課清理

四 租稅短少或有開除等項應歸該課清查

五 延納年賦以及逾年始行完納等事應歸該課清理

第二十一條 徵税費課所掌之事如左

一 府縣徵收税費豫算之數應歸該課清查

二 府縣徵收税賦以及分配之事應該課清理

三 凡關府縣徵收税費其文案起稿應該課清查辦理

四 府縣徵收税費結算之數應歸該課清查

第二十二條 統計課所掌之事如左

一 統計租税數目清單應歸該課編纂

二 每年統計租税報告冊應歸該課查造

三 凡府縣收税之統計清單以及每年租税報告冊該課應詳細查閱將要件提出造一總覽清單以備考核

第二十三條 關税局内設常務課清查課製表課分掌其事

第二十四條 常務課所掌之事如左

一海關施行稅務章程其一切案券應歸該課清查

二海關因稅務之事與各官廳有文書往來應歸該課辦理存案

三凡稅關所屬地内船舶以及一切物件應歸該課清理

四海關豫算稅務竟見書應該課編造

五海關收稅銀數報告册應歸該課清理

六凡貨物貨幣出入稅務增減之景况應該課清查

七築地各地稅關分局之事務應歸該課監查

第二十五條 清查課所掌之事如左 諸查者考查也

一考查内外貨物之市價勘按關稅及諸課稅之當否等

事
二　考查內外貨物之盛衰詳細造冊定期報告事項
三　考查各外國之通商條約及稅關條規等事
四　凡關海關稅務與各外國人有文書往來一切洋文事項
第二十六條　製表課所掌之事如左
一　稽查進出口貨物貨幣以及進出各港船隻總數
二　凡關外國貿易其年表月表以及諸表應歸該課編造
第二十七條　主計局設主簿課總豫算結算課歲入課歲出
第一課歲出第二課地方財務課官有財產物品會計課褲
物金課調查課分掌其事
第二十八條　主簿課所掌之事如左

一 該課應豫備總賬簿日記簿流水簿內譯簿內譯云者將某某項付銀若干區分臚列也登記歲入歲出之豫算結算以及增減數目并現入支出等事

二 國庫現收入支出等事該課應備總賬簿日記簿流水簿零星賬簿逐一登記於各簿之上

三 各廳各區歲入歲出之項該課應每廳區立簿一冊凡現收入支出等事須各記於簿

四 諸賬簿及報告書之格式應照格外所定章程

五 凡關各府縣廳會計登簿格式應歸該課辦理

第二十九條 總豫算決算課所掌之事如左豫算者先事算其數目也決算者事後算決其數目也

一該課應將各廳每歲豫算之冊總歸國庫統計其數

二各廳之歲計豫算報告冊經歲入課歲出課及地方財務課清查之後該課再行查閱一次然後編造國庫總豫算冊

三各廳之決算報銷冊經歲入歲出兩課暨地方財務課清查之後該課再行查閱一次然後編造國庫歲出入總結算報銷冊

四凡歲入歲出之科目應歸該課辦理

第三十條　歲入課所掌之事如左歲入者國家年應收入之額也

一檢查各廳歲入豫算冊事項

二檢查各廳歲入豫算增減報告冊事項

三 檢查各廳歲入之仕譯冊事項（仕譯者某項收銀若干之謂也）

四 各廳送到之各報告冊應與仕譯冊查對相符如有未納歲應入之欵者須速行督促

五 各廳之收納報告冊復應與主簿課所立之各廳區賬簿查對相符否

六 檢查各廳之歲入決算冊

七 本省發行之憑票若干以及臨時借入之銀兩多寡等事應行檢查

第三十一條 歲出第一課所掌之事如左

一 檢查內閣外務省大藏省陸軍省海軍省司法省文部省農商務省遞信省元老院各官署所管之歲出豫算冊

二　檢查各省所屬各廳之歲出豫算流用豫算以及增減額數暨別項開銷等事

三　檢查各廳歲出之仕譯冊仕譯者某項所錄若干之謂也

四　各廳送到之支出報銷冊應與仕譯冊查對相符否

五　各廳之支出報銷冊應與主簿課所立之每廳區賬簿查對相符否

六　檢查各廳之歲出決算報銷冊

第三十二條　歲出第二課所掌之事如左

一　檢查內務省北海道廳暨各府縣之歲出豫算冊

二　檢查內務省所屬之各廳歲出豫算流用豫算以及增減額數暨別項開銷等事

三　撿查各廳歲出之仕譯冊

四　應將各廳送到之支出報銷冊與仕譯冊查對相符否

五　各廳之支出報銷冊復應與主簿課所立之各廳匯賬

簿查對相符否

第三十三條　地方財務課所掌之事如左

一　各地方經費應由國庫支出者其豫算冊以及流用增

減各賬應歸該課撿查

二　地方稅銀收入支出之豫算冊應歸該課清查

三　各地方經費應由國庫支出者其報銷冊應歸該課辦

理

四　各地方稅銀收入支出等事應歸該課清查

五　凡關各地方稅銀收入支出計算若府縣有會議之意
見稟單應歸該課審查
第三十四條　官有財產物品會計課官有者公家之物也所掌其事如
左
一　凡關公家財產事件應歸該課檢查辦理
二　凡公家之物出入事件應該課辦理
第三十五條　襍物金課所掌之事如左
一　起業資本銀兩中山道鐵路資本銀兩勸業資本銀兩
以及別項出入銀兩其豫算決算等事均歸該課辦理
二　準備銀兩中央儲蓄銀兩以及借存銀兩之出入等事
以上各項經手官員應有稟詞該課須檢查辦理

三 各府縣勸業銀兩勸業者政府給資本與民間貿易也報銷以及增減業
損等款稟單應歸該課辦理
四 常用銀兩若在歲入歲出款項之外者應在金庫另設
一部管理出入之事歸該課辦理
五 貿易資本之出入款項歸該課辦理檢查
第三十六條 調查課所掌之事如左調查云者清查也
一 清查各廳府縣之會計章程
二 照章發給旅費以及別項支給等事均歸該課清查
第三十七條 出納局設酌賦課準備金課及監查課分掌其
事至於東京金庫內門之鎖鑰應歸出納局長看守
第三十八條 酌賦課所掌之事如左酌賦者分派也

一 凡分派現金該課應照豫算冊仕譯冊決定其額

二 前項收入支出銀兩應照金庫之報告冊將現在銀兩以及各部銀兩之種類區別清楚詳記於簿至於記賬之次序應照另外所定之章程

三 各廳支出之銀兩應照原議登記於簿俟得金庫局報銷冊後再行合算造冊

四 若分派現銀傳送各地之時須遵大臣之命通知金庫局循序辦理

五 轉運國庫銀兩以及有關配賦之事須詳查內外財務景況

六 若歲出款項在歲入款項之先應將大藏省證券發用

或借銀使用均應將利息定出數目以便償還至於國庫
若有餘裕之時可以限期借放以上各事應歸該課起稿

第三十九條 準備金課所掌之事如左

一 金銀銅塊應該課買入至於公債證券股分票之事亦
應該課辦理

二 兌換紙幣銀兩須依次序但辦理之法應照另外所定
條規

三 外國滙兌銀錢之事應該課辦理至於辦理之法須照
另外所定章程

四 準備金之出入等事須登記於簿

第四十條 監查課所掌之事如左

一東京金庫現銀出納以及開閉之事應該課監查

二東京大阪金庫以及日本銀行以國庫銀作資本開設者下同横濵正金銀行暨各地方辦理國庫銀兩所現銀交付所均應該課監查其收入支出等事應依次序登記於簿

第四十一條　國庫局内設公債課恩給課計算課分掌其事

第四十二條　公債課所掌之事如左

一凡關内外公債一切文書應歸該課辦理

二内外公債證券大藏省發行之證券以及交換等事均應該課承辦

三内外公債以及紙幣其增減數目應登記於簿

四内外公債證券號數應詳細登記於冊

五內外公債本利銀兩以及償還并各項雜費之豫算該
課應行清查
六一時公項上借入之內外銀兩以紙幣償還之實在情
形該課須依次序辦理
七一時公項上借入之內外銀兩本利以及雜項開銷應
照次序登記
八內外公債滿期抽籤償還并一時借入銀兩本利相還
以及銷除紙幣等事均應該課辦理
九將交換紙幣之銀兩交付日本銀行之事以及相換清
楚之後其紙幣應由該銀行領收送交金庫局以上兩項
十該課應行辦理

十紙幣由金庫局交換點查清楚報告該課後始行登簿
十一内國公債付清後其證券及利息憑票應收回交記錄局取得該局收到證據始依次序登記於開除項下
十二外國公債付清後將一切證據收焚報告該課始依次序登記於開除項下
十三凡關内國公債證券以及大藏省發行之證券訓令告示須依次序辦理
第四十三條 恩給課所掌之事如左
一賞有勳人銀兩恩賜官吏扶助銀兩恩賜告退人員銀兩恩賜軍士扶助銀兩賑恤銀兩周濟銀兩沖繩縣士族以及在該縣社寺供差人員之俸祿凡關此數項之文書

三 應該課辦理

二 前項所載恩賜銀兩數目該課應詳細登記於簿

三 前項所載恩賜等項該課應豫算其大概

四 凡恩賜銀兩該課須依次序交付

五 凡求補給俸祿之稟單應該課辦理

第四十四條 計算課所掌之事如左

一 凡關公債恩賞等事其出入應該課計算

二 該課應豫備本局之總賬簿日記簿以備登記

三 看守本局之出入銀票

四 恩賜諸祿以及公債本利銀兩之豫算該課應行編製

五 至於決算須依次序辦理

五　凡由各廳及各銀行送到之賬簿須詳細查閱記冊
六　凡本局辦公之計算單以及報告冊應行清查製造
第四十五條　金庫局設主金課收支課計算課分掌其事東
京金庫外門之鎖鑰歸金庫局長管守
第四十六條　主金課掌金庫開閉之事現銀出納之事以及
辦理國庫銀兩所現銀支付所等事茲定章程如左
一　東京金庫大阪金庫日本銀行以庫銀作資本開設者　橫濱正金銀
行同上各地方國庫銀兩取查所現銀交付所均歸該課管
理
二　監守東京金庫現銀事項
三　各金庫現銀收入支出等事應照出納章程

四 凡關搬移現金之告示歸該課承辦
五 收支課交付銀兩之時應即登記於簿捺印
六 凡由大阪金庫課及各地方辦理國庫銀兩所現銀交付所送到之出入報告册雖計算課查過該課尚須詳查應將國庫所存之銀兩現共有若干其種類有幾種登記於簿每日尚應造一日計表以備考查
七 兑換紙幣之銀兩應交與銀行至於用銀將前換出之紙幣收回後當即焚化其事均歸該課辦理
八 舊銅錢交換之事亦應承辦
九 凡收入之銀兩事尚未清其銀應交收支課轉交金庫保守

大藏省

十凡抵當之物應借存金庫保守

第四十七條　收支課所掌之事如左

一　收入銀兩須交現銀收入所查點清楚始行登簿然後轉送主金課俟得該課收條後再依次序登賬

二　收入所所發之收條憑據應送交計算課存案

三　各處送來之滙票須登記於簿到期始行取付

四　凡見有假造紙幣以及描改紙幣等事之時須即將原由函致警查官查辦

五　凡破壞紙幣交換之事須通知國債局及計算課

六　紙幣交換清楚應送至國債局查其眞僞查畢後即轉交記錄局

七　凡紙幣廢棄者須捺大藏大臣之印
八　凡各官廳送到之發給銀兩憑票須與傳票查對無訛方照來票給發
九　每日各官廳應照憑票發給日用銀兩若銀兩交付清後即將憑票收回送存計算課

第四十八條　計算課所掌之事如左
一　凡由收支課送來之憑票收清後應記於冊
二　大阪金庫各地方國庫銀兩辦理所現銀支付所以上各庫送到之報銷冊該課應詳細將出入銀數算清登簿
三　每日收入之銀數應將各款項各官廳以及銀水之成色詳細造冊報知出納局

四　政府頒行紙幣之數目以及文換紙幣之銀兩數目須
詳細計算記册
五　搬運國庫銀兩費用以及取查書寫各費均應查清通
知會計局
第四十九條　金庫局應在大阪設一分局管守現銀以及日
本銀行并大阪分店至於金庫鎖鑰歸分局長掌守茲定章
程如左
一　監守大阪金庫管理日本銀行分店歸國庫事務屬者
二　凡現銀出入以及抵當諸物該分局應遵本局之命令
保守管理
三　或本局命令或各官廳有請付各處銀錢之事該局應

照所請辦理

四 凡大藏省交下之滙票須即持往兑取洋銀至於舊紙幣若經將洋銀交換後其紙幣上應捺大藏省印掛號毁棄不准遷延

五 若見有贋造紙幣以及贋造描改之紙幣時須照本局章程辦理

六 凡賬須照出入憑據登簿并應造册咨送本局

七 凡金銀銅以及造成貨幣者該局均應照次序收發

第五十條 銀行局設常務課清查課報告課分掌其事

第五十一條 常務課掌凡關銀行貿易上之事兹定章程如左

一　各銀行本店分店或廢棄或遷移或分合或資本增減等事其他一切文書均應該課辦理
二　凡關銀行之事文案起稿亦應該課清查
三　國家所立銀行内之總辦以及司賬人等之播詞應該課撿查至於辦事人等之姓名應行登錄并應取諸人之印記留存查認
四　諸銀行若有與前項相類者一切事務均應該課辦理
五　銀行若有停止生意或倒閉等事一切案件應該課起稿稟報
六　諸銀行若有與前項相類之事或違犯規則一切處分案件應該課起稿稟請核辦

七 凡關銀行紙幣以及日本銀行（日本銀行云者政府與民人同設也）兌換票
事件歸該課清查

第五十二條 清查課所掌之事如左

一 凡關報告簿記計算等事之告示應該課清查起稿

二 凡關諸報告簿記計算等事之文書應該課清理

三 各銀行及交換所之報告并銀行考查之景况等事應
該課清查

四 凡各銀行暨交換所以及兌換票之記入賬簿法并諸
一報告冊之格式創造改訂之時其文案應歸該課起稿

五 銀行至關閉之時應詳查其資産以及所負之債實在
有無賺錢失本事件

六　諸銀行之賬簿一切憑據以及生意實況應詳細檢查

第五十三條　報告課所掌之事如左

一　各銀行之資本暨借貸銀兩之數目種類以及滙票之多寡并增減等事至於各銀行之報告冊每半年應分别統計以便考查景況其於各外國銀行生意之情形亦應搜集成冊以備參考

二　交換所交換之紙幣銀兩若干應行清查至於滙票之種類亦應分别統計

第五十四條　預金局（預者借存也）設勘查課收支課計算課分掌其事

第五十五條　勘查課所掌之事如左

一 凡借存之銀兩該課應設運用生利之法
二 存借銀兩之利息應有定數
三 交付日本銀行之手工費應該課詳核
四 交付日本銀行或長存或陸續取用須定出次序
五 凡本課所管之銀貨須設交換之法
六 凡本課所管之賬簿應行清理
第五十六條 收支課所掌之事如左
一 凡借存之銀兩收入交出等事應按次序辦理
二 驛遞局所存借之銀兩收入發出之事亦應該課承辦
三 存借銀兩之收入賬簿應該課清理
四 存借銀兩之利息交付時須照次序

五　應清理所管之諸賬簿事

第五十七條　計算課所掌之事如左

一　總核存借銀兩出入計算之事

二　區別存借銀兩種類之事

三　公債及大藏省證券之價值應行區別事項

四　清理所管之各賬簿事項

第五十八條　記錄局設編輯課照查課分掌其事

第五十九條　編輯課所掌之事如左

一　凡流用銀票之存根以及本省內諸公文之存稿均歸

二　該課辦理

三　各局公事之存稿應該課採輯至於本局之事務辦結

後須在三十日内編輯若銀錢出入之存票應俟報銷清後始能採輯

三　編輯各局之存稿須各局歸各局以便查閱

四　本省所管之書籍應將目錄謄出須與内閣記錄局所造者相合

五　本省應用之書籍歸該課購製

六　除本省之外凡官吏有向本省借書籍查閱之事若蒙大臣允許者應借與覽

七　本省内官吏有借書籍查閱者應嚴照章程借與

八　凡諸課所管之書籍應當嚴正看守

第六十條　照查課所掌之事如左

一各種紙幣以及公債并大藏省證券之號數應歸該課查照然後於表面捺印至於紙幣及證券或損壞或應支消均歸該課撿查之後捺以銷印即行焚化

二國家所立銀行若有損壞紙幣交換等事應該課辦理

三各證券若因變種類有新舊交換之事應歸該課撿查清後照例於新證券上捺印其舊證券經撿查後二日以内應捺銷印焚化但其次序須照另外章程

四各公債證券之利息若付清後其票應即焚化其一切辦理之法應照前項

税關章程

第一條　各税關歸大藏大臣管轄玆定各員如左

税關長一人奏任一等至二等

税關副長一人奏任二等至三等

監定官一人奏任三等至四等

監吏人數不得逾十人判任二等至九等

監定吏不得過五人判任二等至十等

屬官人數視事之繁簡酌定

第二條　税關長應受大藏大臣指揮掌理海關税務之事

税關長應與關税局長協辦其事

第三條　副税關長只横濱神户兩口設立

副税關長應佐理税關長之事若税關長有事故之時可以代理其職

監定官奏任二等以下應受税關長之指揮掌監定貨物之事項

第四條 屬官應受各上官之指揮掌書記計算之事

第五條 監吏應受各上官之指揮監查私商漏税之事

監吏許便宜僱員充當

第六條 鑒定吏應受各上官之命令掌鑒定貨物之事

鑒定吏許便宜僱員充當

第七條 各税關設檢查課鑒定課收税課倉庫課監視課文書課製表課分掌其事

第八條　凡進出口貨物歸撿查課撿查

第九條　進出口貨物之性質價值歸鑒定課鑒定

第十條　進出口貨物之稅銀以及船舶倉庫等之應收銀兩歸收稅課辦理

第十一條　倉庫之上房開閉以及貨物進出等事歸倉庫課辦理

第十二條　凡有私商漏稅之事歸監視課辦理

第十三條　凡內外文書以及各職員辦理免單之事歸文書課捺印

第十四條　凡關貿易之事歸製表課編造諸表

第十五條　凡稅關收入之銀兩以及一切經費之出入并充

公之貨物財産歸會計課計算看管至於僱用人身分之事亦應該課辦理

課抄印

第十三條 凡內外文書以及各職員辦理免罷之事歸文書

第十四條 凡有物品流放之事歸監視課辦理

辦理

第十五條 會庫之上房開閉以及貨物進出等事歸會庫該

歸收支課辦理

第十六條 進出口貨物之數錄以及船舶會庫等之應收錄

第十七條 進出口貨物之運費價值歸鑒定課鑒定

第十八條 凡進出口貨物歸檢查課檢查

印刷局章程

第一條　印刷局歸大藏大臣管理掌印刷諸抄紙之事

第二條　印刷局官員茲定如左

事務長一人　奏任一等至二等

次長一人　奏任三等以下

技術官　奏任二等一人三等三人試補一人

工匠　判任一等至十等共六十人

第三條　事務長應受大藏大臣指揮掌理局中一切事務

第四條　次長應佐理事務長所掌之事

第五條　技術官應受事務長指揮分掌局中工事

第六條　屬官係判任應受上官命令掌書記計算之事其於

人數視事酌定

第七條　印刷局設總務部會計部抄紙部分掌其事至於章程應遵大藏大臣所定者

造幣局章程

第一條 造幣局歸大藏大臣管轄掌鑄造貨幣及賞牌之事

第二條 造幣局人員茲定如左

局長一人奏任一等至二等

次長一人奏任二等以下

技術官奏任三等一人奏任四等一人奏任五等三人

試補一人

屬官判任一等至十等二十四人

工匠判任一等至十等二十一人

第三條 局長應受大藏大臣之命令掌局中諸務

第四條 次長佐理局長所掌之事

第五條　技術官應受局長之指揮分掌局長工事
第六條　屬官應受上官之指揮掌書記計算之事
第七條　造幣局設總務部會計部鑄造部試金所精製所各司其事
第八條　總務部掌理内外文書辦理諸報告監査諸職員至於一切襍件均歸該部管理
第九條　會計部掌理五金以及幣貨出入計算之事至於各作工所以及諸官舍有營繕之事亦歸該部辦理
第十條　鑄造部掌理鑄造貨幣之事以及雕刻印模鐵工銅工等務
第十一條　試金所掌理試驗五金成色之事

第十二條 精製所掌理精製金銀工事

第十三條 大藏省公署内設一造幣分局掌收納五金以及交付貨幣之事

第五條 技術官應受局長之指揮分掌局長之事

第六條 屬官應受上官之指揮掌會計庶務之事

第七條 造幣局設鑄錢會計試驗[illegible]諸部分掌

司其事

第八條 總務部掌理外文書翻譯報告[illegible]

於一切雜件均歸該部管理

第九條 會計部掌理五金以及貨幣出入計算之事並

作工所以及諸官舍市署之事亦歸該部辦理

第十[illegible]條 [illegible]貨幣鑄造貨幣之事以及[illegible]鐵工銅

第十三條 大藏省以需者設一造幣分局掌收鎔五金以及

[illegible]理精製金銀工事之事

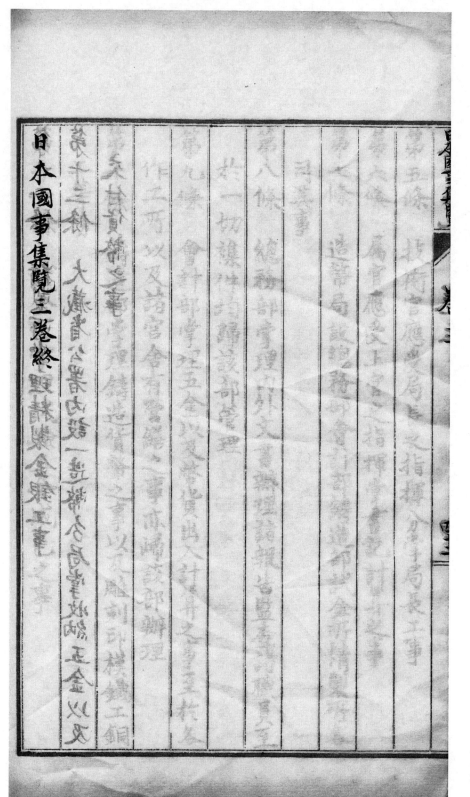

日本國事集覽三卷終

日本國事集覽卷四

使署繙譯兼箱館新潟夷港副理事官劉慶汾集譯

按日本兵制海軍之式法乎英陸軍之式則尚德與法其陸軍之目有四曰常備曰豫備曰後備曰國民（詳章程內）其編制之法步兵以三百十六人為一中隊五百六十五人為一大隊千七百七人為一聯隊而一大隊出自四中隊一聯隊出自三大隊其於砲兵山砲兵野砲兵則以百二名為一中隊二百十名為一大隊合野砲兵二大隊山砲兵一大隊為一聯隊至於騎兵則以百三十二名為一中隊二百九十七名為一大隊工兵輜重兵亦編為中隊大隊以步兵聯隊至四聯隊附以騎兵一大隊砲兵一聯隊工兵輜重兵各一大隊為一旅團此平時常備

兵編制之法也戰則步兵一大隊增為八百三十有二騎砲工輜重等兵其增數亦倣此今按常備兵數步兵共二十四聯隊騎兵共六大隊砲兵共六聯隊工兵輜重兵各共六大隊分隸於東京仙台名古屋大坂廣島熊本六鎮守府管轄其要塞砲兵以及憲兵屯田兵其編制各有差異海軍之目與陸軍同惟編制之法除三鎮守府定員之外兵曹水火夫人等應視兵船大小分置之茲將海陸軍章程逐譯於後

海陸將士供職年限章程 明治二十三年勅定

第一條 陸海軍將士照左供職年限滿後應行告退

一陸軍

中將 供職至七十歲時為止

少將 監督長 同六十五歲

軍醫總監

一等監督 軍醫監 同六十歲

憲兵屯田兵大中佐

二三等監督 一二等軍醫正 同五十七歲

藥劑監 獸醫監

步騎砲工輜重兵大中佐
憲兵屯田兵少佐　監督補
一等軍吏　一等軍醫　同五十四歲
一等藥劑官　一等獸醫
步騎砲工輜重兵少佐
憲兵屯田兵大尉
二等軍吏　二等軍醫　同五十一歲
二等藥劑官　二等獸醫
一等軍樂長　砲工兵上等監護
步騎砲工輜重兵大尉

憲兵屯田兵中少尉　三等軍吏

三等軍醫　三等葯劑官

三等獸醫　二等軍樂長　同四十八歲

砲工兵監護　諸工長

諸工下長

步騎砲工輜重兵中小尉

憲兵屯田兵下士　軍吏部下士　同四十五歲

衛生部下士　軍樂部下士

步騎砲工輜重兵下士

憲兵屯田兵卒　看護卒　同四十歲

樂手補　雜卒　諸卒

步騎砲工輜重兵卒　同三十五歲

中將　供職至六十五歲

少將　機器總監

軍醫總監　主計總監　同六十歲

大佐　機器中監　大技監

軍醫大監　同五十五歲

主計大監

少佐 機器少監

少技監 軍醫少監

葯劑監

主計少監 同五十歲

上等兵曹 軍樂師

機器師 上等技工

船匠師

大尉 大機器士

大技士 大軍醫 同四十五歲

大葯劑官 大主計 下士

少尉　少機器士　少技士

少軍醫　少藥劑官　同四十歲

少主計　卒

第二條　海陸軍將士供職之年限滿後固應告退苟其職他人不能代辦者准其留任

第三條　海陸軍將士苟供職之年限尚未滿時因病不能服役若已供職至十一年以上者准其各稟明長官告退至於將官必須奏明奉旨准後始能告退

陸軍省沿革摘要

明治二年二月廢兵部省設陸軍省是月三十日以兵部省前屬之陸軍武官寮兵學寮醫學寮糺問司造兵司武庫司統歸陸軍省管轄五年四月廢糺問司設陸軍裁判所定職員之等級六年改定陸軍省條例只諸寮諸司及裁判所仍舊是年五月改定陸軍武官等級是月廢軍醫寮八年二月廢造兵司武庫司五月廢兵學寮九年正月改定陸軍省官制章程十二月改正陸軍章程十年正月改正陸軍裁判長以下人員等之品級十二年十月定陸軍職制改陸軍章程以及各武官之等級十三年正月陸軍省內設電報工師定其薪俸十二月增陸軍章程十五年五月陸軍省內設理事理事補審事審事補以及

錄事等官隨定其俸九月廢陸軍裁判所十八年十二月改稱陸軍卿爲陸軍大臣贊勷內閣之事十九年二月頒陸軍省官制十一月於陸軍諸學校內設立教官十二月設臨時砲台建築部定其官制二十年六月改正陸軍官制是月定陸軍士官學校并陸軍幼年學校官制二十一年三月勅定陸軍軍馬育成所官制六月勅定陸軍重症病馬治療所官制七月勅定造絨所官制二十二年三月勅定測量陸地官官制三十三年三月二十七日改定陸軍章程并近衛師團監督部是月定陸軍司計部章程是月復定陸軍經營部條例并軍馬育成所章程

明治二年二月廢兵部省設陸軍省是月三十日以兵部省前

陸軍省沿革摘要

陸軍省章程明治二十年五月三十一日勅定

第一條 陸軍大臣管理陸軍軍政監督所轄諸部統督所屬軍人

第二條 陸軍省職員須以武官補用若以文官任斯職時須照各省官制條例辦理

第三條 陸軍大臣官房設秘書官二人照定章外應設傳令使二人

第四條 陸軍省總務局及各局各課應設課員若干各掌其事但課員不得以文官任之

第五條 陸軍省總務局内不準設書記官應以武官充各課之長此外設傳令使一人理事二人

第六條　陸軍省總務局內設第一課第二課第三課人事課
制規課掌各告示及上諭之事獸醫課分掌其事
第七條　第一局所掌之事如左
一　由各處投到本省文書應該局收入開封登薄至於應
當轉送之文書亦應該局辦理
二　凡各省院廳府縣以及本省各官廳有文書往來之事
應該局辦理
三　凡在陸軍省供差之文官姓名簿應該局編纂
四　本省選舉文官判任官以下者應該局辦理
五　凡長官士官有退職罷役之事該局應將姓名簿詳查
清楚

六 凡下士文官滿期後稟請開缺之事應該局辦理

七 凡人民有稟請願充兵卒應該局辦理

八 凡有向陸軍省上條議以及呈遞稟單願報效者均應

該局查辦

九 本省電報所應該局管理

十 凡闌官報之事應該局辦理

十一 凡文書或驛遞或飛傳或轉投之事應該局辦理

十二 凡有應通知各新聞館之事歸該局辦理

十三 凡經費諸報告以及統算之事應該局辦理

十四 陸軍省各官廳之報告册歸該局清查

十五 凡記室所管理之事以及書類出入等件歸該局辦

理存記

十六　凡陸軍省之各公文應該局聚輯看管不可遺失

十七　陸軍省之日記應該局類聚編纂

十八　陸軍省徵發物件皆有清單應該局清理

十九　陸軍省所有之靖國神社及遊就館以上一社一館其內排設古今鐵砲鎗刀以及本國各征戰之圖許人入內遊觀應該局管理

二十　凡關素禮服之事應該局辦理

二十一　埋瘞陸軍之事歸該局承辦

第八條　第二局所管之事如左

一　凡徵兵之一切制度以及徵集等事

二　凡豫備兵及後備兵之制度應該局清查

按日本兵名有四曰常備兵曰豫備兵曰後備兵曰國民兵常備兵者現在營供役者也供役滿三年後改為豫備兵許出營自理生意豫備兵滿五年後改為後備兵須年滿四十歲時始除去兵籍號曰國民兵若國家有大爭戰之事苟常備兵不敷用時則徵豫備兵補之如豫備兵尚不敷用時則徵後備兵補之若後備兵尚不敷用時則徵國民用也

三 凡近衛兵入衛之事應該局辦理

四 凡徵集兵卒或罷役或轉役他處或放逐等事應該局管理

五 豫備兵及後備兵或有再演習之事應該局辦理

六 後備兵豫備兵國民兵人員之數應該局清查

七 凡補充兵卒以及豫備徵兵人員之數應該局清查

八 凡兵卒再供役之事應該局辦理

九 凡闌殘廢兵卒之事歸該局查辦

十 凡有願充兵卒之事應該局辦理

十一 徵兵以及名集豫備兵後備兵之費用應該局清查

十二 憲兵步兵屯田兵之人數應該局清查至於各將校之姓名簿亦歸該局辦理

十三 苟有用豫備兵之時其人員姓名簿归該局編纂至此時後備兵（憲兵 步兵）之名姓簿亦應豫行編纂清楚

第九條 第三局所掌之事如左

一 凡軍隊設立制度以及編纂制度等事

二 準備出師之事

三 凡關查閱之事

四 要害之地應行衛戍之事

五 教育軍隊以及演習等事

六 軍隊之儀式以及陸軍禮節之事

七 軍人服制記號等事

八 凡關儀式典禮并鹵簿事

九 凡關憲兵步兵屯田兵之事項

十 凡關陸軍諸學校以及教導團之事項

十一 凡關武學生之事項

十二 凡關在外國遊學之生徒事項
十三 凡關陸軍諸生徒武學生在外之制度以及教誨之章程事項
十四 傭用外國教師之事
十五 通傳外國語言之事
十六 繙譯外國文書之事
十七 陸軍省所有之洋書以及所譯之書應行管守等事
十八 凡關軍樂隊事項至於該樂隊之人員姓名簿應行清理事項
第十條 人事課所學之事如左
一 凡關上長官士官下士之人事應該課辦理

二 凡關上長官士官休致之事應該課辦理

三 凡關人事公文往來其收發以及登記簿冊等事應該課承辦

四 拔擢名簿候補名簿歸該課管理

五 候補已定之名簿亦應該課管理

六 凡上長官士官補缺後一切訓令告示應該課承辦

七 士官下士轉任之事應該課辦理

八 出師姓名簿歸該課編纂

九 將官姓名簿亦歸該課編纂

十 凡陸軍之官員錄歸應該課編纂

十一 凡關刑法治罪法以及監禁懲罰之規條歸該課辦

理
十二　陸軍軍法會議之裁判其一切事務歸該課辦理
十三　軍法會議人員之姓名簿歸該課清查
十四　凡關陸軍警查事務規則應該課清理
十五　軍法會議判斷後應得處分者歸該課辦理
十六　凡軍人與民人有詞訟之事歸該課承辦
十七　凡關懲治隊之事應該課承辦
十八　凡關俘虜之事應該課查辦
十九　凡軍人軍屬有勲功之事應該課清查
二十　凡關勲章并從軍記念章之事應該課承辦
二十一　凡賞賜勲章并從軍者給與記念章之儀式亦應

該課承辦

二十二 凡軍人軍屬有勳者以及從軍曾得記念章者其姓名冊應該課清查整理

二十三 查凡軍人軍屬得邀恩賞軍人之寡婦孤兒應得扶助銀兩之事應該課承辦

二十四 凡軍人蒙褒賞之事亦歸該課承辦

第十一條 制規課所掌之事如左

一 凡大臣與總務局長有諮詢之事該課應具己之意見陳對

二 凡法律上諭以及內閣并各省之告示若有質問之件應該課應答

第十二條　獸醫課所掌之事如左

一　凡關近衛鎮台獸醫部之事以及陸軍省官廨所屬之獸醫事務

二　關獸醫部人員事項

三　獸醫部士官以上姓名簿清查之事

四　獸醫部豫備役後備軍各員身体以及名簿清查之事

五　獸醫部準備出師之事

六　監查獸醫官學術之事

七　清查獸醫官學術優劣之事

八　獸醫部教育之事

九　凡關獸醫生徒事項

十 清查馬病治療養育條規之事
十一 清查有關獸類衛生事項
十二 清查獸類衛生費用并統計獸醫事實等項
十三 凡關病獸事項
十四 撿查藥物器械之良否以及看守之得當與否事項
十五 發明藥物器械之事
十六 診視軍馬体格應詳細開單之事
十七 凡關斷訟紀事之事
十八 分析諸物以及理學化學并紀事應行撿查事項
十九 獸類傳染病并行流病之豫防至於不服風土生病
二其原由應行記載事項

陸軍省

二十　治驗錄應行清查整理事項

第十三條　陸軍省内所設諸局如左

十　騎兵局

十　砲兵局

十　工兵局

十　會計局

十　醫務局

第十四條　騎兵局設第一課第二課分掌其事

第十五條　第一課所掌之事如左

一　清査騎兵隊人員事項

二　騎兵科將校名冊應清查整理事項

三 騎兵科豫備後備兩軍人員名冊應清查整理事項
四 騎兵準備出師事項
五 凡關牧馬場事項
六 於馬政有關事項
七 清查調馬隊人員事項調馬云者訓練馬也
八 清查調馬隊費用事項
九 陸軍所用之馬匹其支給交換之事
十 陸軍所用之馬匹牝騾以及供馱駕之畜獸買入事項
十一 陸軍將校乘用之馬匹其買入交下等事
十二 凡於蹄鐵學舍有關事項
十三 清查蹄鐵工長以下暨各生徒人員事項

第十六條第二課所掌之事如左

一 清查輜重兵隊并輜重輸卒之人員事項

二 清理輜重兵科將校名冊事項

三 清理輜重兵科豫備後備兩軍名冊事項

四 凡關輜重兵出師準備事項

五 於輜重之編制有關事項

六 輜重車輛其他一切器具製造豫備事項

七 輜重之材料器械之經營以及經費之豫算應行清查之事

八 凡關輸運船舶事項

九 輜重兵隊馱駕車輛其他器具應行備辦事項

第十七條 砲兵局設第一課及第二課分掌其事

第十八條 第一課所掌之事如左

一 清查砲兵隊人員事項

二 砲兵科將校名册應行清理整頓事項

三 清理砲兵科豫備後備兩軍名册事項

四 砲兵出師準備事項

五 凡關砲兵諸工生徒之事以及清查人員數目事項

六 關砲兵會議事項

七 關砲兵射的學校事項

第十九條 第二課所掌之事如左

一 凡關砲兵駐劄之地面并砲兵工廠事項

二　凡關砲工輜重製造事項
三　沿海岸要緊之地各砲台之砲門以及兵器應行備辦事項
四　各兵之兵器應備辦事項
五　彈葯支給輸送事項
六　凡陸軍所用之兵器馬具製造事項并陸軍之經費豫算應行清查事項
七　軍旗以及陸軍旗號製造事項
八　砲兵所用之房屋創建修理并經費豫算應行清查事項
九　凡關砲兵所屬之土地房屋領受交換事項

第二十條 工兵局設第一課及第二課分掌其事

第二十一條 第一課所掌之事如左

一 清查工兵隊人員事項

二 工兵科將校名冊應行清查整頓事項

三 清理工兵科豫備後備兩軍名冊事項

四 凡關工兵出師準備事項

五 工兵會議事項

第二十二條 第二課所掌之事如左

一 關工兵駐劄之地面事項

二 陸軍諸建築方法并圖面等應行清查事項

三 凡關陸軍諸工製造圖事項

四　凡關工兵所屬之土地房屋以及建築諸物授受交換事項

五　諸工業材料之經費豫算應行清查事項

六　歩兵工兵所屬之工具以及工兵科之器械材料應行清查其經費豫算亦應詳核事項

七　城堡要害圖誌并諸地圖工具圖以及圖誌庫管理之諸圖應行清查事項

第二十三條　會計局不能照定章應設第一課第二課第三課第四課分掌其事

第二十四條　第一課所掌之事如左

一　凡關監督部軍吏部人員事項

二 監督部軍吏部人員名冊應行清查整頓事項

三 監督部後備軍及軍吏部豫備後備兩軍人員之名冊應行清查整頓事項

四 凡關諸定額事項

五 發給銀錢事項

六 支出額數清單應行查閱整頓事項

七 凡關監督部軍吏部撿閱事項

八 清查出師準備所費之額事項

九 凡關本課收支命令事項

十 清查中央司契部金櫃事項司契部者管理軍餉之所也

十一 中央司契部之報銷冊應行撿查事項

十二 出納報告書應行撿查事項
十三 凡關報銷事項
十四 簿記證據之格式應行清查事項
第二十五條 第二課所掌之事如左
一 糧食豫算應行清查事項
二 關發給軍糧事項
三 凡關發給飼馬料事項
四 凡關本課收發命令事項
五 管理糧倉事項
六 出師準備糧食事項
七 準備要地之糧食事項

八 各地所產之糧食品質應行清查事項

九 征戰時所用之糧食應行試驗事項

十 征戰時所用之糧食器具應行清查事項

十一 軍吏部候補人員應行試驗事項

十二 凡關軍吏學舍事項

十三 考查各國給養軍人之法事項

第二十六條 第三課所掌之事如左

一 支發軍裝事項

二 軍裝豫算應行清查事項

三 軍裝定額表應行考查整頓事項

四 出師準備軍裝事項

五 軍裝之樣式應行考求整頓事項

六 製造軍裝之廠務應行管理撿查事項

七 在軍裝廠所買入之軍裝須締約事項

八 凡關軍裝廠購買軍裝命令事項

九 凡關軍裝銀兩以及軍裝廠經費收支命令事項

十 軍裝廠收支品物報銷冊應行撿查事項

十一 軍裝廠經費報銷冊應行詳核事項

第二十七條 第四課所掌之事如左

一 凡關陸軍所用之地事項

二 凡關陸軍屯營房屋事項 砲兵工兵科所屬者不在此內

三 清查營繕經費豫算事項

四 凡損壞人民田土賠償事項
五 凡關陣營之器具事項
六 陣營器具之豫算應行清查事項
七 凡關各隊消耗之品事項
八 凡關用度事項
第二十八條 醫務局設第一課第二課第三課分掌其事
第二十九條 第一課所掌之事如左
一 凡關近衛鎮台軍醫部以及官廨之醫務事項
二 凡關軍醫部人員事項
三 軍醫部下士以上名册清查整理事項
四 軍醫部豫備後備兩軍名册清查整理事項

五、凡關軍醫部撿閱事項
六　凡關軍醫部出師準備事項
七　凡關兵營病院囹圄等衛生事項
八　凡軍裝糧食飲水等有關衛生事項
九　清查軍人身材以及紀事等項
十　各地之土性氣象以及遷地療養一切記載事項
十一　傳染病并流行病之豫防至於不服水土之病應行記載原由事項
十二　清查衛生經費并統計醫務事項
十三　凡關軍醫藥學生徒事項
十四　凡軍人因病蒙恩賞給賑恤銀兩其病經醫生診視

後所立之脉案應行查閲事項
十五　凡關斷訟醫務事項
十六　選兵以及選兵之紀事事項
十七　凡關内外國養恤之法事項
第三十條　第二課所掌之事如左
一　監查軍醫官學術事項
二　凡關軍醫官學術温習指導事項
三　考查軍醫官學術優劣事項
四　凡軍醫官教育藥學生徒事項
五　凡軍醫部教育下士卒事項
六　凡關軍醫學舍事項

七　凡關軍陣醫事并雜誌事項
八　凡關軍陣醫學參考品之事項
九　凡醫學上有新出之法應行記載事項
十　凡關教育之書籍應行清查事項
第三十一條　第三課所掌之事如左
一　凡關藥劑事項
二　撿查藥物器械之美惡并收存之法得當與否事項
三　藥物器械有新出者應行記載事項
四　考查理學化學事項

附新章明治二十三年二月十七日勅改定

陸軍省新章

第一條 陸軍大臣管理陸軍軍政監督所轄諸部統督軍人軍屬

第二條 陸軍大臣官房應設立副官

陸軍大臣秘書官以副官兼任

第三條 陸軍大臣官房內設人事課其所掌之事如左

一 凡關將校并同等官以及文官之升降事項

二 將校兵籍文官名冊停年名冊停年云者食祿未供差也職員錄以及出師人名冊之清查整理事項

三 退役將校之名冊并滿期下士以及任用文官事項

四　凡關叙位叙勳以及記章褒章事項

五　凡關恩賞賑恤以及扶助等銀事項

第四條　陸軍省毋庸設總務局

第五條　陸軍省設參事官四人内一人以文官任之外三人以有本職之武官兼任之

第六條　陸軍省毋庸設書記官但須設理事試補二人

第七條　陸軍省所設之諸局部如左

軍務局

會計局

醫務局

法官部　掌陸軍刑法之所也　二月十七日勅改定

第八條 軍務局長以陸軍次官任之會計局長以陸軍監督長任之醫務局長以陸軍軍醫總監任之至於各課長以上長官任之副官及課員以上長官士官任之副課員以士官任之

法官部長以勅任之理事任之部員以理事錄事人等任之

第九條 軍務局内設第一軍事課第二軍事課馬政課砲兵事務課工兵事務課獸醫課分掌其事

第十條 第一軍事課所掌之事如左

一 軍隊之編製建制并軍隊之分配以及出師準備戒嚴徵發事項

二 凡關軍隊之差事并教育演習巡閱以及軍紀營規等

事項

三陸軍諸學校及在外國遊學之生徒事項

四凡關儀式禮式以及服制徽章喪紀埋瘞事項

五繙譯外國書籍以及看守各書籍事項

第十一條　第二軍事課所掌之事如左

一凡關徵兵命令并義務兵（現供役之兵也）志願兵（自願當兵者也）以及補充徵集再役名集復習傳喚點名免除歸農解兵并及豫備後備兩軍等事

二凡關憲兵步兵屯田兵警備隊軍樂隊以及下士以下之補充事項

第十二條　馬政課所掌之事如左

一凡關軍馬之供給并經理補充種蓄購賣拂下（拂下云者發下也）借與廢除以及軍馬之蹄鐵教養徵發事項

二凡關騎兵輜重兵之經理并下士以下之補充等事

第十三條砲兵事務課所掌之事如左

一常備豫備兩軍之兵器彈藥應行考查鎗砲之火藥彈子製造應行經理要地所用之兵器彈藥應行裝備凡屬砲兵之事務均應該課辦理

二砲兵人員并下士以下之補充事項

第十四條工兵事務課所掌之事如左

一凡關要地堡壘并砲台之禦防事務至於工兵建築之工程應行監視其製造工具暨橋船鐵路電報使鴿應行

清查凡屬工兵之事總應該課管理

二　工兵人員并下士以下之補充事項

第十五條　獸醫課所掌之事如左

一　凡陸軍所用之獸類衛生事項應行診視獸醫部之教育人員并補充兵籍事項應行清理整頓

第十六條　會計局設第一課第二課第三課分掌其事

第十七條　第一課所掌之事如左

一　凡監督部軍吏部士官以上兵籍應行清理軍吏部下士以下之兵若再服役暨免除停止等事均應該課辦理

二　發給陸軍全部之軍餉以及豫算決算（豫算云者未用先算也決算云者已用報銷也）之會計該課應照章詳查若發給俸銀旅費應照

三章立案

三出師準備之經費應行詳查中央司計部之諸賬簿應行詳細清理至於簿記證書之樣式均應該課辦理

四凡關軍吏學校暨軍吏部士官以下之補充事項以及各國給養軍隊之法亦應認真考查

第十八條　第二課所掌之事如左

一發給口糧之法則條規應行審查立案其於口糧之豫算以及各地產出之糧秣亦應考查至於物品應行試驗其出師準備之糧秣暨炊具以及飼養馬匹之法則條規均應該課管理

二發給軍裝之規則應審查立案陸軍全部軍裝應需若

二若干其豫算應行清查至於各國軍隊服飾之法應考求其於出師之軍装亦應該課辦理

三軍装廠務應清查管理製造軍装工長學校暨造絨所之事務以及本省軍装經費報銷冊均應該課撿查辦理

第十九條　第三課所掌之事如左

一陸軍所用之公地暨陸軍諸建築之法以及建築之物砲工兵在外至於營繕經費豫算皆應清查若有損壞民人田土其償還之事亦應該課辦理

二凡陣營中應用之物以及初設兵營應需之襍具其經費豫算以及各隊消耗之品均應清查辦理

三凡陸軍省所有之財産以及用度等項均應計算

第二十條 醫務局設第一課第二課分掌其事

第二十一條 第一課所掌之事如左

一 凡衛生部之教育以及飲食衣服起居凡有關衛生之事該課應行考查至於陸軍之病疾自應該課診視

二 凡療治器具製藥器具以及包纏之布帯皆應平時備好至於當爭戰之時凡各地之風土氣象理學化學該課應行撿查後記載於冊

第二十二條 第二課所掌之事如左

一 出師征戰之時凡關衛生之事應行撿閱至於恤兵會社衛生會議軍醫學校以及各軍醫部各項事務均應該課掌理

三衛生部之廢兵撰兵以及恩賞等事應該課辦理至於衛生報告醫事統計軍人身材之紀事傳染病之豫防以及遷地療養各等項均應該課掌理

第二十三條　法官部所掌之事如左

一高等軍法會議事務以及本部理事錄事各項

二陸軍刑法治罪法以及監獄則懲罰命令事項

三軍法會議判斷事務均應監查若陸軍有與裁判所交涉事件均應該課辦理

第二十四條　陸軍省茲定人員如左

一大臣一人以將官任之次官一人亦以將官任之

一大臣官房內設副官五人以大佐中佐少佐大尉中尉

任之設秘書官二人以副官兼任之
一人事課課長一人以大佐任之課員二人以少佐少尉任
之副課員二人以大尉中尉任之
軍務局長一人以次官任之屬官四十四人
第一軍事課課長一人以參謀大佐或中佐任之課員二
人以少佐大尉任之副課員二人以大尉中尉任之
第二軍事課課長一人以大佐或中佐任之課員一人以
大尉任之副課員二人以大尉中尉任之
馬政課長一人以騎兵大佐或中佐任之課員二人一以騎
兵步佐或大尉任之一以輜重兵大尉任之副課員四人
二以騎兵大尉或中尉任之二以輜重兵大尉或中尉任

之
砲兵事務課長一人以砲兵大佐或中佐任之課員二人以砲兵少佐大尉任之副課員三人以砲兵大尉中尉任之
工兵事務課長一人以工兵大佐或中佐任之課員二人以工兵少佐大尉任之副課員二人以工兵大尉中尉任之
獸醫課長一人以獸醫監任之課員一人以一等獸醫任之
副課員一人以一等獸醫或二等獸醫任之
會計局長一人以監督長任之屬官三十人
第一課長一人以一等監督任之課員三人以三等監督及一監督補任之副課員四人以一等二等軍吏任之
第二課長一人以二等監督任之課員二人以監督補任之

副課員四人以一等二等軍吏任之

第三課長一人以二等監督任之課員二人一以監督補一

以四等技師任之副課員三人以一等二等軍吏任之

醫務局長一人以軍醫總監任之屬官十一人

第一課長一人以軍醫監任之課員二人一以一等軍醫一

以藥劑監任之

第二課長一人以一等或二等軍醫監任之課員二人以一

等軍醫任之

參事官四人一以文官任之其三人以大中少佐任之

法官部長一人以勅任理事官任之部員三人一以奏任一等

或二等理事任之二以三等四等理事任之錄事（即書記也）三人

以上陸軍省中官員共二百四十人內五人兼職

法官部長一人以勅任理事官任之部員三人以奏任一等

參事官四人以大佐任之其三人以大中少佐任之其一人以

一等軍醫監任之

第二課長一人以一等又二等軍醫監任之課員三人以一

以[illegible]副監任之

第一課長一人以軍醫監任之課員二人以一等軍醫一

醫務局長一人以軍醫總監任之屬官十一人

以四等技師任之副課員三人以一等二等軍吏任之

第三課長一人以二等監督任之課員三人一以監督補一

副課員四人以一等二等軍吏任之

臨時砲臺建築部章程　明治十九年十二月一日勅定

第一條　臨時砲臺建築部設於東京隷於陸軍省掌全國要害之地建築砲臺事項

第二條　臨時砲臺建築部玆定員如左

長一人係欽派

事務官七人係奏派

技師五人係奏任三等至六等

技手十人係判任自二等至十等

書記五人係判任自二等至九等

第三條　部長以陸軍將官任之事務官以陸軍上長官任之書記以下士屬任之

第四條　部長總理建築砲台事務
第五條　事務官應受部長之命各司其事書記應聽事務官指揮辦理庶務
第六條　技師技手從事各部之工事凡係技術事務自應任之不准疎忽
第七條　建築砲台位置以及制度格式并兵備之要領等項應由陸軍大臣與參謀本部長會議議决後即分示建築部興工
第八條　陸軍工兵駐劄地方若欲建築砲台該工兵等應受建築部長指揮從事其後
第九條　若因建築砲台之事苟與地方官以及其他有文書

往復之事須用建築部長之名

第四條　師長總理本監內各事務

第五條　事務官承監長之命分司其事書記應辦文書等事

拾附　兼理庶務

第六條　技師承監長之命掌本監之工事凡係技術事務自應經

之不在此限

第七條　臺場砲台位置以及制度格式并兵備之事須與本部

應由陸軍大臣與參謀本部長會議決後即令示工兵部

興工

第八條　陸軍工兵監管北方并西方建築砲台築工夫等應受

建築部長指揮從事其後

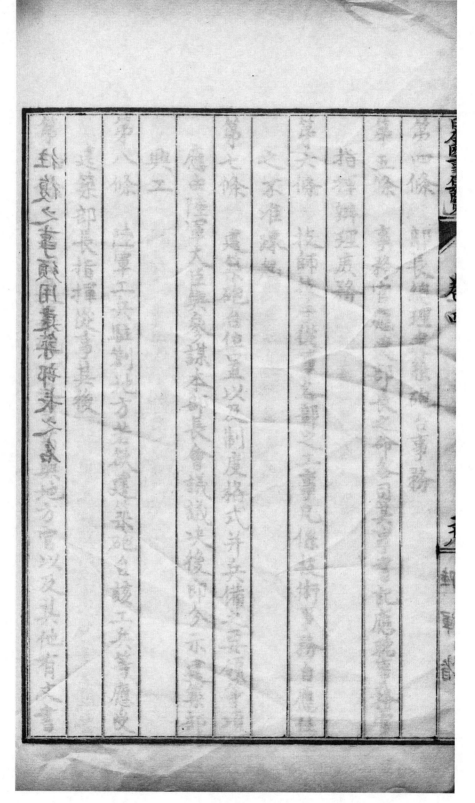

第九條　往復之事須用建築部長之名各與地方官以及其他有文書

千住製絨所章程 明治廿一年七月勅定

第一條 千住地名造絨所歸陸軍大臣管理專司製造供陸軍所用之絨類

第二條 造絨所職員玆定如左

所長一人係奏任自一等至三等

次長一人奏任四等以下

技術官

屬官不得過十人判任二等至九等

第三條 所長應受陸軍大臣指揮總理所中諸務

第四條 次長應輔佐所長之事

第五條 技術官應聽所長命令分掌工事

第六條　屬官應受所長指揮分司所中庶務

第四條　次長應輔佐所長之事

第三條　所長承陸軍大臣指揮總理所中諸務

屬官不得過十人判任二等至九等

技術官

次長一人奏任四等以下

所長一人係奏任官一等至三等

第二條　造紙所職員設定如左

所用之紙類

第一條　千住在地造紙所隸陸軍大臣管理專司製造供陸軍

千住製紙所章程　明治廿一年七月敕定

陸軍省法官部章程 明治二十一年十一月欽定

第一條 陸軍省中應設法官部掌刑罰之官也

第二條 法官部職員茲定如左

部長一人係欽派以理事任之

部員三人係奏派以理事任之

書記若干名係判任以錄事充之

第三條 部長總理部中事務各法官部以及出仕於旅團之理事錄事等官概歸該部長管轄

第四條 法官部所屬之職員應司高等軍法會議之事

第五條 法官部應辦之事茲定如左

一 刑法治罪法以及一切有關法律事項

二 懲罰命令監獄規條凡一切有關監獄事項

三 陸軍軍法會議判斷事件應行監督事項

四 本部諸員姓名冊應行清查事項

五 陸軍軍法會議判斷應得處分者其事亦歸該部辦理

陸地測量官章程明治二十二年三月欽定

第一條　欲測量陸地應設職官

第二條　測量陸地官屬陸軍大臣管轄凡關測量之事須受測量陸地部長指揮從事其務

第三條　測量陸地官分為二等一為測量師一為測量手

第四條　測量師應由奏派測量手則聽長官委任

陸地測量官章程 明治二十一年三月 頒發

第一條 欲測量陸地應設職官

第二條 測量陸地宜隸陸軍大臣管轄凡關測量之事須受測量陸地部長指揮從事其務

第三條 測量陸地宜分為二等 一為測量師 一為測量手

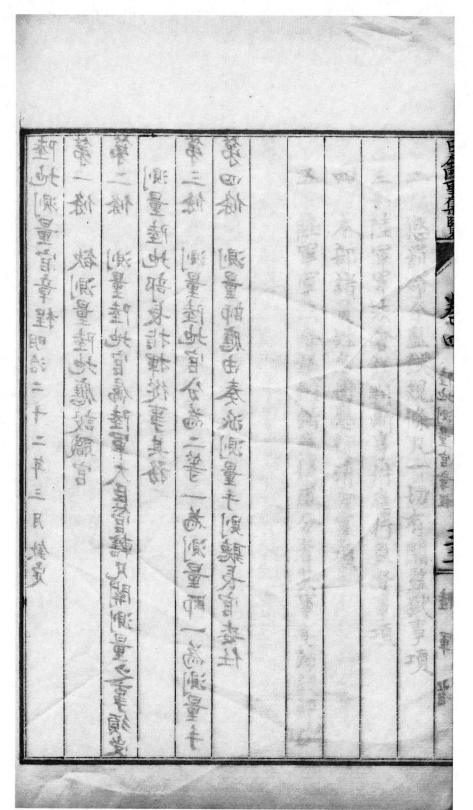

第四條 測量師應由奏派測量手則應委任

近衛師團監督部章程 明治二十三年三月 欽定

第一條 近衛師團監督部設於近衛師團司令部之地管理陸軍司計部經營部之事至於軍隊會計事務歸該部監督陸軍官衙會計事務亦歸該部監視總之陸軍銀錢收支以及陸軍公有之物出納事件概歸該部計算檢查惟槍砲火藥工具材料一切兵器在外其於管區內軍吏部士官下士之人事亦歸該部掌理

第二條 近衛師團監督部設於近衛師團司令部之地者稱曰近衛監督部設於師團司令部之地者稱曰師團監督部

第三條 監督部職員茲定如左

部長一人以一等二等監督任之

課長三人以三等監督或監督補任之
部員七人以一等二三等軍吏任之近衛監督部部員則應設十人
第四條　監督部應設三課第一課掌計算事務第二課掌糧
食軍裝事務第三課掌建築陣營事務
第五條　監督部應將師管為事務之管區但第一師管內近
衛及第一師團監督部之會計事務官衙區域應由陸軍大
臣核定
第六條　監督部長隸於陸軍大臣掌軍隊口糧之會計至於
出師準備事項應聽近衛都督師團長之命令
監督部若遇出師或師團演習必須該部之時應隸近衛都
督師團長節制

第七條　部長總理部務應任所掌之事之責

第八條　部長若於管區內之會計有必要之時準其向該管理官吏諮問辯明

第九條　凡管區内官衙及軍隊之會計該部長應行檢閲但當檢閲之前須稟明近衛都督師團長至於本管區内有銀錢收支以及廢品應當發賣等事概歸該部長自行辦理

第十條　課長整理課務應任分掌之事之責

第十一條　部員應受部長之命分司庶務

第十二條　前第三條所載各員外尚應設軍吏部下士若干人分司其事

入皆同其事

第十二條　前第三條所載各員外應設書記文部十等屬員

第十一條　部長應受文部長之命合管庶務

第十條　議長整理議務應任會中之一事之責

錄收支以及廢品應當發賣事務歸該部長會計論覽

當檢閱之前須稟明近衛都督師團長至於本管區內首報

第九條　凡管區內官衙及軍隊之會計設部長應行檢閱查

理官吏諸問辯明

第八條　部長若於管區內及會計有必要之時遣其當設議

第七條　部長總理部務應任所掌之事之責

陸軍司計部章程 明治二十三年三月欽定

第一條 陸軍司計部設於東京及各師團監督部所在之地專掌陸軍經費之計算暨一切報告事項

第二條 陸軍司計部設於東京者稱曰中央司計部設於各師團監督部所在之地者稱曰某地陸軍司計部

第三條 陸軍中央司計部職員茲定如左

主管一人以一等軍吏任之

計算官五人以二等或三等軍吏任之

第四條 某地陸軍司計部職員茲定如左

主管一人以一等軍吏任之

計算官一人以二等或三等軍吏任之

第五條　中央司計主管隸於會計局長某地司計主管隸於該處監督部長但中央司計部若與陸軍省各局課或近衛及第一師團監督部有關係之事須聽該課長命令辦理

第六條　主管總理部務應任所掌之事之責

第七條　計算官應聽主管命令分掌事務

第八條　前第三條第四條所載各職員外尚應設軍吏部下士若干名

陸軍軍裝廠章程 明治二十三年三月欽定

第一條 陸軍軍裝廠設於東京專辦軍裝供各部各軍之用

第二條 軍裝廠職員茲定如左

主管一人以一等軍吏任之

軍裝官二人以二等三等軍吏任之

第三條 主管隸於會計局長總理廠務應任所掌之事之責

第四條 軍裝官應受主管指揮分掌事務

第五條 前第二條所載各職員外尚應設軍吏部下士若干名分司其事

陸軍軍裝廠章程 明治二十三年三月勅定

第一條 陸軍軍裝廠設於東京專辦軍裝供各部各軍之用

第二條 軍裝廠職員額定如左

主管一人以一等軍吏任之

軍裝官二人以二等三等軍吏任之

第三條 主管隸於會計局長總理廠務[illegible]

第四條 軍裝官承主管指揮分掌事務

第五條 前第二條所載之外[illegible]軍吏部下士若干

各分司其事

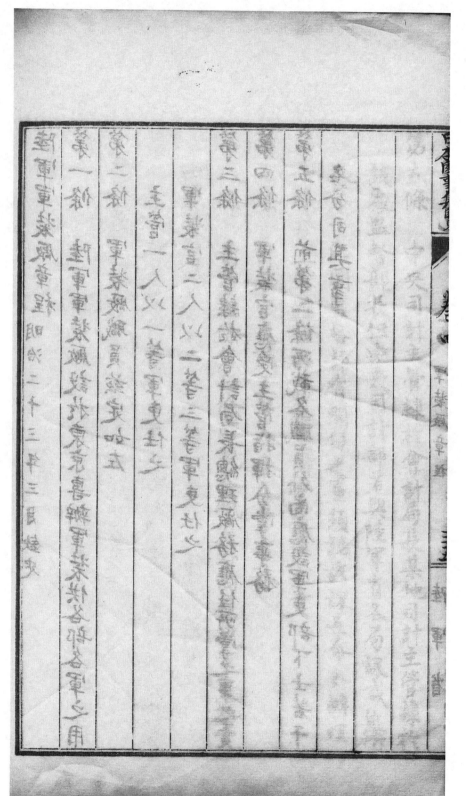

陸軍經營部章程明治二十三年三月欽定

第一條　陸軍經營部設於近衛及師團監督部所在之地專管陸軍所屬之陣營廨舍倉庫地面以及建築修繕等事但砲兵工兵科所屬者不在此限

第二條　陸軍經營部設於近衛監督地方者曰近衛經營部設於師團監督部地方者曰某地陸軍經營部

第三條　經營部職員茲定如左

主管一人以一等軍吏任之

計算官一人以二等或三等軍吏任之

建築官一人以五六等技師任之

第四條　主管隸於當地之監督部長總理部務應任所掌之

事之責

第五條　計算官建築官均應受主管之命分司事務

第六條　前第三條所載各職員之外尚應設技手或屬官若干名

日本國事集覽四卷終

日本國事集覽目録

日本國事集覽卷五

使署繙譯兼箱館新瀉夷港副理事官劉慶汾集譯

徵兵沿革摘要

明治三年十一月十三日始定徵兵之例須佈府藩縣遵辦四年正月十三日定府藩縣徵兵經費以及旅費等項五月二十三日令東海道府藩縣緩行兵之法五年十一月定徵兵制度并頒詔書於各府縣六年正月陸軍省須佈徵兵之令七年四月二十七日陸軍省暫定徵兵入欵大概條規十一月陸軍省定徵兵辨理事務之冊八年正月陸軍省改訂徵兵入欵條規是年陸軍省須佈參考令五月陸軍省改定徵兵辨理事務之冊是年復改訂徵兵令九年二月陸軍省復改定徵兵入欵

條規十二月大藏省復出示改定徵兵入欵規則十一年八月陸軍省示諭凡未充常備兵之前禁止分家之事十二年十月復改定徵兵令廢從前所出之告示十一月陸軍省定各地方徵兵醫員條規是月陸軍省定徵兵事務條例十二月大藏省又出示改定徵兵入欵條規十四年三月陸軍省出示定後備軍司令部條例廢八年十一月所定之後備軍官員服役規則是月陸軍省出示定後備豫備兩軍編制之條例十六年十二月復改正徵兵令十七年七月定徵兵事務章程八月陸軍省定陸軍徵兵辦理事務之法十月陸軍省定陸軍醫官徵兵檢查章程十九年四月陸軍省定看守徵兵人等章程是月陸軍省定募集看守人之事項六月定呈請願充軍人之則十月陸

軍省定格集陸軍條例十一月上諭徵兵令中應行增改是月
勅定警備隊章程是月内閣傳旨增改徵兵令并定現役豫備
後備等兵管理之法二十年三月内閣傳旨刪改徵兵事務條
例十二月大藏省改正徵兵旅費規則二十一年五月海軍省
出示諭凡海軍之豫備後備等兵如有歸家移籍以及寄留犯
罪并不知行衛等事應行禀報存案同月陸軍省定豫備後備
兩軍處鄉之兵官規則七月勅改警備隊條例二十二年正月
照法律第一號復改徵兵之令二月降旨改正徵兵事務條例
三月降旨定陸軍輜重現役輸卒以及入營限期是月陸軍省
定徵兵事務詳細規則是月陸軍省廢軍醫徵兵檢查條例設
徵兵檢查規則是月陸軍省改正警備隊未入營之前一切辦

理之法是月降旨改正憲兵條例

徵兵詔書 明治八年十一月五日頒行

朕思古昔郡縣之制募全國之兵壯設為軍團以衛國家初無兵農之別中世以降兵權歸於武門兵與農始判為二而封建之治成矣戊辰春草除舊習煥然一新此實千餘年來莫大之更變也當此之時海陸軍制本因時而定未得其宜今宜追倣古制并斟酌各外國之法募全國壯丁為兵以衛國此實朕所厚望者也汝百司有官宜深体朕意傳諭全國之民

皇[illegible]也[illegible]之民
[illegible]國[illegible]各外國之法募全國壯丁為兵以衛國此實與[illegible]
[illegible]之時論陸軍制本因時而定奉議宜令宣進徵
之治既久文武分家各草隊舊習漸撤一新此實千餘年來莫大之
兵農之別中世以降兵權歸於武門兵與農始判為二而封建
既廢古昔郡縣之制募全國之兵壯設為軍團以衛國家知無
徵兵諭書　明治八年十一月五日頒行

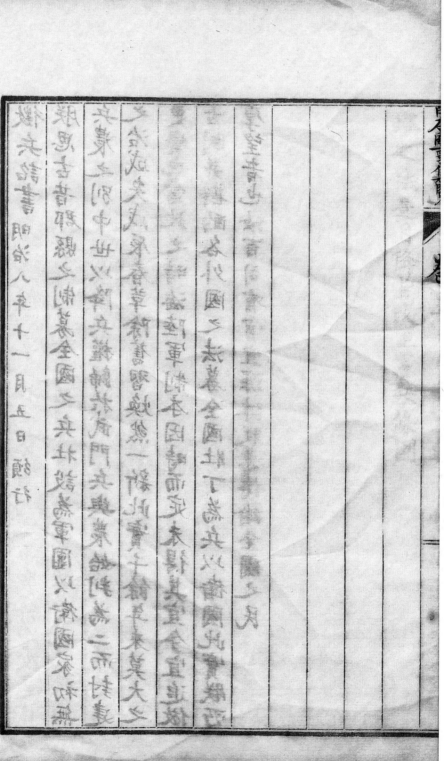

徵兵告示 明治五年十一月二十八日太政官佈

我朝上古之制海内之民皆兵有事則天皇為之統領凡丁壯堪任兵役者則募以從戎事畢則釋之為農為工為商為賈乃至後世稱曰武士者各帶雙刀抗顏坐食甚至殺人官如不問其罪者回憶神武天皇以珍彥氏為葛城國主自是日本始有軍團初定衛士防人之制至神龜天平之際始置六府而武事始備迨至保元平治以後朝綱頹馳兵權終墜於武門之手其國則成封建之勢其民則有兵農之别朝廷名分民滅無存其弊有不可勝言者茲幸大政維新列藩奉还版圖辛未之歲郡縣皆復古制從此減世襲坐食之祿除不脱刀劍之風四民漸得自由之權而官民可同一体此則合兵農為一之基也當今

之世士非從前之士民非從前之民均國家之赤子茲無士民之别各應報其國者也凡天地間一事一物莫不課稅以充國用是則為人者自應盡其心力以報國此西人所稱為血稅者也夫以氣血報國若國有患則人人應代防之其防國之害者即自防自之害此理不可不知者也夫如是有國則應有兵備有兵備則人人不能不就其役以此觀之民兵之法乃天然之理非故意所能强也茲宜斟酌往古取法當今善定其制夫泰西諸國數百年來講求武功皆有實踐其法之精良固不待言者也然彼政治風土與我悉異只宜取彼之長以補我海陸兩軍之不備自此以往凡我日本全國四民男子年二十者應盡編入兵籍以備國家緩急之需為此諭各鄉長里正謹遵此示

解説於民俾知保護國家之大本

陸軍省徵兵定制 明治二十二年二月二十八日頒行

凡募壯丁應分為甲乙丙丁四種甲乙種者係身体強壯長短合格者也丙種係徵集延期者徵募之時該名或因病疾或因事故不能即充兵者謂之延期丁種係不合格也

茲將陸軍合格之式臚列於左

一步兵須身体強健能賴勞走遠路者為合格

二騎兵須身体輕捷過肥者不用且慣於使用馬者為合格

三砲兵須体健力大目光能遠視清明者為合格

四工兵須膂力過人凡工作之事能精巧者為合格

五輜重兵及輜重輸卒須力大慣於使用馬匹者為合格

六職工須平素從事工職者為合格職工云者製造鞍革蹄鐵衣服木器靴鞋冐等

物者
也

七近衛兵須品行方正合甲種格式者選任之
茲將海軍合格之式臚列於左
一平素在海船上做工領得有政府海員免狀者為合格
二平素管理火輪車或在機器局充當工人或當過火夫者
一為合格
三前項所載各事若只供過該業一年者亦為合格
四當過船夫者為合格
五當過漁人者為合格
六職工及襍卒只須勤謹適當者即可選用

陸軍徵兵查驗章程明治二十二年三月三日改定

第一條　查驗壯丁身体分為合格不合格二項苟身体强健精神振作堪賴兵役之勞者為合格苟常患疾病或畸形異狀不堪任兵役之勞者為不合格其當查驗之時須聽查驗官畫法查驗

第二條　苟身体强健不過現罹傷痍疾病以後尚堪任兵役之勞者亦為合格

第三條　身幹尺寸與左所開相符者方為合格但如遇兵不敷用時應臨時遞減

砲兵工兵　五尺五寸以上

步兵騎兵輜重兵　五尺三寸以上

輜重輸卒　五尺二寸以上

陸軍職工（職工云者製鞄草蹄鐵衣服靴冒各工也）五尺以上

海軍水兵火夫看病夫（看伺病人者）五尺三寸以上

海軍木工鍛冶夫厨夫　五尺二寸以上

警備隊之步兵砲兵照以上定尺各減短二寸以內

第四條　疾病畸形不堪任兵役者其大約開列于左

一　身体生育不全者

二　瘦弱不堪者

三　身体大肥運動不便者

四　罹慢性發腫潰瘍者

五　罹重大腫瘍潰瘍者

六 筋骨蒸熱骨壞生疽以及骨腫瘍佝僂者

七 身体有廣大瘢痕或骨節因病不能運動者

八 象皮腫以及發癩者

九 罹出血病白血病者

十 動脉瘤靜脉瘤以及脉腫重大者

十一 慢性痛風或慢性關節僂麻者

十二 癲癎狂舞病者

十三 癆症或筋骨瘦小者

十四 白痴癲狂病者

十五 頭部有濶大之畸形者

十六 眼皮内捲外翻以及淚瘻者

十七　眼珠紅腫永遠不愈以致不能視物者

十八　斜視或直視以致眼皮外翻眼外露者

十九　或日光近視不能及遠者

二十　或視力乏弱以及夜盲者

二十一　失明者

二十二　耳聾重聽以及耳殼殘缺者

二十三　鼻形畸異者

二十四　鼻內腫潰以及上顎潰爛者

二十五　口內潰爛唇頰有病以及口吻狹窄者

二十六　唇與齒因病缺損以致不致咀嚼者

二十七　口唇破裂或有穿孔者

二十八　舌若罹唾腺之腫瘍以致缺損或唾瘻者

二十九　啞聾啞者

三十　喉管長出畸形或慢性病者

三十一　食道狹窄者

三十二　偏頸以及背梁長出畸形不便運動者

三十三　胸前有莫大畸形者

三十四　肺經胸膜有慢性病者

三十五　心膜心囊有慢性病者

三十六　腋臭及足汗臭其惡味不堪聞者

三十七　骨盤係莫大之畸形者

三十八　羅歇兜尼亞此西洋病名不解病者

三十九　脱肛以及痔瘡永遠不愈時發出血者
四十　尿瘻尿道有畸形者
四十一　腹有夙疾不時發痛不能治者
四十二　四肢麻痺以致筋骨縮短骨節　張者
四十三　關節生出畸形者
四十四　關節瘻軟及痞塊不化者
四十五　拇指示指中指全殘缺者
四十六　除小指外若他指强硬不能伸屈者
四十七　除小指外他指若一節以上殘缺者
四十八　足有畸形者
四十九　大趾一節以上殘缺者

五十 凡趾灣曲者

第五條 以上所載各項若係輕症可以服役者仍作為合格如實係重症畸形不堪服役者則應作為不合格

[illegible]

如實據畫押時亦不據服役者則應作爲不合格

第五條 以上所載各項若係輕症可以服役者仍作爲合格

五十九 凡趾彎曲者上下殘缺者

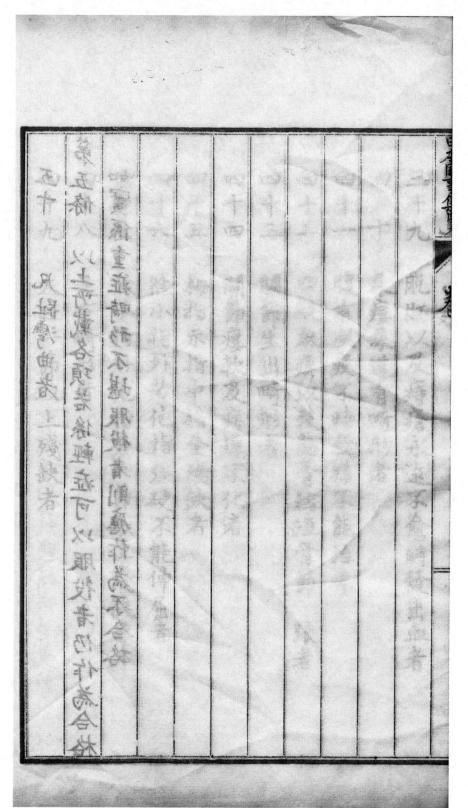

徵兵令 明治二十二年一月二十一日欽改正

第一章總則

第一條 凡日本之臣民自年滿十七歲以至四十歲之男子均應服兵之役

第二條 日本兵役分為三項曰常備兵役曰後備兵役曰國民兵役

第三條 常備兵役應分為二曰現役曰豫備役現役者陸軍三年海軍四年均以年滿二十歲之人充之豫備役者陸軍四年海軍三年須供畢現役後而始服之者也

第四條 後備兵役以五年為限供畢常備兵役後而始服之者也

第五條　國民兵役以年滿十七歲以至四十歲之人供之但須不在常備後備兩兵役者
第六條　各兵役之期限雖經供畢倘因爭戰或事變之時或臨時演習或天皇閲操以及航海之中暨駐劄外國之際應當延限
第七條　凡軍人若受過重罪刑者不准供役
第二章　服役
第八條　陸軍現役之兵每年應要之員數須擇其身材强壯技藝精熟者凡步兵騎兵砲兵工兵輜重兵職工以及襍卒等兵須區别清楚然後抽籤以抽中者充之
海軍現役之兵每年應要之員數須於住在沿海以及島嶼

各地方之壯丁内擇其身材技藝可充海軍者凡水手火夫
職工以及褋卒等兵應區别清楚然後抽籤以抽中者充之
但自向海軍禀請願充水兵者須照徵募條例服役不在此
限内至於設在島嶼之警備隊壯丁總須警備隊之地内供
差其供差之期以在營一年為限
第九條 褋卒服役之期限視事之情形可以短縮時日者准
短縮之但常備兵役之期限則不能短減
第十條 滿十七歲以上之男子若自願充兵者准其入營供
役
第十一條 滿十七歲以上滿二十六歲以下之男子苟在官
立學校大學撰科小學校在外各府縣所立之師範學校或中學校以

及文部大臣之中學校照學規若於法律學問政治學問理
財學問有一項能精或經文部大臣授以卒業證據或經陸
軍考試官考試而取中者自願在陸軍服役一年其服役中
之飲食衣服等具亦由自辦准其在陸軍供差倘飲食衣服
費用本人實力不能辦者應由官給與自請充兵者服役一年即作為滿期苟係
徵為兵者須照三年四年之例
十七歲以上二十六歲以下之男子苟在官立或各府縣所
立之師範學校內若學問已優業領得卒業證據者准在陸
軍服役六箇月即作為已畢常備役之期限但服役中之費
用應由該學校自行備辦
前項所載自願充兵役者供畢現役後尚須服豫備役七年

服後備役三年

第十二條 凡受過禁錮之刑以及犯賭博而受過懲罰者不准呈請供一年之役

第十三條 供現役時苟熟習公事勤謹異常且品行方正者可免役歸家

第十四條 豫備兵當爭戰之際或事變之時應招集聽遣若平常無事之時每年以兩個月為限應名集演習復每年應點名查閱一次

第十五條 後備兵當爭戰之時或事變之際應次於豫備名集聽遣倘在平常無時之日 其操演查閱點名等事与豫備兵相同

第十六條　國民兵當爭戰之際事變之時苟後備兵尚不

敷用則應名集國民兵聽遣

第三章免役延期及猶豫

第十七條　照徵兵條規苟本人五官不備或身有廢疾不能

任兵役之事者則免之

第十八條　照左所開各款苟本年不能徵集延期至來年

仍不能徵集者即作為國民兵

第一　体格雖强壯完全而身長不能滿定尺者

第二　或當病中或病後不能任勞役者

第十九條　凡人苟被削去權柄以及停止權柄抑或犯輕重

之罪被官拏訊或監禁在獄者均不得因徵兵而免之但只

展徵集限期可也

第二十條　凡人被徵為兵則家人不能自活者須有確寔憑據准該名呈請緩限苟緩限三年後而仍不能充當兵役則將該名作為國民兵苟因徵兵以致分家或家敗或家絕與本條相似其他不能自活者仍照前例倘係故意造作一經查出則不能聽其呈請緩限

第二十一條　第十一條所載凡在學校者准該名自行稟請猶豫至二十六歲始徵為兵倘至二十六歲或過二十六歲而仍不能停止者則不能依抽籤之法概徵為兵但前第十一條所載自己呈請願服一年之兵役者則不在此限內

凡遊學在外國之日本人聽其遊學至二十六歲到此時則

不能再猶豫須今歸國充當兵役倘過二十六歲始歸國者則不能依抽籤之法直徵為兵該名苟經陸軍考試委員考試及第者准其呈請供差一年即作為滿役

第二十二條　凡奉職務之官吏以及市町村長助役收入役人等其職務非衆人所能代者無論豫備兵後備兵應行當差操演查閱點名等事均不能應名

遵法律設立會議其議員當開會之時亦同前例

第四章　豫備徵員

第二十三條　每年應要之現役兵員須按號數抽籤若抽滿額後尚有餘剩之壯丁（每年於十二月初一日計算）則謂之為豫備徵員

苟國家有爭戰之事或當事變之時或逢徵兵之年而兵員

不足之際則以此充之

第二十四條　已登冊為豫備徵員者苟過期限不調用則服國民兵役

第五章　襍則

第二十五條　每年正月一日起十二月三十日止凡男子年滿二十歲者應限於是年正月一月內自行於本地方官處報明若有家長者應由家長出名呈報　苟年未滿二十歲若已供畢現役或現在供役之中則不在此限內

第二十六條　凡徵集之例各壯丁應各在本籍徵募區內應募倘寄留別徵募區內者自將情形稟明亦准在別徵募區内應募

第二十七條 或因疾病或因犯罪以致不能入營供役者
應於翌年再行徵募
第二十八條 凡壯丁苟欲希圖得免兵役自將身体毀傷
或僞称疾病或逃亡隱匿者一經查出則不能依抽籤之
法直徵供兵役
第二十九條 現役之年限應於入營年之十二月一日起算
至於豫備役後備役之年限應於轉役之年十二月一日起
算按前第六條若因事故延期遷限者其起算之法亦與此
同但苟因犯罪被囚或逃亡以致延遲時日者則不在此例
第六章 罰則
第三十條 按前第二十五條當應報之年不報或無正當事

故不使官員檢查身躰者應罰銀三元以上三十元以下

第三十一條　苟欲希圖得免兵役或逃亡或潜匿或将身躰毀傷或偽稱疾病或詐造事寔者應行重禁一月以上一年以下并罰銀三元以上三十元以下

第七章　附則

第三十二條　本令於明治二十二年正月起施行年滿二十歲應當呈報者只本年以三月初一日起十五日止各宜在本地方官處呈報此後則照前第二十五條所定每年以正月一月内呈報

第三十三條　本令除北海道内函館江差福山以及沖縄縣小笠原島五處外均宜一躰遵行

第三十四條　本令中所載凡有市長町長村長之地施行
市町村制之間應照户長之例
第三十五條　照舊令第十一條在陸軍服現役一年者又
照本令第十一條再須服豫備役兩年後備役五年
第三十六條　照舊令凡當徵募因事猶豫而遷延期限者
倘過七年之後其事故尚不能了結則服國民兵役
第三十七條　照舊令第十八條第二項凡因事故以致徵
募延期者其事故過七年之後尚不能了結應服國民兵役
第三十八條　照舊令第十八條第七項及第二十一條苟因
事故以致徵募延期者其事故過七年後仍不能停止之時
則服國民兵役

第三十九條　照舊令第十八條第三項現充當生徒者應補為第一豫備徵員倘尚在學校之內者則停止徵募苟因事故年滿二十七歲時尚猶豫未徵為兵者應緩徵之如過二十七歲其事故猶不能停止之時則服國民兵役

第四十條　前自第三十六條以至三十九條所載各因事故於期限之内不能停止者應行抽籤之法徵之但自願呈請服役一年者准之

第四十一條　照舊令第十八條第三項以及第十九條所載凡因事故延期以及身在學校者緩徵等項若在六年之内其事能了或過六年之後仍不能了者均以抽籤之法徵之但自願呈請服役一年者准之

第四十二條　照舊令第三十條凡已為補充員者應使之為豫備徵員後一年之內於明治二十一年十二月一日起算不徵之者則服國民兵役

第四十三條　照舊令第三十一條及第三十二條所載凡身未在學校已募為第一豫備徵員第二豫備徵員者應直服國民兵役若由補充員募為第一豫備徵員者亦與前例相同

第四十四條　照明治十二年所頒之徵兵令除國民兵外凡屬免役以及徵集猶豫者應直服國民兵役

第四十五條　照舊令第八條所載凡海軍服役之期限應遵該令第三條第四條規則

第四十六條 前第三十六條三十七條三十八條所載徵集延期者以及第三十九條四十一條所載徵集猶豫者苟事故了結之時應於三日内在本地方官處禀明前項所載苟事故了結應當禀明若隱匿不報一經查出應按本令第三十條例懲辦

第四十二條 由前[illegible]第三十條凡已爲補充員者應使之
[illegible]補缺[illegible]後[illegible]之內[illegible]一月一日[illegible]第[illegible]不徵之者則
[illegible]國兵役
第四十三條 [illegible]第[illegible]條及第三十一條所載凡
身未[illegible]學[illegible]第一[illegible]補缺員者應
直[illegible]國[illegible]第一[illegible]補缺員者亦與

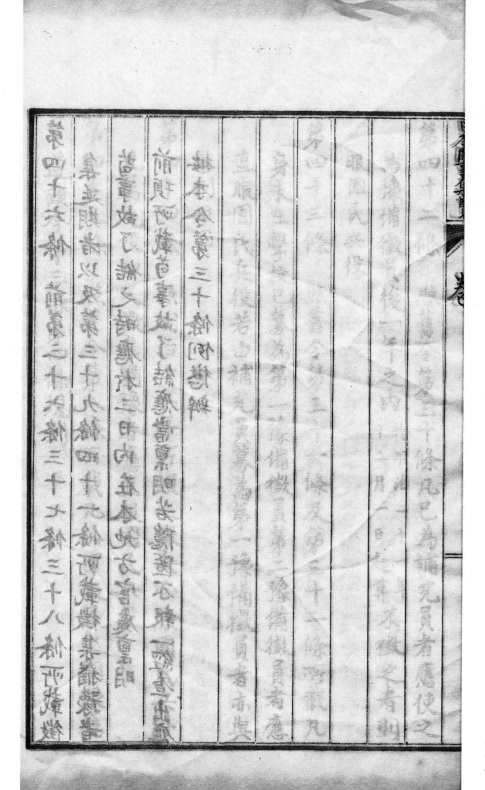

本令第三十條例繳辦
前項所載之事故了結應書寘明治職證公牒一通並出廳
若事故了結之請應於三日內在本地方官衙呈明
集進期者以及第三十九條四十一條所載徵集猶豫者
第四十六條 前第三十六條三十七條三十八條所載徵

徵兵事務條例 明治二十二年二月二十五日欽定

第一章 徵兵區募兵之地也

第一條 徵兵區者即師管旅管以及大隊警備隊所駐劄之區域也

第二條 以大隊區警備隊區分為徵募區

第三條 徵募區以一郡或以一市為一區

數郡之内立一郡役所清查户口之官署也者應合數郡為一徵募區其郡役所設於島廳者其例與上同

第四條 常備步兵應由旅管第二大隊區徵集僃員數不足之時應由該管内大隊區補充以外兵員則應由師管徵集近衛步兵隊及騎兵隊應由各師團徵集以外兵員

則應由第一師管徵集警備隊之兵員則應由警備隊區徵集
海軍兵員則應於各師管内沿海以及島嶼之大隊區内徵
集

第二章　徵兵官

第五條　徵兵官者合總理徵兵官師管徵兵官旅管徵兵官
大隊區徵兵官警備隊區徵兵官而言也

第六條　總理徵兵官以内務大臣及陸軍大臣充之統轄全
國徵兵之事

第七條　師管徵兵官以師管内之府縣知事及師團長充之
然應以師團長為首統轄府縣管内徵兵之事

第八條　旅管徵兵官以旅管内之府縣書記官及旅團長充

之然應以旅團長爲首辦理府縣管内徵募事務

第九條 大隊區徵兵官以大隊區司令官及島司或以郡市長充之警備隊區徵兵官以警備隊司令官及島司或以郡長充之大隊區司令官或以警備隊司令官爲首執行區内徵募事務

第十條 每年旅管行徵募事務之時陸軍中應派二等軍醫正一名府縣應派參事官四名爲徵兵委員大隊區執行徵募事務之時陸軍中應派一二三等軍醫一名郡市與島嶼應各派參事官四名爲徵兵委員警備隊區亦如此其執掌之事各宜照第十四十五條所載

第十一條 府縣徵兵參事員應於府縣各委員内互相選定

第十二條　郡市島嶼徵兵參事官應於郡市島嶼内選定郡市島嶼徵兵參事員之選舉人以及被選人之資格其選舉之法暨任期應照府縣會議員之例但被選之人必須現住在該郡市島嶼之内者

第十三條　府縣徵兵參事員與島嶼徵兵參事員不能互相兼任

第十四條　陸軍二等軍醫正掌旅管内徵兵撿查身体之事陸軍一二三等軍醫專司撿查身躰之事

第十五條　府縣郡市及島嶼徵兵參事員凡關徵集延期暨徵集猶豫以及於徵兵令第二十八條例有關之事件該員等應審查後將已之意見具禀徵兵官但徵兵官裁

決之時該員等無參議可否之權

第十六條　前第十條所載徵兵委員之外旅團應派副官一名府縣應派屬官若干名本地方應派醫員一名為旅管徵兵署辦理事務之員其於大隊區徵兵委員應以書記一名府縣屬官一名或郡市書記一名充之其於警備隊區徵兵委員亦倣此

第十七條　旅團副官府縣屬大隊區書記以及島廳附員暨郡市書記等員均宜照章辦理徵兵署之庶務

第十八條　地方醫員應由府縣知事選充但該員應聽陸軍醫官指揮幫辦檢查兵丁身躰事務

第三章　配賦

第十九條　每年所徵集之新兵人數應請旨核定

第二十條　陸軍大臣應遵前條欽定之新兵人數分配於海軍以及各師管服役

第二十一條　師團長欲需新兵須向旅管分派之旅團長欲需新兵須向各大隊區分派之大隊區司令官欲需新兵須向各徵募區分配之

第二十二條　配賦新兵應以壯丁之總數比較而定之

第四章　徵募準備

第二十三條　町長村長（町長即中國之團首　村長即中國之里正）每年應照徵兵令第二十五條將各户之壯丁造成名册限定三月初一日為止申詳島司或郡長（即中國一鄉之總團首也）經島司郡長點查之後

以一分存於徵募區以一分轉呈大隊區徵兵署以及警備隊區徵兵署

市長（如中國之甲長也）亦應照前條所載每年將各户之壯丁造成名册轉呈大隊區徵兵署

第二十四條　每年執行準備徵募事務各徵募區應設大隊區徵兵署及警備隊區徵兵署

如徵募區土地廣濶壯丁衆多者准設徵兵檢查所數處

第二十五條　大隊區司令官警備隊區司令官以及島司郡市長互相會議定期巡閲徵兵署及檢查所之時應行申報旅管徵兵官至於島司郡市長欲檢查之時須豫將設立徵兵署及檢查所之地方先行於管内出示曉諭

第二十六條　欲定兵丁之當否須於大隊區徵兵署以及警備隊區徵兵署内將各壯丁身躰逐一撿查但撿查之時須在徵兵委員之前不准潦艸了事

第二十七條　大隊區司令官警備隊司令官應監督撿查壯丁身体之事并應任選定兵丁種類之責

第二十八條　凡關徵集延期徵集猶豫之事應島司郡市長清查辦理

第二十九條　壯丁身体經撿查畢後大隊區徵兵官警備隊區徵兵官應分類造成名簿其延期猶豫者亦應詳細造冊存案

第三十條　凡徵集延期猶豫者經大隊區徵兵署或警備

隊區徵兵署裁決者應各給與證書

第三十一條　徵募準備事務完結之後大隊區徵兵官警備隊區徵兵官應將檢查名簿以及裁決之公牘彙載清楚申報旅管徵兵官其於延期猶豫者之姓名亦應報告旅管徵兵官惟名冊須存於島司郡市長之處

第五章　徵募

第三十二條　每年行徵募事務之時應於旅管内每府縣設立旅管徵兵署

第三十三條　旅團長與府縣書記官議定日期欲巡閲徵兵署之時須申報師管徵兵官并應通知大隊區司令官警備隊區司令官

府縣書記官應先將設立徵兵署之地方以及抽籤日期通知島司及郡市長島司郡市長須豫於所管之地方內出示曉諭

第三十四條　檢查壯丁身體合格者須照徵集次序先於徵募區內分出體格之等位并兵丁之種類然後使到旅管徵兵署聽候抽籤

第三十五條　島司郡市長應照抽籤之號數依次序造成名册二本一本呈於旅管徵兵官一本存案

第三十六條　抽籤畢後旅管徵兵官應照抽中者之次第編爲新兵以外則應大隊區徵兵官警備隊區徵兵官辦理至於新兵名簿豫備徵員名簿免役名簿以及編入國

民兵名簿均應逐一造冊

第三十七條　凡兵經旅管徵兵署決斷之後應各給與證書

第三十八條　徵募事務辦畢之後旅團長應造徵兵報告書及徵兵表呈諸師團長其於所募之新兵名簿應交各隊至於抽籤名簿以及豫備徵員名簿則應交付大隊區司令官存案近衛新兵名簿應送呈近衛都督海軍新兵名簿應送呈鎮守府司令長官存案免役名簿以及國民兵名簿應存於府廳縣署

第三十九條　師團長應造徵兵報告書及徵兵表呈諸陸軍大臣由陸軍大臣再將全國所徵之兵數彙成總表進呈御覽

第六章　裁決

第四十條　裁決分為二種一謂之假決一謂之終決（假決者未決斷也終決者已決斷也）

第四十一條　假決者將徵集延期徵集猶豫之事裁而未斷也終決者將所募之新兵暨豫備徵員編入國民兵以及免役之事裁決之也

第四十二條　假決之事歸大隊區徵兵官及警備隊徵兵官行之終決之事歸旅管徵兵官行之

第四十三條　壯丁以及家族若不服大隊旅管師管警備隊各徵兵官之裁判准其在總理徵兵官處上控當上控之際前裁判者應停止施行

但欲上控者須在二十日以内若過期則不理

第四十四條　不服徵兵官之裁判欲上控之時須將上控情形禀明徵兵官

第四十五條　凡欲上控者是年則不徵之為兵但狀紙之外必須家主三人共具一保證狀附於狀紙之後

第四十六條　上控之時須在總理徵兵官處呈禀不准在地方裁判所訴訟

第七章　新兵

第四十七條　新兵入營日期應於每年十二月一日為始若是時有疾病或犯罪以及有他故不能按限入營者展限至十二月三十日為止

警備隊輜重兵入營日期另有章程不在此例

第四十八條　新兵入營之時應先在大隊區司令部或便宜之地齊集點其人數之多寡然後由大隊區副官或書記領之入營若新兵人數未滿五人之時則不用官領入

近衛新兵及海軍新兵無論人數多寡應由大隊區書記傳齊領文與新兵委員

第四十九條　新兵當入營之時苟逢本身父母病重或死亡呈請緩限入營者應賞假十四日

第五十條　新兵未入營之前移籍他處仍照原籍記載但師管之兵若移籍師管外者則不在此例

第五十一條　新兵未入營之前若死亡者則毋庸議若因疾

病或犯罪以及有別項事故延至十二月三十日尚不能入營者則應於徵募區豫備徵員內抽籤拔員補充其入營之期須照成例若徵募區內無員補充之時則應由大隊區拔員補之至於徵募區豫備徵員之總數則應比較定之

第五十二條　新兵未入營之前或成廢疾或五官不備終久不能充當兵役者則應由旅團長除去兵籍

第五十三條　新兵未入營之前茍忽生出事故呈請緩限者旅團長應當准其所請

但稟請之時其狀紙須本地方官捺印又必須家長二人出名具保然後由大隊區警備隊司令官處轉呈旅團長

第五十四條　新兵未入營之前移籍他處者須於七日內報

明監視區長若不呈報者應罰銀五角以上一元九角五分以下

第五十五條　新兵未入營之前或寄留他處或有七日以上之旅行應於監視區長處報明苟不呈報當罰銀五角以上一元九角五分以下

第八章　豫備徵員

第五十六條　徵集豫備徵員之時須照抽籤之號數次第行之其配賦之法須以豫備徵員之總數比較而定之

第五十七條　豫備徵員若移籍他處之時須照抽籤之次第定其住趾號數

第五十八條　豫備徵員移籍他處之時須於監視區長處

報明若出本地監視區外者則應於十四日以內在新住之監視區長處呈報苟不呈報者當罰銀五角以上一元九角五分以下

第五十九條 豫備徵員當徵募之年自正月起十二月三十日止苟未領有監視區長之免狀者不能有七日以上之旅行即領有免狀者欲往何處并啟程及歸來之日期亦當詳細呈報苟隱匿不報者罰銀五角以上一元九角五分以下

第九章 襍則

第六十條 照徵兵令第十條苟自願服現役者應於十二月初一日以前在軍隊或鎮守府處呈稟

第六十一條 照前條呈稟蒙批准者當入營之前應於本地

方官處報明
第六十二條凡壯丁若與徵兵令第十一條相符者則應於本年在本徵募區内應募若與第二十一條第一項相符者則應領本學校長之證書與第二項相符者則應領本國公使或領事官之證書於大隊徵兵官或警隊徵兵官處呈遞報明其期限以三月初一日為止
第六十三條照徵兵令第二十六條凡在他徵募區内應募者應稟明本籍之島司或郡市長其稟明之期限定正月三十一日為止
第六十四條凡身体有疾病傷痍或因犯罪等事以致不能受檢查者應於檢查之前在島司或郡市長處報明若不稟

明者罰銀五角以上一元九角五分以下

第六十五條　凡當入營之際茍因疾病或犯罪等事以致不能如限入營者應於未入營之前由監視區長轉稟司令官茍不陳明者罰銀五角以上一元九角五分以下

第六十六條　凡徵兵署以及徵兵檢查所之經費應由官給其於新兵入營之旅費以及徵兵委員暨醫員之薪俸旅費均應由官給

第六十七條　凡兵丁當服役之際茍因疾病傷痍以致永遠不能供役者應由近衛都督師團長或鎮守府除去兵籍茍暫時不能供役者則編入豫備兵俟身体好後仍須服役七年

第六十八條　當服現役之際茍有與徵兵令第二十條相符者則應由家族在近衛都督師團長或鎮守府司令官明免去現役編入豫備兵役

第十章　附則

第六十九條　凡北海道所轄地方内如函館江差福山以及他島嶼之地若於本條例中有碍難行者師團長與該地方長官應妥議方法行之

第七十條　當施行徵兵令之時茍該區内有寄留之別區壯丁准照前第二十六條即在該區應募

第七十一條　茍是年該區應當施行徵兵令往在該區之壯丁移往别區之時准其翌年再徵之但年過二十六歲者不

在此例

第七十二條　本條例中如市長實施市制應以區長代行之村長實施町村制應以户長代行之

第七十三條　前第三條所載之徵募之區若施行市制之時應依各區之境界

第七十四條　前第二十三條所載壯丁名簿呈出之限期以及第六十二條所載自行呈遞禀帖者以四月十五日為止至於第六十三條自行禀明者以三月一日起十五日為止然以上二項均只明治二十二年而已以外仍依成例

第六十八條　前項所設之贈官有與徵兵令第二十條相
[illegible]
繳以上之額。始以明治三十二年而已。以外為條成例
至於第六十三條自行稟明者，以三月一日起十五日為止
及第六十二條所載自行選舉者，以四月十五日為止
第七十四條　前第二十三條所載推丁及僕呈出之限期，以
鄉、村各區之境界行之
第七十三條　前第三條所載徵集之區，若施行市制之地
村長實施町村制，應以區長代行之
第七十二條　本條例中，如市長實施市制，應以區長代行之
在此例[illegible]國之日[illegible]年[illegible]過二十六歲者不

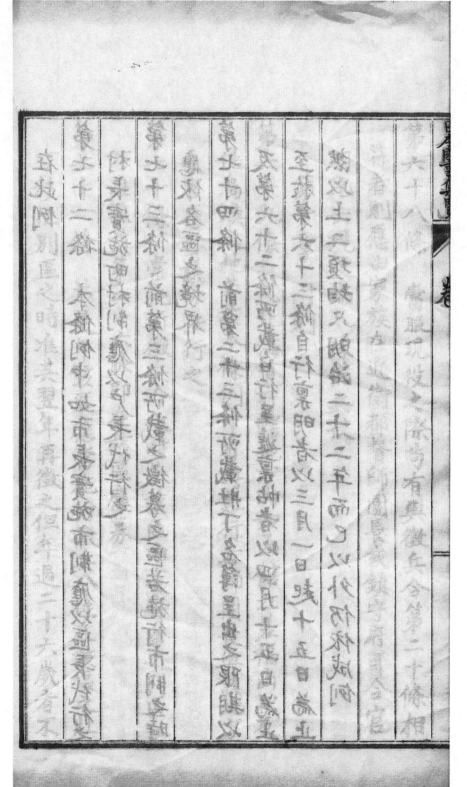

参謀部沿革摘要

明治七年二月二十二日陸軍省中廢六局設參謀局十一年十二月七日廢參謀局是月又設參謀本部是月於該部中設參謀本部長次長凡該部之條例與陸軍省章程有牴觸者廢之二十一年五月廢陸軍參謀本部條例定參軍官制是月定參謀職制二十二年三月廢參軍官制是月上諭陸軍參謀本部應削去陸軍二字其條例中尚未審者改之

部應刪去陸軍二字其條例中尚未審者改之
參謀職制二十二年三月廢參軍官制是月上諭陸軍參謀本
又二十一年五月廢陸軍參謀本部條例定參軍官制是月定
參謀本部長次長凡該部之條例與陸軍省章程有抵觸者廢
十二月十七日廢參謀局是月又設參謀本部是月於該部中設
明治七年二月二十二日陸軍省中廢六局設參謀局十一年
參謀部沿革摘要

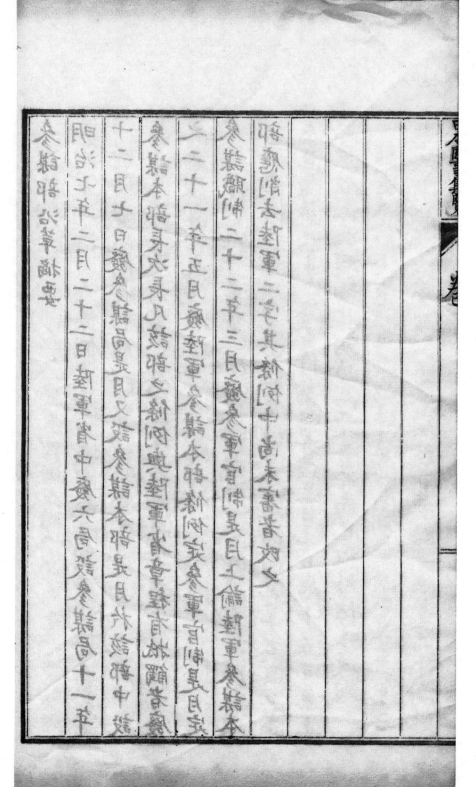

参謀部章程明治二十二年三月欽定

第一條 參謀將校應輔佐將帥并應參畫戰策戰畧機密事項等務

第二條 參謀將校歸參謀總長統轄專司參謀本部以及近衛師團參謀部之事

第三條 參謀本部之將校隸參謀總長屬分任國防以及出師計畫并應隨時清查各外國軍事

第四條 監軍部之参謀將校隸監軍節制分任本部事務

第五條 近衛及師團之参謀將校隸都督師團長管轄應任司令部之事務以及師團出師征戰演習諸事

第六條 參謀本部附屬之参謀將校應隸本部長官管轄各

應專司所定之事務
第七條 應得補參謀之職者須諸兵科大尉以上之人其資格茲定如左
一 在陸軍大學校學習參謀已優而滿期之將校然滿期後再須在隊供職一年始能補充
二 在衆軍中材能敏秀之將校且與本職相宜者始能補充
第八條 參謀將校准隨時轉任他隊之職若伎倆卓越而參謀所必需者准其再轉入參謀部供職
第九條 參謀將校若其人與本部之職務相宜准其在陸軍近衛師團諸部互相換任

第十條 參謀將校之進級應照陸軍武官進級條例陞用

第一條 參謀本部設於東京掌出師防國用戰計畫之事

統轄陸軍參謀將校并應隨時監督該將校而教育之事

至於陸軍大學校陸地測量部均歸該部管轄

第二條 日本國全軍參謀總長或以陸軍大將或中將一人

任之

一 參謀總長隸於天皇參畫帷幄之軍務并應管理參

謀本部一切事項

第三條 參謀次長一人以陸軍中將或少將補任斯職佐

理總長之專但設以長領補公務之案閣

第四條 凡關戰略上命令之事專歸參謀總長管理參畫事宜

總專司所定之事務
第七條 應得補參謀之職者須諸兵科大尉以上之人其
資格要項如左
一 在陸軍大學校學習業已優而滿期之將校業滿
期後再班在隊供職一年始能補充
二 在職年中特能殊秀之將校且與本職相宜者始能
補充
第八條 參謀將校在隊時轉任他隊之職者補兩年趨而
參謀所必需者准其再轉入參謀部供職
第九條 參謀將校若其人與本職之職務相宜准其在陸
第十條 行參謀將校之進級遵照陸軍武官進級條例隨用

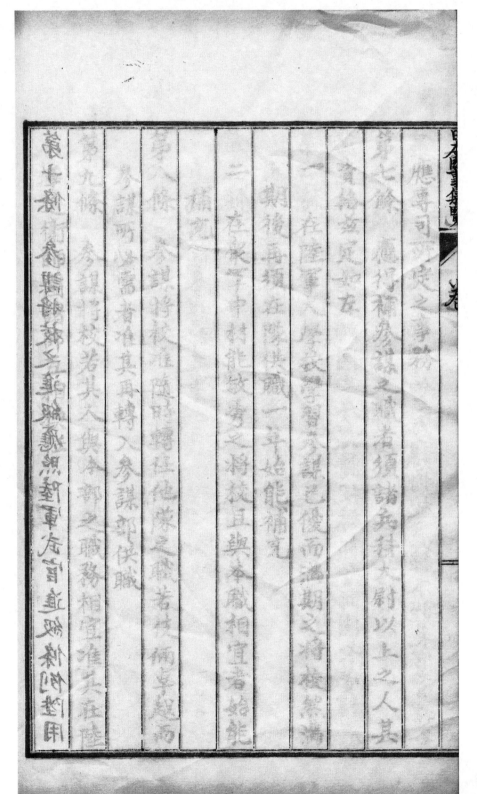

參謀本部章程明治二十二年三月欽定

第一條　參謀本部設於東京掌出師防國爭戰計畫之事統轄陸軍參謀將校并應隨時監督該將校等教育之事至於陸軍大學校陸地測量部均歸該部管轄

第二條　日本國全軍參謀總長或以陸軍大將或中將一人任之

一　參謀總長隸於天皇參畫幃幄之軍務并應管理參謀本部一切事項

第三條　參謀次長一人以陸軍中將或少將補任斯職佐理總長之事但設次長須視公務之繁簡

第四條　凡關戰畧軍令之事專歸參謀總長管理參畫若

有應須欽裁之件若當無事之時則直降旨陸軍大臣如當爭戰之際其上諭須由參謀總長傳宣師團長或特命司令官遵行

第五條 參謀部設副官部專司本部庶務以及會計之事并應兼管陸軍文庫事項

第六條 副官部應設大佐中佐各一人尉官三人部員則以尉官二人任之書記以軍吏二人任之

第七條 文庫主管以尉官一人任之不准附以屬官

第八條 參謀本部設二局一課分掌其事

一第一局

一出師計畫及團隊編制之事

二 清查交通法之事項
第二局
一 國防及爭戰計畫并陣中要務條規事項
二 考查外國軍事事項
編纂課
一 編輯内外地誌以及外國政誌爭戰史書事項
二 繙譯外國書事項
第九條 各局長一人以參謀大佐任之各局員應於參謀中少佐大尉之内設立八人但定員之外尚准附屬大中尉若名其於出仕該部之將校亦准在局辦公
第十條 編纂課長一人以中少佐任之其於課員應設四人

以佐尉官任之或以文官任之亦可之其任課置書記四人

尉官書其於出仕於部之諸教部准查局辦公或特命

中少佐大尉之内設立八人但定員之外尚准附屬大中

第九條　各局長一人以參謀大佐任之各局員參謀少佐參謀

一　翻譯外國書籍事項

一　編輯內外地誌以及外國政治兵制之書事項

編纂課

一　考查外國軍事事項

一　國防及軍制計畫并陣中要務條規事項

第二局

二　請查交通法之事項

軍事參議官章程明治二十年五月三十一日欽定

第一條　軍事參議官設於帷幄之中凡關軍事利害得失之件歸該參議官等審查會議

第二條　軍事參議官職員如左

陸軍大臣

海軍大臣

參謀本部長

監軍

第三條　凡關陸軍之事應陸軍大臣與參謀本部長及監軍議辦

凡關海軍之事應海軍大臣與參謀本部長及監軍議辦

軍事參議官章程 明治三十年五月三十一日欽定

第一條 軍事參議官設於帷幄之中凡關軍事計畫得失之件歸該參議官等審查會議

第二條 軍事參議官職員如左

陸軍大臣

海軍大臣

參謀本部長

監軍

第三條 凡關陸軍之事應陸軍大臣與參謀本部長及監軍議辦

第四條 凡關海陸軍之事應各參議官會同審查商議辦

師旅團及大隊區司令部沿革摘要

明治五年三月十二日頒佈鎮台章程六年正月改正全國鎮台配置地位七月改定鎮台章程七年六月移佐倉營於宇都宮八年二月復改正鎮台條例十二年九月廢鎮台條例是月復設之十四年三月定後備軍司令部條例十六年復剛改之十七年二月改定各軍駐劄各府縣之位置八月改司令部稱謂是月改後備軍司令部各員之稱謂十八年五月復改正鎮台條例十九年十二月增減後備軍司令部條例二十一年五月廢鎮台條例定師團司令部章程是月第二十八號上諭定旅團司令部條例第二十九號上諭定大隊區司令部條例第三十號上諭定衛戍條例第三十一號上諭頒佈團隊配置表

第三十二號上諭定陸軍管區表

一號上諭頒佈圖營配置表

旅團司令部條例第二十九號上諭定大隊區司令部條例第

月發鎮台條例定師團司令部章程是月第二十八號上諭定

台條例十九年十二月增減後備軍司令部條例二十一年五

謂是月改後備軍司令部各員之稱謂十八年五月復改正鎮

十七年二月改定各軍監督各府縣之位置八月改司令部編

復設之十四年三月定後備軍司令部條例十六年復刪改之

當八年二月復改正鎮台條例十二年九月發鎮台條例是月

合配置地位七月改定鎮台章程七年六月始從金營杵宇都

明治五年三月十二日頒佈鎮台章程六年正月改正全國鎮

師旅團及大隊區司令部沿革備要

師團司令部章程 明治二十一年五月十二日欽定

第一條 師團長以中將任之隷於天皇統率軍隊總理軍中一切事務

第二條 師團長應總理師管内軍隊出師準備事項并應統轄徵兵事務

第三條 師團長應任部下軍隊練成之責但專門特科兵事應責重該兵監督辦

第四條 師團長若當不虞侵襲之時其師管内之防禦及陸軍諸官廨諸建築之物應行盡力保護

一凡府縣知事因保護地方當時事急迫禀求援兵之時師團長應直發兵助之然後通知陸軍大臣以及參軍苟

當事變危險府縣知事不及稟求援兵之際准該師團長
統兵便宜行事
第五條　若地方有疫症當時迫之時准該師團長將所部
之兵轉移別地方後再通知陸軍大臣以及參軍
第六條　凡在師管內之軍隊以及在陸軍官廨之風紀軍
紀應師團長統率監督其於軍法會議亦應該長管轄
第七條　凡關軍政以及人事之件應由該長通知陸軍大
臣辦理若國防以及出師計畫之事應由該長通知參軍
辦理教育之事應由該長通知監軍辦理
第八條　師團長若於專門特科兵事有意見欲白之時須
直告知兵監

第九條 師團長應隨時查閱部下之兵每逢教育操演之後其於戰畧之事得當與否須照實況報知監軍由監軍上奏

第十條 師團長赴任之時凡在師團司令部所轄地方内之府縣知事以及裁判所各官應於三日之内互相拜謁

第十一條 師團司令部所設諸部如左

一 參謀部

二 副官部

三 法官部

四 監督部

五 軍醫部

六 獸醫部

第十二條　參謀部及副官之將校應受參謀長節制各任其職至於欲申詳師團長之事須先經參謀長批准後始能上詳

第十三條　法官部所屬之理事以及監督部長軍醫長獸醫長有欲申詳師團長之事亦必須先稟明參謀長

旅團司令部章程 明治二十一年五月十二日欽定

第一條 旅團長以少將任之統步兵二聯隊并管轄四大隊區司令部

第二條 凡軍裝糧食以及軍隊之訓練風紀軍紀并將校教育等事應聯隊長任之應旅團長監督之至於大隊訓練之事應旅團長監視之

第三條 旅團兵丁與他兵會合野外演習應該長監視支隊演習應該長統轄該長并應隨時將戰術訓練本部之兵

第四條 旅管徵兵之事應該長掌理大隊區徵兵事務并召集事務亦應該長監督

第五條 凡地方有騷擾變乱之事府縣知事稟請援兵或不

及禀請之時該長得知應直發兵援之然後通知師團長

第六條　旅管内有軍法會議之事應歸該長管轄

第七條　旅團司令部應設副官一名以大尉充之或中尉少尉一名書記下士四名至於管轄軍法會議之旅團司令部則應設理事二名録事二名

第八條　照本條例近衛旅團不能管理地方事件

大隊區司令部章程 明治二十一年欽定

第一條 各大隊區司令部所設各官如左

司令官一人以中佐或少佐任之

副官一人以大尉或中尉任之

書記五人以下士任之內一名以軍吏部下士任之

監視區長二人或四人以曹長任之

第二條 大隊區司令官隸於旅團長節制掌大隊區內徵兵名集事務

第三條 凡現住在大隊區之豫備後備將校以及同等之官若有禀請事件之時應歸司令官辦理

第四條 大隊區副官只准掌司令部一項事務以外兼理會

計之事

第五條　大隊區書記應聽上官指揮司記載之事并掌一切計算事務

第六條　各大隊區司令部位置定如左

麻布　横濱　高崎　長野　佐倉

水户　本鄉　宇都宮　仙台　福島

新發田　柏崎　青森　盛岡　秋田

山形　名古屋　津　豐橋　靜岡

金澤　富山　岐阜　福井　大坂

和歌山　大津　京都　姬路　岡山

神户　宮津　廣島　尾之道　山口

松江　丸龜　德島　松山　高知
熊本　宮崎　八代　鹿兒島　小倉
佐賀　福岡　長崎
第七條　大隊區分為監視區二處乃至四處
第八條　監視區長須駐劄監視區内監視豫備後備之下士兵卒人等若該兵等有禀請之事應該長辦理然後報告大隊區司令官
第九條　監視區之區域并監視區長駐劄之地應由師團長指定

日本國事集覽五卷終

日本國事集覽卷六

使署繙譯兼箱館新瀉夷港副理事官劉慶汾集譯

陸軍衛戍章程 明治二十一年欽定

第一條　衛戍云者陸軍軍隊永遠屯劄一處地方之謂也其司令官以在該地之團隊長内擇官位高者任之

第二條　各衛戍地内應設病院武庫監獄以供其用歸衛戍司令官管轄

第三條　衛戍司令官應任衛戍地方警備之責其衛兵之人員部署須由該司令官派定

第四條　近衛兵屯劄之地若有與衛戍司令官警備相關之時准其請兵救援

第五條憲兵雖不歸衛戍司令官管轄但地方上若有緊要事件該憲兵等應通知司令官苟遇事變急迫之時衛戍司令官可命憲兵等從事其役

憲兵章程明治二十二年三月欽定

第一條　憲兵云者乃由陸軍中另分出一項兵卒稽查軍事稽查行政稽查司法三事之謂也該兵仍隸陸軍大臣管轄若當戰時事變之際其服役事務再行另定

第二條　憲兵之職掌有三稽查軍事之事則隸於陸軍大臣稽查行政之事則隸於內務大臣稽查司法之事則隸於司法大臣

第三條　憲兵稽查行政司法事件之時應聽警視總監以及府縣知事指示行之

第四條　憲兵凡遇公正者禀求稽查之時須直應其請

第五條　憲兵若非遇左開事項之時不准擅用兵器

一遇暴行之時
二其占守之土地或委托之地面非用兵力不能防衛或
非用兵力不能取勝之時
第六條　若遇有事件必須憲兵始能了結者應由內務大臣
與陸軍大臣合商准其分派該兵等出管轄地外從事其役
配置編制
第七條　憲兵應分配於各府縣其管轄之地應照府縣管轄
區域定之
第八條　東京則置憲兵司令部各府縣則置憲兵隊各管區
則置憲兵分隊各巡查區則置憲兵一伍或數伍
第九條　置於各府縣之憲兵隊應按管轄地面畫定憲兵巡

查之區然後將巡查之區合為憲兵管區

第十條 憲兵管區應由內務大臣諮問憲兵司令官後定之

至於巡查區應由警視總監以及府縣知事東京府在外與憲兵

隊會議後定之

第十一條 憲兵司令部職員定如左

憲兵司令官一人以憲兵大佐任之

副官二人以憲兵大尉中尉任之

軍吏一人以一二等軍吏任之

書記五人以憲兵下士任之

軍吏部下士二人以一二三等軍吏任之

第十二條 憲兵隊之編制如左

本部
隊長一人以憲兵中佐或少佐任之
副官一人以憲兵大尉或中尉任之
軍吏一人以二三等軍吏任之
下副官一人以憲兵曹長任之
書記三人以憲兵下士任之
軍吏部下士二人以一二三等書記任之
分隊
分隊長一人以憲兵大尉或少尉任之
書記一人以憲兵下士任之
伍長若干名以憲兵下士任之

憲兵上等兵若干名

第十三條 凡憲兵以上等兵五人為一伍數伍為一分隊數分隊為一隊或以一伍或以數伍用馬兵之際須向時用之

第十四條 凡憲兵隊應以駐劄之地名稱曰某憲兵隊

職務

第十五條 憲兵司令官統轄全國憲兵總理司令部之事務

第十六條 憲兵司令官若遇非常之事或緊要事件之時須速稟明陸軍內務海軍司法各大臣

第十七條 憲兵司令官隨時巡視各憲兵隊須將其景況申詳陸軍大臣

第十八條 憲兵隊長應董督部下各兵總理隊中事務并應

指示各兵供役之方
第十九條　憲兵隊長應隨時審視地方情勢苟遇非常之事或緊要事件之時須速通報警視總監府縣知事東京府以外在及裁判所檢事長
第二十條　憲兵分隊長即管區之長也應隨時審查管内情勢指揮部下各兵掌理管區事務若管内有非常之事應與該地警查官互相諜報
第二十一條　憲兵伍長應隨時巡視區内情勢并應指示上等兵服役之方
第二十二條　上等憲兵應常巡視區内情勢若奉有上官命令或檢查官命令之時則不能拘定區域須如命巡查

第三十三條 憲兵之差役以及諸報告并詳細條例應各主管大臣定之

士官以下補充 補充云者補缺充任也

第二十四條 憲兵士官下士之補充須照陸軍武官進級條例拔陞其外則由各兵科士官下士内選任至於二等軍曹應以上等憲兵服役一年者任之

第二十五條 上等憲兵須於常備豫備後備兵内擇其合格式者充之

第二十六條 憲兵下士陞任上等兵之條規應由陸軍大臣定之

二服役

第二十七條　上等憲兵并下士從應募之日起須服役七年為滿限

第二十八條　上等憲兵并下士服役滿限後再禀請服役者准之但此後服役之期以三年為一期准至四十歲為止其間若數次禀請服役者許之

第二十九條　禀請再服役者須各在本隊長官處禀求屬分隊者應與分隊長立誓約屬憲兵隊本部者應與憲兵隊長立誓約屬司令部者應與司令官立誓約并須各領得本隊長之證據方能服役

第三十條　再服役中若轉列他隊或轉陞官職之時必須以從前之誓約移文新屬之長官存案

第三十一條　服役當滿期之時苟遇爭戰或事變之際准其展限

第三十二條　服役滿限之後則編入後備兵下士與上等兵均仍照以前之職其編入後備兵後應服役十二年始能除去兵籍

第三十三條　憲兵下士與上等兵當服役之際不能聽其自便稟求除去兵役若遇有左開事項則准免除其役

一　若全家人口非該兵在家營謀生計則不能養活者准其稟求除去現役

二　苟因疾病傷痍不能供役者則除去現役

三　苟因疾病傷痍終不能供役者則除去兵籍

第三十四條　若與前條第一項第二項所載之事相同者供
憲兵役未滿七年者并供豫備役未滿十二年者雖除去現
役尚應編入後備兵再服役十二年後始除去兵籍
第三十五條　憲兵下士與上等兵苟生出無耻之事有辱本
職受過懲罰者直削去官職不能拘懲罰令第十五條之例
第三十六條　照前條所載若因事故削去官職者通算在憲
兵隊內尚未服滿十二年役者應編入後備兵再服役十二
年始能除去兵籍
第三十七條　若憲兵與前第三十三條至三十六條所載之
事相合者須求得陸軍大臣證據後始能開除現役
第三十八條　憲兵之將校將現役退去編入後備兵時仍任

原兵科之職若無原兵科職者則充步兵之任

附章

第三十九條　本條由明治二十二年四月一日施行

除東京大阪二府之外分配各府縣之憲兵應漸次置於各

府縣其告示須由陸軍大臣發出貼於駐劄憲兵之處

第四十條　分隊長應以憲兵少尉任之

第四十一條　舊憲兵卒若與職務相宜者不能照撿查之例

直採用為上等之兵

第三十四條　[illegible]

[illegible]

[illegible]

第[illegible]直隸用為上之主[illegible]

第四十一條　舊憲兵本若某職務相當者不合[illegible]之例

第四十條　分隊長應以憲兵少尉任之[illegible]

伯屬其各亦須由陸軍大臣發出照於[illegible]憲兵之處

除東京大阪二府之外分配各府縣之憲兵應衛大置於各

第三十九條　本條由明治二十三年四月一日施行[illegible]

事附會首須[illegible]

憲兵科及職若無憲兵科職者則以其步兵之任[illegible]

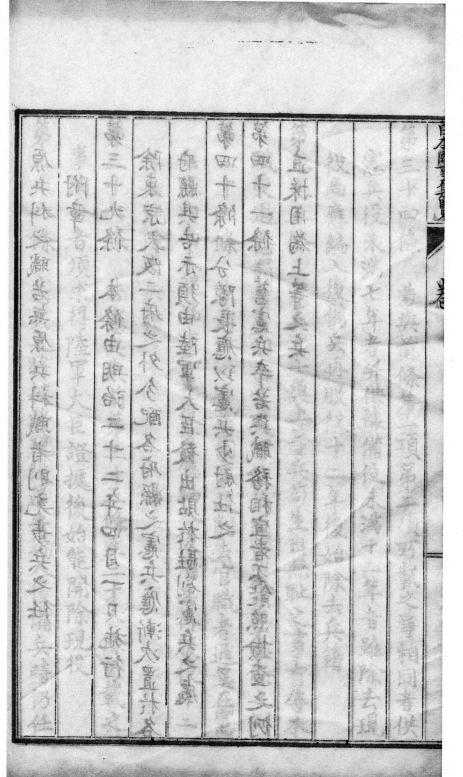

陸軍屯田兵章程 明治十八年五月太政官定

第一章 總則

第一條 屯田兵乃陸軍中另分出一部駐劄北海道要害之地以防誗道不虞之患但徵募誗兵等之法不能照第七軍管下諸縣徵募之例其誗兵之本部本部即本營也駐劄於札幌地方

第二條 屯田兵編制之法雖倣步兵之式但誗兵等半寓農事應照居民給以房屋住居以便從事開墾耕稼之事苟當有事之秋則編成隊伍禦敵

第三條 若有自願稟充屯田兵者除籍隷箱館縣札幌縣根室縣以及冲繩縣住居之人其年齡十七歲以上三十歲以下者准其選用

第四條　屯田兵准其將家眷一并移住北海道服役其服役期限未曾豫定苟服役之際有死亡者或有事故不能不免除者或年紀至四十歲者其子弟相繼服役如子弟年紀尚幼應待長至成年時服役

第五條　屯田兵之將校以及下士兵卒當陞職之時應照第六條至第十三條之例至於最下之士雖有應當過班提升之例但其例不能直行之

第六條　充屯田兵六個月後則拔為二等卒

第七條　供二等卒役六個月後則拔為一等卒

第八條　一上等屯田兵應於一等卒中撰拔任之

第九條　上等屯田兵供役六個月後（由任上等兵之日起算）拔為二等

軍曹

第十條　二等軍曹供役六個月後拔爲一等軍曹

第十一條　一等軍曹供役一年後拔爲曹長

第十二條　下副官應於曹長中擇其與職務相宜者任之

第十三條　士官及曹長以上者照左服役年限次第拔擢

一　由曹長陞少尉由少尉陞中尉由中尉陞大尉滿二年

一　由大尉陞少佐　滿四年

一　由少佐陞中佐　滿三年

一　由中佐陞大佐　滿二年

少尉一班應設試補者苟少尉缺員之時則應於有資格之曹長内擇試材能優者任之

第十四條　士官以上若缺員之時應照前條次第拔員補任若士官以上文官中有與職務相宜者亦准選任之

第二章　職制

第十五條　屯田兵本部長一人以少將或大佐任之隷陸軍卿管轄該長應統轄部下之兵隨時監視該兵等之勤惰能否并應總理本部之事

第十六條　本部長當有事之日應指揮屯田兵等防禦敵人

第十七條　屯田兵本部次長一人以中少佐任之輔佐長所掌之事務若長有事故之時准其代理職事

第十八條　本部副官一人以大尉任之應聽本部長之命令整理部務并應隨時監視課寮書記人等之勤惰

第十九條 大隊長以少佐任之應隨時監視兵卒勤惰能否
并應總理該兵等開墾授産諸事
第二十條 大隊副官以中尉任之掌本隊中之庶務并應監
視所轄人等之勤惰
第二十一條 大隊下副官以曹長任之應聽大隊副官之命
掌大隊中之庶務并應服一切瑣碎之事
第二十二條 中隊長以大尉任之監視部下兵卒勤惰能否
總理隊中開墾耕稼事務
第二十三條 小隊長以中少尉任之應指揮部下之兵并查
其勤惰能否該小隊長須聽中隊長之命分掌開墾耕稼等
事

參事四條　士官以上若缺員之時應照前條次第拔員補任

其勤惰能否觀小隊長須聽中隊長之命令董督耕稼事

第二十三條　小隊長以中少尉任之應指揮部下之兵並查

總理隊中開墾耕稼事務　以小隊大佐任之補軍

第二十二條　中隊長以大尉任之監視部下士卒勤惰能否

掌大隊中之庶務并應服一切瑣碎之事

第二十一條　大隊副官以曹長任之應聽大隊副官之命

視巧譜入善惡勤惰　以中少尉任之補佐長

第二十條　大隊副官以中尉任之掌本隊中之庶務并應聽

參并應總理諸兵等開墾墾董諸事之命令本官之命令

第十九條　大隊長以少佐任之應隨時監視兵卒勤惰能否

陸軍監軍部章程 明治二十年六月欽定

第一條 監軍部設於東京掌規畫陸軍軍隊練成齊一之事

第二條 監軍部設監軍一人以大將或以中將任之隸於天
皇統轄

第三條 監軍部内應設幕寮幕寮内分設參謀部副官部

第四條 幕寮内設參謀長一人以少將或以中將輔之

第五條 參謀部設少佐大尉各一人副官部設少佐大尉
各一人此以下設書記五人

第六條 監軍之下設將校學校監一人以少將兼任此缺此
外尚應設騎兵監一人以少將或以騎兵大佐任之設砲兵
監一人以少將或以砲兵大佐任之設工兵監一人以少佐

或以工兵大佐任之設輜重兵監一人以輜重兵中佐任之
第七條　將校學校之下設副官二人以中少佐或大尉任之
騎兵監之下亦應設副官二人以騎兵少佐或騎兵大中尉
任之砲兵監之下設副官二人以砲兵少佐或砲兵大中尉
任之工兵監之下設副官二人以工兵少佐或工兵大中尉
任之輜重兵監之下設副官二人以輜重兵少佐或輜重兵
大中尉任之
第八條　將校學校監統轄各將校學校之事至於陸軍士官
學校及幼年學校亦歸該將校學校監管理只陸軍大學校
歸參謀本部管轄
第九條　户山學校以及教導團歸監軍管轄

第十條 凡關騎兵事項應歸騎兵監清查後立案至於陸軍乘馬之事亦歸該監管理

第十一條 凡關砲兵事項應砲兵監清查後立案至於砲兵會議砲兵射的學校之事亦歸該監管理

第十二條 凡關工兵事項應工兵監清查後立案至於工兵會議之事亦歸該監管理

第十三條 凡關輜重兵事項應輜重兵監清查後立案

第十四條 監軍應奉旨巡閱軍隊其巡閱之條例備載於陸軍巡閱章程内

或以工兵大佐任之輜重兵監一人以輜重兵中佐任之

其餘[illegible]輜重兵學校之[illegible]佐官二人以中少佐或大尉任之

據軍級關章書內[illegible]一人以[illegible]少佐或騎兵大中尉

第十四條　工兵監掌本書所開軍務其推闡之條約補輸誥

第十三條　凡關輜重兵事項應輜重兵監請查後立案啟

會議之事亦歸該監管理

第十二條　凡關工兵事項應工兵監請查後立案至於工兵

會議砲兵射的學校之事亦歸該監管理

第十一條　凡關砲兵事項應砲兵監請查後立案至於砲兵

乘馬之事亦歸該監管理

第十條　凡關騎兵事項應騎兵監請查後立案至於陸軍

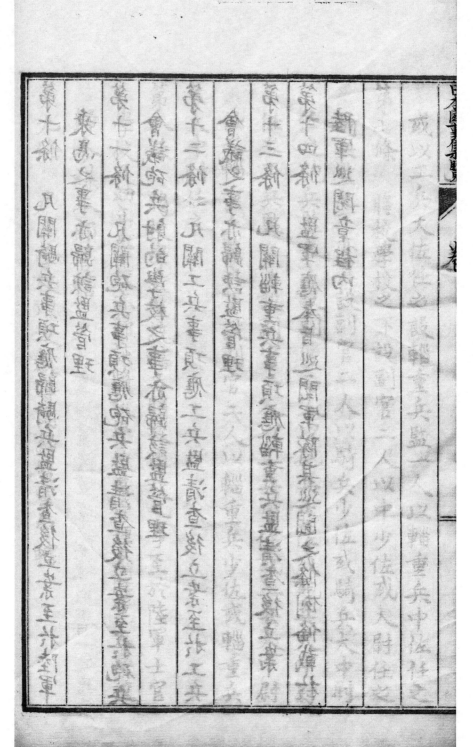

陸軍士官學校章程 明治二十年六月陸軍省定

第一條 陸軍士官學校生徒應以士官候補生充之

第二條 本校生徒學習年限每年十二月上旬起翌年五月下旬止為一學習期年

第三條 本校生徒教導之法分為二科即教授及教育兩項

第四條 本校生徒應照學習年限資格區別滿一年限者分為八區隊合為一中隊滿兩年限者則編為二中隊

第五條 教授及教育科目如左

教授科目

一 戰術學

二 軍制學及軍中所用言語

三 兵器學

四 築城學

五 地形學及地理圖學

六 外國語學

教育科目

一 練兵

二 射擊以及距離測量

三 体操

四 劍術鎗法

五 騎馬 馬匹之飼養掃拭裝鞍等事并在內

六 各藝 軍紀衛戍使用鎗刀等法

第六條　本校生徒之教育其科目必須相同但騎兵及砲兵訓練之法并學習差事等項應稍區别教之

第七條　本校生徒若於教育之事已習會者須再加習熟

第八條　本校生徒原來名籍雖不屬本隊但入本學校後須歸本校管轄

第九條　各生徒之薪俸應由各本隊送交本學校支發

第十條　各生徒不能自便禀請出校

第十一條　各生徒中若有與左開之項相同者則遣出校仍歸本隊

一項　軍事不能學成者差事不克勝任者學業不能終局者遣出

二項　品行不正者無悟性者遣出
三項　自不保養以致生病久荒功課者遣出
四項　久病學業不能終局者遣出
第十二條　各生徒中若有與前條第一項至四項相同者校長應將其事寔稟明學校監由學校監將該生遣出學校仍歸本隊然後學校監再上詳參軍由參軍轉移參議官
第十三條　各生徒入本校學習半年後校長應會同次長以及教官中隊長人等會議評定各生優劣
各生徒學滿三年後校長仍如前會議將各生優劣評定後再以將校之事試之判其可否
第十四條　各生徒學滿三年後於六月初旬則派員以將校

之事考試之如取入優等且平素品行方正者則褒賞獎之

第十五條 各生徒經考試者則出學歸隊

第十六條 各生徒中如不能考試者以及有與前第十一條各項所載之事相同者苟查其人尚誠篤可再入學校學習之時則應由鎮台司令官照會將校學校監經學校監批准後方能再入學校學習

第十七條 士官學校長須任各生徒教成之責并應總理校中庶務

第十八條 士官學校次長應輔佐校長

第十九條 副官應奉校長之命分掌事務其書記歸副官屬

第二十條　教官擔任各科教授之事

第二十一條　教外國言語之教官以文官任之專任教授之責

第二十二條　教官有懲罰之權但當懲罰之時須通知中隊長

第二十三條　中隊長專掌教育之事前第五條所載各科目中隊長須派所屬士官分任之并應飭諸士官監視各生徒之行為以及房屋内外整頓之事至於各生徒學習差事一項士官應教其熟悉

第二十四條　中隊所屬之士官以中尉任之各分轄一區隊掌訓練生徒之事至於各生徒身上瑣碎事件亦應管理

第二十五條　中隊所屬之士官應常住在學校官舍其官舍須設在諸生徒房屋近傍以便照料至於每日午餐士官應與各生徒同食以便監視

第二十六條　教授應每一禮拜造一課程表呈諸將校學校監查閱

第二十七條　校廐之馬匹應歸本校騎兵科將校統轄至於飼馬之芻秣事件應交騎兵曹長管理

第二十八條　校廐應分折二所每一中隊給一所其事務應於騎兵科士官內擇一人監視之以下尚須設騎兵曹若干名辦理其事

第二十九條　各中隊應設下士若干名掌理武器衣服炊爨

事務其他房屋內外洒掃清潔之事亦應該士官等料理

第三十條　本校之教官中隊長屬官以及生徒等每年准於七月上旬起九月上旬止六禮拜內休息但休息之期須測氣候定之

第三十一條　每年六月生徒授業事畢歸隊之後其教及中隊長并屬官應於八月上旬起十一月中旬止但休息之際應派往附近衛鎮台各兵隊內學習差事至於監視校廐之騎兵科士官應留於本學校內照管一切

第三十二條　中隊長以及中隊所屬之士官應各在本隊供差至於教官准其於步騎砲工輜重各科聽自便隨附一科

第三十三條　生徒每年六月歸隊之後其馬匹准他中隊以

及他學校使用

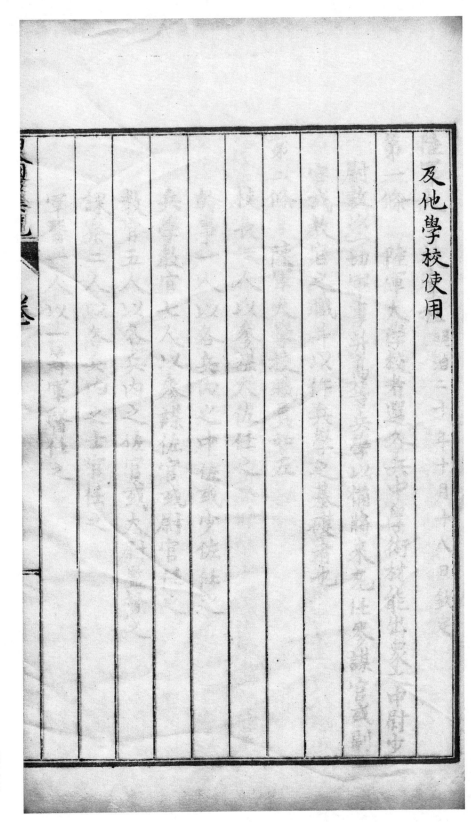

日本國事集覽　卷

事務且房屋因[illegible]洒掃潔淨之事[illegible]料理

第二十條[illegible]本館之[illegible]官[illegible]生[illegible]局官以及[illegible]生徒等每年[illegible]

[illegible]

[illegible]

第三十一條[illegible]每年六月[illegible]之課程教及

中學[illegible]起十一月中旬止

[illegible]

[illegible]

第三十二條[illegible]

[illegible]

[illegible]用[illegible]

陸軍大學校章程明治二十年十月十八日欽定

第一條　陸軍大學校者選各兵中學術材能出衆之中尉少尉教以一切軍事并高等兵學以備將來充任參謀官或副官或教官之職并以作兵學之基礎者也

第二條　陸軍大學校職員如左

校長一人以參謀大佐任之

幹事一人以各兵內之中佐或少佐任之

兵學教官七人以參謀佐官或尉官任之

教官五人以各兵內之佐官或大尉監督之

課察二人以各兵內之士官任之

軍醫一人以一等軍醫任之

陸軍教授十二人

厩長一人以騎兵内士官任之

軍吏二人

獸醫一人

右所載教授定員之外准其有本職者兼之

第三條　校長應總理教務并應任諸學生學術須隨時有進境之責該校長隸參謀總長管轄

第四條　校長有懲罰諸學生之權至教員與學生等休暇之事聽該校長之命令

第五條　幹事應輔佐校長掌理庶務

第六條　教官應司教授之事并隨時繙譯各書

第七條 課寮分為二職一司文書之事一司學習之事

第八條 厩長統轄校厩一切事務

第九條 照前第二條所載各職員外尚應設下士及陸軍屬官若干名

第十條 陸軍大學校學生每年限定二十名以內入學

第十一條 許在陸軍大學校內學習者但須當兵二年以上至於將校其奉職務時能勤謹明敏者始能稟請在大學校學習其於當兵年限應照每年五月三十一日所查者

第十二條 稟請入學者須依次第在聯隊者應稟明聯隊長在官廨供職者應稟明本屬長官各由本屬長官試驗適當後方造具學生候補名簿限定每年六月三十日為止轉詳參軍但該生等之品行材能

須由各本屬長官擔保
第十三條　稟請入學諸生應先由參軍派員考試學識每年限定七月内參軍將問題秘封好後移交所管長官該長官應即會同參謀或次官監視諸生該諸生等須速答解完卷後即呈諸所管長官以八月三十日爲止該長官應將諸生答解轉呈參軍由參軍再呈參謀本部長本部長始派員查視優劣至於考試之期全國限定一日
第十四條　參軍收到諸生答解後若有再欲覆試者須通知所管長官轉傳該生應試
第十五條　再欲覆試諸生之内若該生非東京人所管長官應傳到東京覆試

第十六條 再覆試時應考試委員試之
第十七條 再覆試而能中式者經考試委員轉禀參軍後應許其入學
第十八條 入學之期每年限定十二月初旬修學之期以三年為限自本年十二月起至翌年十二月止逐次稱曰第一第二第三修學期年但修學期年之内大概每年十二月起翌年六月止在學校授業七月八月則服兵隊事務九月在學校授業十月十一月應係野外作業之時至於第二修學期年滿後其年秋季野外演習之際須再服其務
第十九條 若入學之後苟品行或學力材能不適當者則由校長轉詳參軍經批准後即將該生撤歸本隊

第二十條　苟因疾病以致功課多缺者准其展限一年
第二十一條　學生入學之後凡事件統歸校長代為料理至於薪俸應於每月初由本屬長官發交校長由校長轉給該生
第二十二條　諸學生准其在學校居留
各學生除學校中應用品物書籍之外一切須由自辦
第二十三條　諸生在學生隊供事務之時統歸隊長管轄供事畢後有無進境情形應由隊長報知校長
在學生隊中供事之時若有違法者隊長應懲罰之如係故意違犯者處治後由隊長直報知校長
第二十四條　學生中若有應進級者則登記於冊由參軍移

交陸軍大臣

第二十五條 諸生當修學期年滿時本學校長應會同教官速開會相議并將諸生平時學術有無進境等項逐一清查分出優劣應即製造卒業證據書其證據書上將該生之學術伎倆記載清楚教官等各署名捺印

諸生内某人能任其職經校長考查明白後應於證據書内署名捺印即轉申參謀本部長該部長收到後復將校長所定之優劣與本人之伎倆再審按一過然後署名捺印轉移參軍由參軍轉移陸軍大臣

第二十六條 卒業學生應給與卒業證書并徽章以奬勵之其徽章應掛於禮服右乳部下

第二十七條學生卒業後應命歸原隊其在隊外者應命附他隊各再供職一年

第二十八條學生應給與卒業證書并徽章以爲獎勵之參軍由參軍轄陸軍大臣[illegible]從文優劣與本人之技倆再審擇一過然後署名捺印轉移署名捺印即轉申參謀本部長該部長收到後復轉校長呈諸生內某人能任其職經校長查明會覆應行證據書內特技兩記載請變教官各署名捺印[illegible]外出優秀之輩即將遣卒業證書其證據書上將該生之學遂開會相議并將諸生平時學術有無進境等項逐一詳書

第二十五條諸生當修學期年滿時本學校長應會同教官交陸軍大臣學生中若有應進級者即會同校長由參軍轉

陸軍幼年學校官制　明治二十年欽定

第一條　陸軍幼年學校者各兵科士官應將候補生養成之所也

第二條　陸軍幼年學校職員兹定如左

校長一人係奏派以工兵中佐任之

副官二人以步兵大尉中尉任之下副官一人以步兵曹長任之

中隊長一人係奏派以步兵大尉任之

中隊附士官十二人以步兵中尉工兵中尉任之

軍吏一人以三等軍吏任之

軍醫一人以三等軍醫任之

獸醫一人以三等獸醫任之

教官十人均係奏派或五等或六等助教十六人

第三條隊校長隸於將校學校監總理教務中尉任之

第四條隊校長與聯隊長同一体有懲罰之權

第五條長前第二條所載各職員外應設下士卒若干名

副官二人以步兵大尉中尉任之下副官一人以步兵曹

校長一人係奏派以上兵中佐任之

第二條陸軍幼年學校職員數定如左

所也

第一條陸軍幼年學校普各兵科士官應將校補生養成之

陸軍幼年學校官制　明治二十年欽定

陸軍幼年學校章程 明治二十年六月陸軍省定

第一條 陸軍幼年學校若年幼之人稟請願入該學校者募為生徒其教授之法應教以中等學問并軍人豫備教育等事

第二條 採用生徒規則如左

一 年齒十五歲以上十八歲以下并曾領得有高等小學校卒業證書者

二 經考試及第者并有學力者

第三條 本校有官費生半官費生自費生三種官費生其費由官給也半官費生其費半由官給也自費生其費由自出也

第四條 陣亡以及因公身故之將校并同等官之孤兒應為

官費生
第五條　應為官費生半官費生以及自費生均由軍事參議官判定
第六條　前條所載各生雖有區別但應查其家產業多寡若照左四項五項所開各官之子不得為官費生
一項現役將校少佐以下之子
二項廢職將校大佐以下之子
三項與前一二項相同之將校以及廢職高官之子
四項現役將校少佐以上以及廢職將校大佐以上之子
五項與前第四項相同高官之子
第七條　本校生徒名募撿查格式之例應由參軍定之每年

復當出示佈告
第八條 本校生徒禀請入學之時應將履歷附呈於本籍府縣知事由府縣知事將該生等之身分產業以及學問等事逐一清查明白後轉移本地鎮台司令官由司令官轉詳參軍由參軍再移文參議官
第九條 生徒未領得有高等小學校卒業書者應遵前條之例辦理辦妥之後應聽考試委員撿查考試待撿查後考試委員應將其成蹟上詳將校學監由學監轉移參軍由參軍再移參議官參議官照前第四條至第六條第八條裁定後復移交參軍
第十條 生徒入學校之時必須父兄親族身家可靠者二人

出名具結擔保其擔保之二人內須有一人在東京者

第十一條　本校生徒授業之始期每年準於九月上旬爲率其限期以三年爲限第一年從九月上旬起翌年六月下旬止第三年則從九月上旬起至翌年五月中旬止

第十二條　本校生徒教導之法應分爲二科即教授及軍事教育兩項

第十三條　本校生徒應照學習年分資格區別爲二中隊以一中隊分爲六區隊

第十四條　教授及軍中教育科目如左

教授科目

一　歷史輿地學

二 圖畫學幷軍事造圖之要領
三 算學 數學 三角術初步
四 博物學之要領 理化學 動物學 植物學 鑛學
地質學
五 外國語學
六 漢學
軍事教育科目
一 体操 柔軟体操 器械体操
二 編入中隊後練兵法
三 前哨及職務初步
四 職務訓誡初步

五　乘馬游泳射的初步

第十五條　前條所載軍事教育等事必須生徒身体十分長足後教之始無妨礙

第十六條　舍長應於每區隊學滿三年生徒中選拔任之

第十七條　生徒既入學校之後不能聽其自便稟請出校

第十八條　學生徒中若有如左開之事則使出校

一　品行不正者則遣出校

二　三年期满應可及第若必須四年始能學成者則遣出校　但本人非不善攝身而自染病者准其展限一年

第十九條　諸生徒中若有與前第一第二項相同之事時應由校長稟知學校監由學校監轉稟參軍由參軍移知參議

官裁定後始詳監軍懲辦之
第二十條　生徒授業半年後校長則會同中隊長并教官等會議評定諸生優劣授業滿三年後校長仍如前開會評定諸生優劣并考試其可否
第二十一條　生徒學滿三年後應派委員考試中式及第者則援以卒業證書命為士官候補生分派於軍隊落第者則再令在學校學習一年
第二十二條　生徒已命為士官候補生者在軍隊之中應學習一切事務滿六箇月後則入士官學校苟學習尚未精者應再學習六個月始准入士官學校
第二十三條　幼年學校長應總理校中庶務并應任生徒教

成之責

第二十四條　副官應聽校長之命分掌庶務并應管束書記人等

第二十五條　中隊長專任教育生徒等軍事之職并應派所屬之官照前第十四條所載各科目命諸生徒操練熟悉復須隨時監視諸生徒行為以及室内整頓事項

第二十六條　中隊屬官以中尉少尉任之各管轄一區隊訓練諸生至於諸生等之瑣碎事件亦應訣屬官監視

第二十七條　中隊屬官應常住在學校官舍之内以便監視本隊生徒

第二十八條　教官以文官任之專任各科教授之事

第二十九條 教授及軍事教育應於每一禮拜造一課程表呈諸將校學監

第三十條 校厩之馬匹應於中隊騎兵科士官内擇一人管轄其飼馬之蒭秣事件應派騎兵曹長掌理

第三十一條 各中隊應設下士若干名掌理兵器衣服炊爨以及房屋内外洒掃之事

第三十二條 本校不必設獸醫以及蹄鐵工長應派在東京奉該職務者兼司其事

成之責

第二十四條　閣官應聽其長之命令……轄并應管束書記

奉該職務者專司其事

第三十三條　本校不必設獸醫以及蹄鐵工長應派在東京

以及秀畫內外活補之事

第三十一條　各中隊應設下士若干名掌理兵器衣服被囊

體其飼馬之藩林事件應派騎兵曹長掌理

第三十條　本校廄之馬匹應於中隊騎兵科士官內擇一人管

呈請將校學監

第三十九條　教授及軍事教育應於每一週科造之課程表

陸軍用馬定制 明治十九年十二月陸軍省定

第一 陸軍所用之馬分為四種臚列於左

第一 乘馬 兵卒所騎之馬也

第二 駕馬 駕車輛之馬也

第三 馱馬 馱物之馬也

第四 耕馬 耕田土之馬也

第二 馬匹年齒以五歲以上十六歲以下為合格用至十六歲以上即行出賣其馬所生之年即算為一歲但乘馬駕馬馱馬年齒尺寸須照後第七項至第十項之例

第三 乘馬須身幹有四曲尺五寸以上者為合格至於徵發乘馬之時必須諗馬平素係用作乘馬者其年齒應從生

年起算

第四　駑馬須身幹有四曲尺五寸以上者為合格至於徵發駑馬之時必須該馬平素係用作駑馬者其年齒應從生年起算

第五　馱馬須身幹有四曲尺三寸以上者為合格至於徵發馱馬之時必須該馬平素係用作馱馬者其年齒應從生年起算

第六　耕馬其身幹與馱馬同若軍中缺馱馬則徵民間耕馬充之其年齒應從生年起算

第七　乘馬須五歲以上者為合格駑馬馱馬以未滿十六歲者為合格

第八 乘馬駕馬馱馬未滿五歲者爲不合格

第九 乘馬駕馬馱馬十六歲以上者爲不合格

第十 乘馬駕馬馱馬身幹不滿四尺三寸者爲不合格

年起算

第十四 備用預身幹四尺五寸以上者為合格至於繳發

備馬之時必須於馬身畫一標記供用備馬者其年齒應從生年

起算

第五 馬身幹有四尺三寸以上者為合格至於繳發

備馬之時必須於馬身畫一標記供用備馬者其年齒應從生年

起算

第六 供出兵事之時其馬同若軍中欲取馬則徵民間持馬

第十 乘馬輓馬駄馬身幹不滿四尺三寸者為不合格

第九 乘馬輓馬駄馬十六歲以上者為不合格未滿十六歲

第八 乘馬輓馬駄馬未滿五歲者為不合格 一

陸軍現在所有馬匹臚列于左 明治二十二年十二月内務省查核

一騎兵局軍馬	七百五十六頭
二近衛兵軍馬	五百零六頭
三士官學校軍馬	二百三十一頭
四幼年學校軍馬	四十二頭
五砲兵射的學校軍馬	五十五頭
六教導團軍馬	三百五十三頭
七憲兵本部軍馬	六十五頭
八東京鎮軍馬	八百四十一頭
九大坂鎮軍馬	六百零九頭
十一名古屋鎮軍馬	四百七十頭

十一　廣島鎮軍馬　四百六十三頭
十二　熊本鎮軍馬　四百八十三頭
十三　仙臺鎮軍馬　四百六十頭
十四　陸軍諸官廨軍馬　二百二十八頭
十五　各縣買作馬種者　二十九頭
以上陸軍現有之馬共五千五百九十一頭
按日本陸軍所用之馬大概係本國北海道北陸道所産者然二道之馬以北海道所産為最良蓋北海一道在日本極北之地氣候甚寒所出之馬健而善走至於東海山東山南海諸道非不産馬其馬大都外强中乾不能任勞致遠陸軍即用之不過十之一二耳

軍馬育成所章程 明治二十一年三月十一日欽定

第一條 軍馬育成所者係育成兵隊中補用之馬匹處也

第二條 位置軍馬育成所之地方及地名称謂茲定如左

一設於青森縣上北郡三本木地方謂曰三本木軍馬育成所

二設於宮城縣玉造郡鍛冶谷澤地方謂曰鍛冶谷澤軍馬育成所

三設於兵庫縣加東郡青野原地方謂曰青野原軍馬育成所

四設於鹿兒島縣豁山郡福原地方謂曰福原軍馬育成所

第三條　軍馬育成所職員如左

所長一人以騎兵大尉任之

監務一人以騎兵中尉任之

軍吏一人

獸醫一人

第四條　所長隸於陸軍騎兵局長總理所内之事其馬匹養成之責應該所長任之

第五條　所長有懲罰之權凡所屬之官有告假之事准聽該長辦理其權與大隊長相同

第六條　監務應輔佐所長專任養育馬匹之事

第七條　第三條所載各職員外設下士及陸軍屬若干人

陸軍重症病馬治療所章程明治二十一年欽定

第一條　陸軍重症病馬治療所設於東京凡東京府下陸軍所用之馬若有重症概歸該所療治

第二條　重症病馬療治所職員茲定如左

所長一人係奏派

二等三等獸醫三人皆係奏派

軍吏部下士二人

第三條　所長以第一師團獸醫長兼任歸陸軍省總務局獸醫課長管轄總理所務

第四條　二三等獸醫應承所長之命療治病馬并分掌所庶務二三等獸醫以一人為總辦以二人為幫辦

第五條　二軍吏部下士專司計算簿記之事

第六條　照前第二條所載各定員外尚應設傭員若干名

日本國事集覽六卷終

陸軍近衛兵暨六鎮台兵數錄如左

近衛　步兵四聯隊　騎兵一大隊　砲兵一聯隊　工兵一中隊　軍樂一小隊

東京鎮台　步兵四聯隊　騎兵一大隊　砲兵一聯隊　工兵一大隊　一小隊　輜重兵一大隊

仙台鎮台　步兵三聯隊三大隊　工兵一中隊　砲兵一聯隊　輜重兵一中隊

名古屋鎮台　步兵四聯隊　工兵一中隊　砲兵一小隊　輜重兵一中隊

大坂鎮台　步兵四聯隊　工兵一大隊　砲兵一聯隊　輜重兵一大隊

廣島鎮台　步兵二聯隊四大隊　工兵一大隊一中隊　砲兵一聯隊　輜重兵一中隊

熊本鎮台　步兵三聯隊二大隊一小隊　工兵一聯隊　砲兵一聯隊一小隊　輜重兵一中隊

附　憲兵屯田兵隊數

一憲兵　三大隊

一屯田兵　六中隊四小隊

陸軍平時編制法

近衛

步兵二聯隊二大隊　騎兵一大隊二中隊　砲兵一聯隊野砲二大隊四中隊　工兵一中隊

佐官　四人　一人　三人

尉官	四十四人	十二人		二十二人	五人
曹長	十人	三人		五人	一人
火工長				五人	
軍曹	九十二人	二十三人		四十三人	十三人
兵卒	九百六十人	二百四十八人		三百二十人	百五十人
計官	二人	一人		二人	一人
書記	三人	二人		三人	
醫官	四人	二人		三人	一人
看護長	二人	六人		一人	一人
獸醫		一人		一人	
監護				十人	

諸工長　一人　五人　十二人

看護手　八人　二人　四人

職工　八人　六人　二十四人　四人

合計　千百三十八人　三百六人　四百四十八人　百七十七人

馬　八頭　二百七十六頭　百一頭　一頭

師團

	步兵二聯隊（三大隊）	步兵一大隊（四中隊）	步兵一中隊	騎兵一大隊（二中隊）	騎兵一中隊
佐官	五人	一人			
尉官	六十五人	二十一人	五人	十七人	五人
曹長 軍曹	百四十五人	四十七人	十人	三十六人	十人
兵卒	千四百四十人	四百八十人	百二十人	四百二十六人	百四十二人

	砲兵一聯隊（野砲二大隊 山砲一大隊）	野砲一大隊（二中隊）	山砲一大隊（二中隊）	工兵一大隊（三中隊）	工兵一中隊
計官	三人	一人		一人	
書記	四人	一人		一人	
醫官	六人	二人		二人	
看護長	三人	一人			
看護手	十二人	四人	一人	四人	一人
獸醫				二人	
諸工長	六人	二人		七人	
合計	千六百八十九人	五百六十人	百三十六人	四百九十七人	百五十八人
馬	十頭	二頭		四百五十九頭	百四十九頭
佐官	四人	一人	一人	一人	

尉官	三十人	九人	九人	十七人	五人
曹長 軍曹				三十五人	十八人
曹長 火工長 軍曹	七十一人	二十二人	二十二人		
兵卒	五百七十六人	百九十二人	百九十二人	三百三十人	百十人
計官	三人	一人	一人	一人	
書記	四人	一人	一人	一人	
醫官	三人			二人	
看護長	一人			一人	
看護手	六人	二人	二人	三人	一人
獸醫	二人				
監護 諸工長	九人			二人	

職工　二人
合計七百九人　二百二十八人　二百二十八人　三百九十六人　百廿六人
馬　三百十一頭　百二十頭　六十二頭　六頭　一頭
輜重兵一大隊（二中隊）
佐官　一人　尉官　十一人　曹長軍曹　三十九人
兵卒　五百四十二人　醫官　二人　獸醫　二人
計官　一人　蹄鐵工長　三人　書記　一人
看護長　一人　看護手　二人　職工　四人
合計六百九人　馬　三百十一頭
輜重兵一中隊
尉官　五人　曹長軍曹　十七人　兵卒　二百七十一人

看護手　一人　合計　二百九十四人　馬　百五十六頭

對馬警備隊

佐官　四人　尉官　七人　曹長 軍曹　十八人

兵卒　百六十一人　計官　一人　書記　一人

醫官　二人　看護長　一人　看護手　六人

監護　一人　諸工長　二人　合計　二百二人

馬　一頭

對馬警備隊步兵一中隊

尉官　四人　曹長 軍曹　八人　兵卒　百五人

合計　百十三人

對馬警備隊砲兵一中隊

尉官	二人	曹長軍曹 七人	兵卒 六十人
合計	六十九人		

陸軍歷年比較表

	十八年	十九年	二十年
步兵	二十六聯隊一大隊	二十八聯隊六十七大隊八中隊	二十四聯隊七十四大隊一小隊
騎兵	三大隊一中隊	二大隊	二大隊
砲兵	六聯隊三大隊	七聯隊十六大隊三中隊五小隊	七聯隊一小隊
工兵	三大隊五中隊	三大隊四中隊	五大隊四中隊一小隊
輜重兵	六小隊	六大隊六中隊	二大隊四中隊
海軍砲兵	一中隊	無	無
軍樂	無	一小隊	一小隊
憲兵	三大隊	三大隊	三大隊

屯田兵　四中隊　五中隊　六中隊四小隊

日本陸軍軍人總數表

十八年　一十七萬六千二百三十七人

十九年　十九萬五千三十八人

二十年　二十萬八千二十人

内

將官及同等官　四十八人　上長官　四百六人

士官　三千三百三十二人　准士官　三十九人

下士　八千百五十四人　諸卒　十九萬三千六百六十二人

陸軍徵兵人數

十八年　三十八萬七千三百八十九人

十九年　四十二萬千二百七十八人

二十年　七十七萬七千九百七十二人

内

徵集人員　二十萬千五十三人　現役兵　三萬四千二百六十四人
補充兵　十六萬六千七百八十九人

第一豫備徵員　十二人　六萬二千四百三十八人

徵集猶豫人員　二十萬九千百三十二人　除役人員　三十萬五千三百四十七人